高职高专"十三五"物流类专业系列规划教材

供应链管理

主　编　吴会杰

副主编　李　菁

西安交通大学出版社

XI'AN JIAOTONG UNIVERSITY PRESS

内 容 提 要

本书主要包括理解供应链、供应链驱动要素、供应链运营管理、供应链需求预测、供应链的综合计划、供应链采购管理、供应链库存管理、供应链管理环境下的生产计划与控制、供应链成本管理、供应链合作伙伴选择、供应链风险管理、供应链管理发展趋势等内容。教材体例的设计以教学目标、案例导入、知识链接、练习与思考、实训任务等作为每一个项目的安排。通过以上模式的组织，突出知识应用与技能训练，有利于培养读者分析问题和解决实际问题的能力。

本书可作为高职高专物流管理、电子商务等经济管理类专业的教学用书，也可作为广大物流管理从业人员的参考书。

前言 Preface

随着全球物流进入供应链时代，供应链已成为跨企业整合所有商业活动的管理集成，企业之间的竞争发展成为供应链之间的竞争。如何发挥供应链中不同节点企业的核心优势，整合不同资源，提高供应链响应客户需求的整体水平和能力，成为企业界和学术界越来越关心的问题。"供应链管理"是物流管理专业的主干课程之一。学好本门课程对于了解供应链管理的基本理论、掌握供应链管理的关键技术、运用供应链管理的基本方法具有十分重要的意义。

本教材的主要内容包括理解供应链、供应链驱动要素、供应链运营管理、供应链需求预测、供应链的综合计划、供应链采购管理、供应链库存管理、供应链管理环境下的生产计划与控制、供应链成本管理、供应链合作伙伴选择、供应链风险管理、供应链管理发展趋势等。教材体例的设计以教学目标、案例导入、知识链接、练习与思考、实训任务等作为每一个项目的安排。"教学目标"是经过学习应该达到的知识目标和技能目标；"案例导入"是对典型案例的分析与讨论；"知识链接"是对相关理论知识的拓展与延伸；"练习与思考"是对值得思考、容易混淆、可集思广义的问题进行思考；"实训任务"是根据实际的教学设计的课外实训题。通过以上教学模式的组织，突出知识应用与技能训练，利于培养读者分析问题和解决实际问题的能力，给读者带来学习上的方便性与直观性。

本书由西安职业技术学院吴会杰教授担任主编，西安职业技术学院李菁担任副主编。具体编写人员如下：吴会杰、李菁、马伯君、樊恺盈、季新竹。

本书可作为高职高专物流管理、电子商务等经济管理类专业的教学用书，也可作为广大物流管理从业人员的参考书。

本书在编写过程中，参阅了大量的国内外文献资料，在此谨向有关专家、学者表示谢意。

由于编者水平有限，对于供应链管理这个新兴领域的认识和研究还不够深入，难免有疏漏、不当之处，敬请各位专家、同仁和读者不吝赐教，以便再版时修正和完善。

编　者
2016.7

目录 Contents

1

项目 1　理解供应链

教学目标

1. 知识目标

(1)理解并能解释说明供应链的概念、类型、特征和基本内容体系。

(2)理解并能表述供应链管理的内涵。

(3)能正确讲述供供应链管理与物流管理的关系。

2. 技能目标

(1)能够掌握构建供应链体系的初步方法。

(2)能够认知有效实施供应链管理的技能。

案例导入

西门子公司实施供应链管理分析

德国西门子集团是大型跨国集团,业务范围涉及能源、电子电气、通信技术、医疗设备等。2010 年集团实现销售额 760 亿欧元,盈利 41 亿欧元,全球员工有 40.5 万。

西门子每年在全球采购 130 多个大类货物,价值 400 多亿欧元,超过年销售额的一半。其中约 230 亿欧元用于采购同工业、能源和医疗技术这三个事业部生产相关的"直接产品",即半成品和零部件。170 亿欧元用于采购集团通用产品,其中信息产品和市场营销产品等"间接产品",采购额为 100 亿欧元。2008 年之前,西门子的供应链是垂直型的,各事业部都有自己的供应链。

2008 年 4 月,集团制定了供应链管理倡议。11 月董事会专门设立了负责供应链管理、可持续发展和全球服务事务的董事一职,由 Babara Kux 女士担任。供应链董事下设管理团队,共有 100 多名员工,其中的高管包括集团三个事业部的采购总经理、工业财务总监、中国地区总裁和英国地区总裁。

供应链管理团队分为财务、直接材料采购、间接材料采购、战略和计划以及全球价值采购等几个部门。供应链管理团队是集团最高采购决策机构,已成为集团新战略的运营核心之一。西门子供应链管理的口号是更快、更好、更具创新和更环保。

西门子没有实行完全统一的集中化的采购。集团制定了供应链管理"60 - 25 - 20"战略。具体为:2010 年年底前全部采购的 60% 实行统一采购,剩下的各事业部门仍有采购权力,但集团内部形成了集约化供应链管理网络,各采购部门相互协作。中期来看,在新兴市场的采购比例要从目前的 20% 提高到 25%。供应商数量要减少 20%。上述计划正在有条不紊地实施。

2009 年 3 月,西门子开始实行供应链瘦身计划。消减了 20% 的供应商,即 74000 家企业。集团认为,供应商应该更紧密地、更早地同西门子的产品开发相结合。集团实施供应链管理后针对间接产品的采购实行了集中采购,集中的订单压低了采购成本。据麦肯锡咨询公司估计,实行供应链管理后西门子采购成本至少降低了 5%。

西门子的供应链中有 1000 家左右的大供应商,他们背后有自己的供应链。这些大供应商可以看做西门子供应链的分链条,因为他们背后又有着自己的供应链。西门子认为,选择分链条要精益求精。当今的竞争已不再是供应商 A 和供应商 B 的竞争,而是供应链 A 和供应链 B 的竞争。

西门子的供应链管理战略中十分重视新兴市场,这些国家的市场规模迅速增长。西门子在新兴国家的销售额占全部销售额 30%,但在新兴国家的采购额只占全部采购额的 20%。为了降低成本而增强竞争力,西门子将加大在这些国家的采购力度。中国在此备受西门子青睐,这也是为什么在供应链管理团队中特意吸收中国区总裁的原因。

西门子的供应链管理还重视环保内容,履行企业社会责任。集团在 2012 年年底前投资 1 亿欧元打造绿色生产。今后两年内西门子将派环境专家检查供应商的环保情况,目标是使供应链每年节能 1.7 亿欧元,降低二氧化碳排放 150 万吨。2010 年西门子开发出一套"供应链的可持续发展"网络教程,所有采购经理必须接受该培训。当年西门子的主供应商中有 953 家进行了可持续发展力自我评估。

资料来源:陈玉平,王凌峰.西门子供应链建设给中国外贸企业的启示[J].进出口经理人,2012(7).

案例分析

这个案例提示我们,供应链管理作为一种管理手段,能够基于企业全方位的改善和优化。本案例中西门子公司通过实施供应链管理,在供应商管理、成本、销售额、可持续发展等多个方面的表现都有了明显提高,可见,供应链管理对于当代企业管理和优化发挥着不可替代的作用。

思考·讨论·训练

(1)你认为实施供应链管理给西门子带来了哪些影响?

(2)西门子的供应链管理具有什么特点?

知识链接

一、供应链概述

(一)供应链的概念

供应链(supply chain,SC)的概念于 20 世纪 80 年代末提出,其产生的大背景是全球化的兴起及全球制造的出现,近年来,供应链管理作为一种新兴管理模式,在企业管理,尤其是制造业企业的管理中,得以普遍运用。其概念被表述为:

供应链是围绕核心企业,通过对信息流、物流、资金流的控制,从采购原材料开始,制成中间产品以及最终产品,最后由销售网络把产品送到消费者手中的,将供应商、制造商、分销商、零售商及最终用户连成一个整体的增值网链结构。

通过对概念的分析,我们可以得到以下几点:

(1)供应链首先涉及三个流程,可见,供应链是流程的组合,其由信息流程(information flow)、实物流程(physical flow)和资金流程(funds flow)三个方面组成。

①信息流程。信息流程主要包括了收集、处理和分析数据,并将有价值的信息提供给供应

链中的各个环节及成员企业,使得供应链成员能够依据信息交换和传递作出相应的行动和决策。信息流的重点在于沟通和交流,它不会是单独的运作,而是将供应链中的业务、实物、商流和资金整合并转移连接,通过信息流程,将供应链贯穿为一个整体。在当代信息流程中,计算机和电子网络系统为其提供了必不可少的载体,是信息交换沟通的基础。

②实物流程。实物流程即是指物流,是实体货品的交付和转移,是供应链中实现交易的必要流程。其具体包含了运输、仓储管理、配送、流通加工等环节。在实物流程中,涉及运输工具和单位,需要以信息流程为基础,以便于实时监督货品情况。在现代物流中,便是将实物流程与信息流程加以结合的结果。

③资金流程。资金流程是企业在销售产品之后,收取货款和清偿供货商款项的过程。资金流程是履行交易合同的必要组成部分,企业进行生产,涉及采购业务或设备购置,都需要资金流程给予保障。资金流涵盖了企业财务方面的相关业务,只要有交易发生,就会产生资金流程来配合实物流程的运行和工作,而这一切,都需要通过信息流程进行衔接。

(2)供应链的参与者较多,涉及的环节可以由原材料采购起始,经过供应环节、制造环节、分销环节、销售环节,由物流环节将最终产品交付给最终消费者。每个环节都包含了企业和企业内的部门单位,整个供应链便是企业内部与企业之间的有机协作继而串联而成的网链结构,因此,深度协同合作是供应链得以高效运行的核心重点。

(3)供应链具备增值特点,其可以通过再生产、流通加工、个性化定制等环节完成对产品的增值;又可以通过企业间协作和对竞争优势的获取,完成对企业价值的增值。可见供应链不仅仅完成对货品的供应和流通,同时也为货品和企业带来更多的优势和竞争能力,体现出多层面全方位的积极价值。

(二)供应链的特征

供应链是一个较为复杂的网链结构,由核心企业和成员企业构成,每个企业都表现为一个节点,而每个节点之间又呈现出其对应的供应与需求关系。如果仔细去研究供应链及其企业的内在运作模式,我们可以得到供应链的六个主要特点,具体如下:

1. 全局性

在供应链中,不论考虑成本、利益还是绩效,都不会是局部的、单独的,而是表现为整体成本、整体利益和整体绩效,供应链中各方应以追求共赢为目标,而不是去追求个体效益。当个体效益与全局效益产生冲突时,供应链将顾及全局效益,而个体效益则往往体现为由全局效益带动的长期效益。

2. 复杂性

供应链由多环节构成,而每个环节又由多个企业构成,企业不论是类型还是地域都体现出多样性特征,所以首先由构成上来分析,供应链结构模式通常较单一企业要复杂得多。再去探讨流程,物流、信息流与资金流各自成一体又相互交织与配合作业,其运转也是复杂而多样的。

3. 动态性

动态性特征首先体现为供应链中的成员企业并非一成不变,成员企业的增加、减少与更换都体现了供应链结构的动态性;其次,动态性还体现为其运作和战略会随着市场需求的变化而变化,市场需求每时每刻都在产生变化,因此,供应链也会为了适应市场需求的需要,而时时进行调整和改变。

4. 交叉性

供应链上的成员企业都是一个单独节点,衔接上下游和平行合作企业,其中也有衔接性突出的成员企业,其业务本身就体现为节点性业务,可见,一个供应链上的业务不是平行的,而是互相交叉的。而如果从企业角度出发,我们会发现,同一个企业,可能是这个供应链中的成员,但同时又是另一个供应链中的成员,同样具备交叉性特点。

5. 增值性

供应链不仅仅是一条连接各环节企业的实体链条,同时也是一条价值增值链条。物品在供应链上,通常会涉及加工、运输、储存、包装等业务处理,这便赋予了物品时间价值和空间价值,甚至有时在物品的形态和功能上都有所改善。作为增值性特征的运用,当以客户需求为唯一指向,进而对产品进行对象性的增值业务整合。

6. 服务性

供应链根本的形成、存在与发展的目标就是为了满足市场需求,为最终客户供应符合其需求的产品。因此,供应链的操作与运行都体现出对最终客户和市场的服务性,也就是尽最大可能满足最终客户需求,提升对最终客户和市场的服务质量。

在供应链的六项特征中,每一项都体现出供应链在不同层面上的运作重点,总的来说,供应链基于整体目标的一致性,联结企业及企业间所有相关联的活动,其根本上秉持的是共赢的重要原则。

二、供应链管理概述

(一)供应链管理的概念

供应链管理过程针对供应链的设计与优化、运行与监控以及绩效评价来联结供应链各个环节。供应链管理的概念表述如下:

供应链管理(supply chain management,SCM)是为了满足服务水平要求,将供应商、生产商、销售商、物流商到最终用户结成网链来组织生产与销售商品,并通过商流、物流、信息流、资金流系统的设计、计划、运行和控制等活动达到降低系统总成本的预期目的。它是对供应链商流、物流、信息流、资金流以及合作者关系等规划、设计、运营、控制过程进行一体化集成的管理思想、方法和技术体系。

而《中华人民共和国国家标准——物流术语》中也对供应链管理做出定义:供应链管理是指"对供应链涉及的全部活动进行计划、组织、协调与控制"。

供应链管理研究的是供应链的过程和供应链中不同主体之间供需网链的构建、集成、优化、运行和动态管理理论与时间规律的学科。相关学科涉及物流学、管理学、营销学、电子商务学等。

供应链管理的流程主要涉及计划、采购、生产、配送和回收等主要环节。深刻剖析供应链管理,我们可以就供应链管理的实质、方法和主要目标展开探讨。

1. 供应链管理的实质

(1)以市场需求为根本驱动,以最终客户为服务中心;

(2)构建供应链企业的核心竞争力,外包非核心业务;

(3)供应链企业深度协作,共担风险,共享利益。

2. 供应链管理的方法

(1)在供应链的流程管理层面,对各项流程进行设计、执行、修正和持续性改进;

(2)在供应链的运作管理层面,依托现代信息技术系统对运作业务不断进行优化。

3. 供应链管理的主要目标

(1)尽量满足实时需求,不断地聚焦于缩短供应链各环节的时间;

(2)削减供应链上各环节成本,如采购、库存、运输及配送等成本。

(二)供应链管理的目标

基于上述供应链管理的主要目标,我们可以得出时间和成本是供应链管理中的两大核心要素。供应链管理从根本上是为了提升供应链的效率和效能,以最低的成本为客户创造最大价值,供应链各环节企业通过供应链管理企望克服多重损耗,降低生产和流通的成本,减少库存,获取更高利润。

1. 时间压缩

通过整体性整合、信息化和其他管理技术手段,减少生产环节和流通环节所耗费的时间,缩短订单交付时间周期和库存周期,从而提高供应链中的现金周转率,降低供应链库存,达到快速流通和降低成本的目的。

2. 提高柔性

提高柔性意味着提升供应链的响应速度和反应能力,主要贡献于更快速更高效的响应客户的需求变化,对于较为独特的客户需求,也可以通过提高柔性来更好地响应。因此,提高柔性后的供应链,将提升其对最终客户的满意程度。

3. 减少浪费

供应链是基于各环节深度协同合作的一体化网链,但在供应链业务流程中,难免出现不同环节功能重叠的现象。在库存方面,不同库存节点重复库存的持有,在很多供应链中也成为其竞争弱势。以上现象都属于供应链中的浪费,除此之外,供应链中还存在许多其他层面的浪费。供应链管理致力于协调系统信息和促进环节间协同合作,提升供应链及时性和互动性,进而减少浪费,降低成本。然而,供应链上的浪费是无法完全消除的,供应链管理只能将降低浪费水平作为长期性目标来不断地推进和完善。

4. 利润最大化

供应链管理根本上要能够提升供应链上成员企业的利润,只有这样,供应链才能长期稳定地运营下去,其战略合作伙伴关系也才能够得以较好的维系。而供应链管理通常通过降低成本、减少浪费来提升边际收益,同时通过提升服务来获取订单量和稳定的客户群体,这些都为供应链长期盈利和多方利润的最大化提供了保障。

(三)供应链管理的驱动要素

在供应链管理的运营中,也需要特定要素来进行驱动,这些要素相互作用,决定了供应链的竞争能力和盈利水平。

1. 库存

库存成本是供应链整体成本的核心组成部分,而库存水平则直接影响供应链的盈利水平。库存水平的提高可以用于更及时地满足客户需求,但同时引发的库存量增加则有可能导致库存成本的上升,反之,库存水平的降低可以帮助减少库存成本,却也同时降低了供应链的反应能力,因此库存是驱动供应链管理的一大要素。

2. 运输

同库存一样,运输也是供应链中的一大重要业务。企业可以选择多种运输方式与多种运输路径的结合,每种组合满足企业不同的运输需求,运用于不同性质的产品。在运输要素中,越为快捷高效的运输方式,其成本也趋向于升高。

3. 设施

供应链中的主要设施表现为用于储存物料、装配加工或制造的场所,也表现为场所中的设备。场所的选址、功能和灵活性是供应链管理的重要驱动要素,其决定了供应链的最终绩效。而场所中的设备管理则主要体现为购置或租用设备时短期成本投入与长期受益的关系。

4. 信息

供应链中的信息包含了整个供应链中的库存、运输、设施设备等数据资料。信息是对供应链绩效影响极大的驱动要素,由于供应链是由不同环节中的不同成员企业协同合作而形成的增值性网链,成员间交流的顺畅性和信息传递的及时性就在一定程度上决定了供应链的效率。高效的信息系统可以提高供应链的反应能力和盈利能力。

三、供应链结构模型

(一)供应链网络的结构模型

在供应链中,供应商的数量通常较多,分销商也有多个。供应商、制造商和分销商在战略、任务资源和能力方面相互依赖,构成复杂的供应链网络。其结构如图1-1所示。

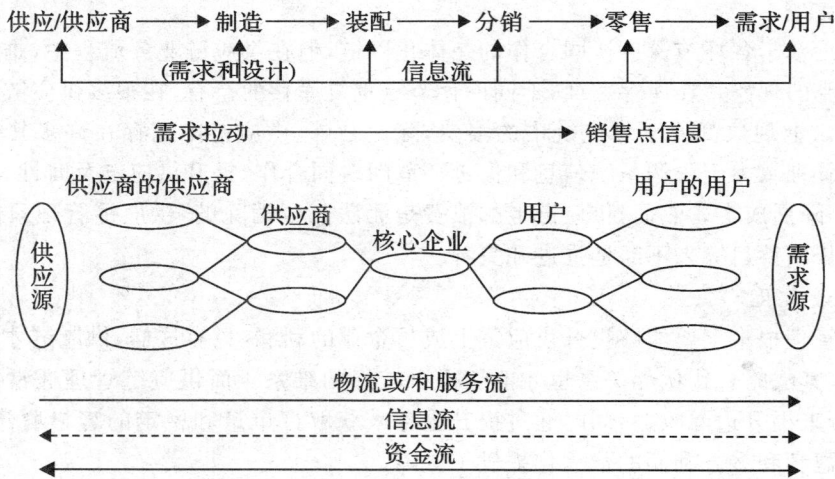

图1-1　供应链网络的结构

如图1-1所示,供应链由所有相关联的节点企业构成,并且具有一个核心企业,该核心企业既可以是生产制造企业,也可以是大型零售企业,节点企业在需求信息的驱动下,通过供应链的职能分工与合作(如制造、装配、分销、零售等),以物流和资金流为媒介,实现整体供应链的持续性增值。

(二)供应链网络的结构类型

按照供应链网络中所运营的产品性质和供应链网络的运营重点,一般可将供应链网络的类型分为发散型网络结构、会聚型网络结构和 T 形网络结构。

1. 发散型网络结构

发散型网络结构又被称为 V 形结构,是供应链网络结构中最为基础的结构类型。在此结构中,物料通常以大批量的形式存在,在生产不同产品之前,需要制造许多中间产品,致使网络中的企业要生产大量的多品种产品而使其业务复杂化。由于这种类型的网络结构产品数量多,为了最大程度满足客户需求和提高服务水准,通常需要持有大量库存来进行缓冲,因此库存成本为发散型网络结构中的主要成本表现。

这一类网络结构的代表性行业有钢铁制造、石油、化工、造纸和纺织业等。

2. 会聚型网络结构

会聚型网络结构又被称为 A 型结构,此网络类型的制造、组装和总装过程较为繁琐,涉及较多的物料和零部件。为了及时满足客户需求和订单要求,企业需要从大量的供应商手里采购大量的物料,同时受到供应链服务驱动的影响,企业还着力于实现重要装配点的多种物料和零部件的同步。ERP 是汇聚网络结构中应用性极高的管理解决手段。

常见的会聚型网络结构涉及的行业包括航空工业、汽车工业、重工业等。

3. T 形网络结构

T 形网络结构是通过对通用件的制造标准化来降低供应链中的业务复杂程度,并且可以依照现行订单来确定通用件。从控制供应链的管理角度入手,管理 T 形网结构的供应链可运用先进的管理方法,同时减少产品的品种,也可以利用计划性工具来维护和提高供应链管理控制水平。

这种结构广泛适用于接近最终用户的企业,如医药保健品、汽车备件、电子产品、食品和饮料等企业,也适用于为总装配提供零部件的企业,如汽车、电子和飞机制造企业。

(三)供应链网络的结构特征

1. 层次性特征

不管是哪个类型的供应链网络结构,其网络都不会是单层的,相反,供应链网络中的每个业务流程都是多层次业务实体相互依存和合作的体现,这反映了供应链网络的结构具有层次性特征。

2. 双向型特征

供应链的网络包含横向和纵向两个维度。从横向看,使用某一共同资源的实体之间既相互竞争又相互合作;而从纵向看,供应链网络的结构就是供应链结构,反映了从原材料供应商到制造商、分销商及顾客的物流、信息流和资金流的过程,而其中物流和资金流的方向相反,信息流则呈现出交互性和多向性特征。

3. 动态性特征

供应链网络中成员之间的关系不是一成不变的,其具有一定的不确定性,供应链成员之间以及供应链之间的关系,随着客户需求的变化,时常会作出适应性的调整。而且,供应链网络上的某一成员在业务方面的微调,也都会引起供应链网络结构的变动。因此供应链网络结构具有动态性。

4. 跨地区的特性

供应链网络中的业务实体超越了空间的限制,其在业务上紧密协作,致力于加速物流和信息流,同时提高供应链的整体效益。通过不同供应链的交叉和多个供应链网络的交错联系,最终,世界各地的供应商、制造商和分销商被联结在一起,形成全球供应链网络(global supply chain network,GSCN)。

练习与思考

1. 供应链的特征是什么?
2. 供应链管理的目标有哪些?
3. 供应链分为哪几类结构?

实训任务

海尔集团的供应链网络结构分析

一、海尔集团实施供应链管理的背景

海尔集团 1984 年创业初期只是一个年亏损 147 万元的集体所有制小厂,现发展成为名列 2001 年全国电子信息产业百强企业第二、年销售收入超过 600 亿元的特大型企业集团,平均每年以 78% 的惊人速度增长。海尔集团先后实施了名牌发展战略(1984—1991 年)、多元化发展战略(1991—1998 年)。从 1998 年开始,海尔集团进入国际化发展战略阶段,目标是挺进世界 500 强,成为国际化的海尔。

在不同的发展阶段中,海尔集团始终注意并抓住不同时代顾客需求的热点,然后通过创新全力满足它。在国际化发展战略阶段之初,他们又敏锐地意识到以最快的速度满足用户的个性化需求成为当前消费者的需求热点。为满足国际化的市场需求,他们意识到必须对企业内部组织流程进行改造,整合企业内外部资源,重新规划内外部供应链,进行供应链管理。

二、业务流程再造:建立适应供应链管理的业务流程和组织结构

海尔集团在快速扩张式的发展过程中,随着企业规模的扩大,组织结构也处在不断调整的过程中,先后经历了直线职能制、事业部制、本部制等三种组织结构。从 1998 年开始,海尔集团进入国际化战略发展阶段,国际化的发展战略要求其组织结构必须适应国际市场的个性化需求,其组织结构所造就的业务流程必须能够快速整合市场资源和管理资源才能在国际竞争中占有一席之地。为此,海尔集团在整个集团范围内进行了以信息化、扁平化和网络化为目标的业务流程再造。

从 1999 年下半年开始,海尔集团对原来本部制职能型组织结构进行了重新设计和改造。当时,集团下设六个产品本部,每个本部根据具体产品的不同分设产品事业部,各事业部内分别设有规划、财务、销售、人劳保、设备、法律、科研、检验等职能处室,同时集团下设规划、财务、人力、法律、营销、文化、技术、保卫等八大职能中心,它和下属职能处室是行政隶属关系。这种组织结构下,集团是投资决策中心,本部是经营决策中心,事业部是利润中心,分厂是成本中心,班组是质量中心。这是典型的纵向一体化的组织流程。海尔集团为了适应国际化发展的需要,对组织结构进行了战略性调整。第一步,把原来分属于每个事业部的财务、采购、销售业务全部分离出来,重新整合成独立经营的商流推进本部、物流推进本部、资金流推进本部,实行全集团范围内统一营销、统一采购、统一结算。这是海尔的主流程。第二步,把原来的职能管理资源进行内部整合,如人力资源开发、技术质量管理、信息管理、设备管理、法律、保卫等职能管理部门全部从各个事业本部分离出来,形成创新订单支持流程 3R(R&D——研发、HRD——人力资源开发、CR——客户管理),以及保证订单实施完成的基础支持流程 3T(TCM——全面预算、TPM——全面设备管理、TQM——全面质量管理)。3R 和 3T 支持流程是以集团的职能中心为主体,注册成立独立经营的服务公司,这是海尔的支持流程。

整合后集团同步的业务流程中全球的商流(商流本部、海外推进本部)搭建全球的营销网络,从全球的用户资源中获取订单;产品本部在 3R 开发支持流程的支持下通过新品的研发、市场研发及提高服务竞争力不断地创造用户新的需求,创造新的订单;产品事业部在 3T 基础支持流程支持下将商流获取的订单和产品本部创造的订单执行实施,在海尔流程再造下的制造从过去的大批量生产变为大批量定制,采用 CIMS(计算机集成制造系统)辅助,实现柔性化生产;物流本部利用全球供应链资源搭建全球采购配送网络,实现 JIT 订单加速流;资金流搭建全面预算系统;这样形成直接面对市场的、完整的物流、商流等核心流程体系和 3R 和 3T 等支持流程体系。商流本部、海外推进本部从全球营销网络获得的订单形成订单信息流,传递到产品本部、事业部和物流本部,物流本部按照订单安排采购配送,产品事业部组织安排生产;生产的产品通过物流的配送系统送到用户手中,而用户的货款也通过资金流依次传递到商流、产品本部、物流和分供方手中。这样就形成横向网络化的同步的业务流程。这种结构实现了企业内部和外部网络相连,使企业形成一个开放的而不是封闭的系统。

三、搭建供应链管理基础平台

信息共享是供应链管理的基础,为实现集成化供应链管理,海尔集团使用世界一流 ERP 软件供应商 SAP 提供的产品,经过 5 年的实践开拓,海尔集团完成了连接海内外,贯通采购、设计、生产、销售、财务等企业所有方面的计算机信息化管理系统工程,实现了业务流与信息流、资金流的统一。以此系统为基础,海尔搭建电子商务平台,实现网上招标、网上采购、网上支付。在海尔,每月有 90 多万个来自海内外的销售订单,需要采购 26 万余种物料,制成 1 万多种产品品种。离开了计算机信息网络,人工难以支撑这个庞大的系统运转。现在,海尔集团每年的采购额超过了 1.5 亿元,来自 900 余个供货商。这么巨大的采购额,全部是在网上招标完成的。

四、供应链管理效果显示

供应链管理的实施,使海尔集团通过整合内部的资源获得更优的外部资源,达到了以时间消灭空间的目的。

首先是将集团所有的事业部的物资集中采购。通过以 ERP 为后台的 B2B 网上采购、网上支付、网上招标,实施客户关系管理,实现了集团内部与外部供应商的信息共享与共同计划、共同开发,所有的供应商均在网上接收订单,并通过网上查询计划与库存,及时补货,实现 JIT 采购。最大限度地缩短了采购周期,使采购周期由原来的平均 10 天降低到 3 天,实现总供应链成本最优。

其次是送料 JIT。配送整合后,物流部门可根据次日的生产计划利用 ERP 信息系统进行配料,同时根据看板管理实施 4H(即 4 小时)送料到工位制度,实现 JIT 送料。一方面使工厂现场整洁明亮,另一方面使库存水平大幅度地降低,库存面积减少了三分之二,库存资金减少了一半。

第三是配送 JIT。在储运方面,统一运输,建立起全国的配送网络,目前已经建立 42 个配送中心、1550 个海尔专卖店和 9000 多个营销点,在中心城市实现 8 小时配送到位,区域内 24 小时配送到位,全国 4 天以内到位。同时,海尔与邮政强强联手,开辟了 B2C 销售全新的模式。生产部门按照 B2C、B2B 订单的需求完成以后,满足用户个性化需求的定制产品通过海尔全球配送网络送达用户手中。这样,以海尔集团为核心企业,与供应商、分销商用户形成的供应链网络,通过实施供应链管理,在缩短提前期、降低库存、加快资金周转、提高响应市场应变能力方面,发挥了巨大的作用。资料显示,通过有效的供应链管理,海尔集团的库存资金降低了 67%,仓库面积减少了 50%,加上成品配送时间,海尔现在完成客户化定制订单只用 10 天时间。从而,海尔集团用 JIT 的流程速度消灭了库存空间,传统意义上的仓库变成了配送中心。海尔集团实现了以非同一般的产品、非同一般的服务、最好的质量和最快的速度满足世界各地消费者的要求。

资料来源:海尔集团供应链管理案例分析[EB/OL]. (2013 - 06 - 08). http://www.qgpx.com/news/20130608/show121c20624p1.html.

1. 思考和训练

(1)通过上述案例说明海尔供应链构建是如何成功的。

(2)你对海尔构建供应链管理网络还有哪些好的建议?

2. 技能训练

请同学们以小组为单位,通过网络和电话调研,搜集相关信息和资料,阐述海尔集团如何构建起强大的全球供应链网络。

项目 2　供应链驱动要素

教学目标

1.知识目标

(1)能够表述供应链战略匹配。

(2)理解供应链中的各项驱动因素。

2.技能目标

(1)能够运用战略匹配原理进行供应链战略决策。

(2)能够分析供应链驱动要素对供应链的影响。

案例导入

戴尔的战略匹配

首先,戴尔公司要通过分析环境明确自己的优势、劣势、机会与威胁,在此基础上制定总的战略目标。在总的战略目标制定后,通过分析自身产品或服务的特点,得出该产品或服务在实现企业总体产略目标上应该达到的目标。企业的产品和服务都是通过企业的运营系统生产出来的,因此应当以目标为导向制定运营战略,将质量、成本、交货期三个要素进行权衡,在此基础上设计合理的供应链网络。以上所述都是从企业战略的角度出发,逐层深化,最终到达供应链网络的设计和管理。由此可见,战略最终决定了企业的供应链,而只有实现企业的供应链与战略的匹配,才能最大程度保证战略规划,实现企业的战略目标。

戴尔的竞争战略是以合理的价位提供多种定制化的产品,是"你告诉我们你想要的,我们给你造"的经营模式。关于供应链战略,计算机制造商有广泛的选择余地。一个极端是采用高效率的供应链,专注于生产低成本计算机的优势,减少品种,充分利用规模经济;另一个极端是采用高柔性、高响应的供应链,生产多品种的产品。这两种供应链战略都是可行的,但是不一定都能和戴尔的竞争战略相匹配。相比而言,后一种强调柔性的供应链战略与戴尔的竞争战略能更好地匹配。

这种匹配的观念也同样延伸到其他职能战略。比如,新产品开发战略强调设计个性化的产品;戴尔可以选择使用通用零部件并能快速组装;戴尔提供程度很高的个性化配置同时要求低库存,供应商和运输公司的响应性就非常重要。这些都显示出戴尔的供应链战略和职能战略之间赢得了强大的战略匹配。

戴尔公司作为一家大型的 IT 企业,要想在市场中胜出就必须要抢占一定的市场份额,促进利润的上升,实现公司的成长,而市场份额的扩大和利润的上升必然离不开满足消费者需求的产品。就戴尔的电脑业务而言,想要实现公司的总销售额扩大就必须要实现电脑业务消费者价值的最大化。通过我们的分析,戴尔公司采取了差异化的业务层战略,尽可能地满足客户的多样化需求。

资料来源：李歆尧. 供应链与战略的匹配——解构戴尔公司的供应链［EB/OL］. http://wenku.baidu.com.

案例分析

这个案例提示我们，供应链战略与竞争战略的匹配，是企业决策的重要组成部分。通过对戴尔战略决策匹配的案例探讨，我们可以发现，通过合理的战略匹配，可以给企业带来多方面的优势，并且整个供应链都可以因为合理的匹配策略而获得优化。

思考·讨论·训练

（1）你认为实施合理的战略匹配对戴尔有什么意义？

（2）戴尔是如何完成供应链战略与竞争战略的匹配的？

知识链接

一、竞争战略与供应链战略的匹配

（一）供应链战略

供应链战略帮助供应链完成优化和更为精准的决策，连同竞争战略，通过与其进行合理的匹配，对供应链企业的成功产生助推力。

供应链战略是指从企业战略的高度对供应链进行全局性规划，确定原材料的采购和运输，产品的制造或服务的提供，以及产品配送和售后服务的方式。

通常按照产品的需求模式，供应链的战略被分为两种类型，分别是有效性供应链战略和反应型供应链战略。

（1）有效性供应链战略。

有效性供应链战略是指能以最低成本把原材料转化成零部件、半成品、成品，以及在供应链中运输等的供应链战略。效率是有效性供应链的核心要素，组织低成本高效率的供应链，是有效性供应链的根本目标。

（2）反应性供应链战略。

其强调快速对需求作出反应，一旦最终用户的需求发生了改变，反应性供应链也被要求能够迅速应对。灵活性和柔性是反应性供应链的核心要素，组织应变性高的供应链，是反应性供应链的根本目标。

而相对应的，产品也可按需求模式被划分为功能性产品和创新性产品。

（1）功能性产品。

功能性产品主要体现商品的实用价值，是可以大量从零售环节购买到的主要商品，其满足一般消费者的基本需求，并且需求呈现稳定性和可预测性。一般经常被使用到的商品，如食品、日用品、普通药品、家电等，都属于功能性产品。这类商品由于需求稳定可预测，运营风险较低，同时技术难度不高，前期成本要求适中，但正是因为这些优势，使得运营这类商品的竞争较为激烈，相对利润很难达到一个比较高的水准。

一般情况下，生产流通功能性产品的企业，对应的供应链应为有效性供应链。因其需求可以预测，也不易发生大的需求变动，所以运营重点应以降低成本和提升效率为主。

（2）创新性产品。

创新性产品满足市场的特定需求，其产品或技术上体现了企业的创新。这种商品的需求未完全稳定，消费群体也不是非常明确，产品的寿命周期通常较短，需求难以预测。属于创新性产品的有新款手机、时尚商品、机器人商品等。这类商品由于具有市场中不普遍存在的创新元素，同时具备较高的技术难度，所以市场竞争较少，通常也能够给企业带来更高的利润，但其需求几近不可预测，风险较高，同时需求也极不稳定。

创新性产品通常对应反应性供应链，反应性供应链强调对市场需求作出迅速反应，可以应对创新型产品所面临的市场不确定性，因此运营创新性产品，需着重解决如何迅速把握需求变化的时机并及时对变化作出有效反应。

我们以图2-1直观地来总结一下产品需求类型和供应链战略的匹配。

	功能性产品	创新性产品
有效性供应链战略	匹配	不匹配
反应性供应链战略	不匹配	匹配

图2-1 供应链战略与产品需求特性的匹配关系

（二）供应链战略与竞争战略

竞争战略是有关企业如何在一个行业内或市场中进行竞争的决策，是指导企业开展经营活动的基本战略。基本的竞争战略可分为三种，即低成本战略、差异化战略和目标集聚战略。而供应链战略，则体现了企业的职能战略。

供应链涵盖了采购、生产、物流、库存以及服务等基本活动。为了执行企业的竞争战略，需要这些职能相互配合协作然后发挥其效能。供应链战略强调公司内部所有职能之间的密切联系，并同时强调其与竞争战略的相互匹配。

供应链中的各个流程和功能都可以决定企业的成败，它们之间是一个不可分割的整体，任何一个流程和功能出现问题都会导致整体供应链的失败。所以竞争战略要和职能战略相互匹配以形成统一协调的总体战略，企业的不同职能部门要做好本职工作以更好地执行战略要求，整体战略的设计和各阶段的作用也必须加以协调。

（三）完成供应链战略与竞争战略的匹配

通常情况下，可以通过三个基本步骤来完成供应链战略与竞争战略的匹配。

1. 理解顾客和供应链的不确定性

企业要能够识别所服务的顾客群的需求，明白不同的顾客群需求差距可以是很大的。由于供应链不可能满足每一个顾客的全部需求，所以顾客需求的不确定性是由于供应链只是针对部分需求而不是完整的需求而造成的。

供应链的不确定性是指顾客对某种产品需求的不确定性。仅仅为紧急订单供货的供应链所面临的不确定性，要高于以较长供货期提供同样产品的企业。即便是后面一种情况，也不能断定其需求是不发生改变的，一旦需求发生改变，供应链就出现了不确定性特点。

2. 理解供应链响应性水平

理解供应链的能力,首先要理解供应链的响应性。供应链的响应性是指供应链完成以下任务的能力:对大幅变动的需求量的反应、满足较短供应期的要求、提供多品种的产品、生产具有高创新度的产品、满足高服务水平的要求。

供应链中的响应性决定了后期供应链的服务水平,快速的响应也可以帮助供应链节缩成本,任何一个供应链的关键战略选择就是确定提供的响应性水平,以此为基础,才能够提高盈利水平和服务水平。

3. 获取战略匹配

获取战略匹配,即供应链响应能力的高低应该与潜在需求不确定性一致。即潜在需求的不确定性越高,则供应链的响应能力就该越强,这样才能取得战略匹配。将竞争战略与供应链战略匹配起来实际上就是将顾客的需求特点与供应链的特点匹配起来。

通过这三个步骤,供应链上的企业就可以得到将供应链战略与竞争战略相匹配的合理决策,从而协调总体战略,帮助供应链企业及供应链整体获得成功。

二、供应链绩效的驱动因素

供应链中的战略匹配需要达到响应性和效率之间的平衡,要想最大程度达到这种平衡,就需要探讨供应链绩效的核心驱动要素。在项目 1 中,我们曾提到过,供应链管理的驱动要素有库存、运输、设施、信息四个方面,而在改善供应链的绩效层面,驱动要素则表现为更多的方面,主要有六大驱动因素,这些驱动因素相互影响,相互作用,共同驱动供应链的绩效改善。

供应链绩效的六大驱动因素包含了设施、库存、运输、信息、采购、定价策略。以下将对各个要素分别作出详细的探讨和分析。

(一)驱动一:设施

供应链是由节点和线路构建的网络,其中节点就是供应链网络中的设施,也就是产品生产、加工、储存、组装的场所。关于设施作用、选址、产能和柔性的决策对供应链的绩效有重大影响。例如,某轮胎公司将仓库设在汽车组装中心,这一做法降低了效率;或者,苏宁电器将商品库存集中在配送中心,这样做会降低响应性。因此,对于设施的正确管理将在很大程度上改善供应链的绩效表现。对设施的管理关键主要体现在以下几个方面:

1. 功能定位

对于生产设施,首先企业必须决定它们是柔性的还是专用的,或者是二者相结合,柔性产能可能用于多品种生产,但往往低效,而专用产能可以用于少品种大批量生产,但响应性弱。其次,企业必须决定设施布局功能定位,如是以产品为中心还是以加工为中心。最后,对于仓库或者配送中心,企业必须决定是越库设施还是储存中转设施,而不同模式下的设计工作也是不同的。

2. 选址布局

公司决定在何处建造设施的决策构成了设计的重要内容,最基本的问题是:为获得规模经济集中布局,还是更靠近消费者而提高对顾客的响应性而布局。除了定量分析成本效益因素外,还需定性分析,如宏观经济因素、劳动力素质、劳动力成本、设施成本、基础设施情况、自然气候、税收政策等因素。通常遵循原则是产品若随着流通过程越来越重,设施应靠近消费者,如酸奶、各品牌的瓶装水;反之,当产品随着流通过程越来越轻,则设施应靠近供应商,如钢铁。

3. 产能

供应链上的企业必须确定设施的产能以完成预期的功能。大量产能过剩使设施非常灵活,并能应对需求的大起大落,但与此同时,产能过剩也会增加成本。蒙牛集团自建的立体化仓库就属此类。没有过剩产能的设备在单位产品成本上更有效率,然而,却难应付需求的波动,企业必须作出取舍决定设施的适当产能。最有效的模式如总仓自营、分仓外包的综合模式,可以寻求效率和相应的平衡,中国移动所采用的正是这种模式。

4. 衡量指标

对供应链中节点设施的衡量指标包括产能、利用率、流程时间效率、产品品种和顾客满意度等。

(二)驱动二:库存

供应链管理的本质在某种角度可视为"库存的有效移动",因此库存是供应链中的重中之重,其作用相当于"肌肉",包括供应链上所有的原材料、在制品、半成品和成品。供应链中的几乎一切问题都与库存有关,改进库存政策可以大大改变供应链的效率和响应性。通过储存大量的库存,可以满足顾客随机的需求,使得自己能够达到快速响应,然而,大量存货又会增加运营成本,降低效率,反之亦然。

1. 库存的误区

有些理论认为,库存是供应链的万恶之源,这是不合理的。如果整个供应链中都没有库存,供应链也就不会存在。准确地讲,库存起到了供应链的衔接功能,它是供应链中最重要的成本来源。它对快速响应有重大的影响。

库存在供应链支持企业竞争战略的能力方面也发挥着重要作用。如果一个企业的竞争战略要求高水平的响应性,它就可以使大量库存靠近用户;反之,企业可通过库存,利用大数定律来减少库存,从而提高效率。

2. 衡量指标

供应链中库存衡量指标有平均库存、呆旧比例、平均补货量、平均安全库存、季节性、订单满意率、脱销率等。

(三)驱动三:运输

运输是供应链的"骨骼",是库存在供应链中实现节点到节点的移动。运输可以采取节点和路线的多种组合方式,每一种方式的绩效特点都不尽相同,从而对供应链的响应性和效率有较大影响。例如,深圳发往北京的一批货物,选择空运,供应链的响应更加迅速,但同时空运的高成本使得效率降低。反之,若流通这批货物选择较便宜的汽车运输,使得供应链成本降低,效率有所提升,但其响应性却由于时间的拉长而受到限制。因此我们需要进行科学的运输管理。

1. 运输网络的设计

在运输网络设计中,需要决策的内容有:是选择直接从供应源运输到需求地,还是经过中间集散地;独立配送,抑或共同配送;单一运输工具运输,还是联合运输等。

2. 衡量指标

衡量指标有内向运输成本、外向运输成本。

(四)驱动四:信息

信息是供应链之"神经",包括整个供应链上的设备、库存、运输、成本、价格、客户的数据和分析资料。它是影响供应链绩效的最重要因素。信息为管理层提供了使供应链更灵活、更有效率的机会。例如,一家航空公司运用网络平台预售机票,可以提前预测未来需求来决定是否增加或减少航班数量。这样的需求信息传递系统也可以使供应链更有效率。

1. 信息决策的组成

(1)推动式与拉动式。

在设计供应链流程时,必须确定这些流程是供应链上推动阶段的一个部分,还是拉动阶段的一个部分。推动式系统一般需要以详细的和物料需求计划的形式存在的信息,而拉动式系统需要实际需求快速传达到整个供应链。

(2)协调与信息共享。

供应链协调即供应链各阶段在信息共享的基础上为实现供应链总利润最大化的目标而运作。缺乏协调将会导致供应链利润的重大损失。供应链不同阶段的协调要求每个阶段能与其他阶段共享信息。它是供应链成功的关键。

(3)预测与综合计划。

预测是获取需求的重要手段,也是预备供应的核心依据。经常获取预测信息意味着使用复杂的方法估计未来市场的销售收入和市场状况。公司通常在战术层面来预测生产,战略层面预测一般体现在新设施的自建决策层面。

2. 信息的衡量指标

衡量信息的指标包括预测提前期、预测误差、季节性因素、计划波动等。

(五)驱动五:采购

采购是制造供应链管理之源,是选择由谁来从事特定的供应链活动。在战略层次上,这些决策确定哪些职能由公司自己履行,哪些职能寻求外包。采购决策影响供应链的响应性和效率。例如,苹果公司将大量的生产外包给中国OEM后,效率提高了,但由于距离太远,响应性有所下降,为了规避这一问题,其只能选择空运来弥补。

1. 采购决策的组成

(1)采购最重要的决策首先是自制与外包决策。此项决策受其对供应链的利润总额影响和核心竞争力的驱动。在运输任务中,管理者必须决定是全部外包,还是只外包需要快速反应的部分,还是外包需要高效率的部分。这些都基于是否利于提高供应链的盈利能力增长。

(2)管理者必须确定供应商的数量及选择标准。决策选择的方法,视供应市场的平衡性来决定是谈判,还是招标。

(3)供应商为客户发货过程决策。比如,对直接物料应建立生产与供应商供货机制,确保企业与供应商的良好协调。

2. 采购的衡量指标

衡量采购的绩效指标包括应付天数、提前期、周转率、平均购买数量、准时率和品质合格率等。

(六)驱动六:定价

定价决定供应链上公司为何为商品和服务收费,它影响客户的购买行为,从而影响绩效。对商品而言,定价影响着选择购买此产品的顾客群和顾客期望,是调整供需的杠杆。例如,短期折扣可以用来消除供给过剩或减少需求前移带来的季节性需求高峰。

1. 定价决策的组成

(1)定价与规模经济。

规模经济可以通过一些折扣来获取,其中数量折扣是供应链运营中常见的现象,而这种策略使用过程中要慎之又慎,确保数量折扣符合规模经济的要求。

(2)长期低价与高—低定价策略。

长期低价指的是维持价格长期稳定在一个较低的水准,以确保需求的相对稳定性;高—低定价策略则通过折扣的形式来促成购买高峰。相对来说,高—低定价策略实际上把未来的需求提前了,扭曲了供应链,导致失真信息在供应链中传递。

(3)固定价格与菜单价格。

全国统一价格的产品,或一定区位内价格固定的产品,为固定价格产品,如香烟及快递业。如果供应链的边际成本或顾客价值随着某些属性变化很大,则提供价格菜单是比较有效的方式。

2. 定价的衡量指标

衡量定价的指标包括利润率、平均应收天数和平均订货量等。

综上所述,以上六个驱动因素实质上并不是绝对独立的,而是通过相互作用来决定供应链的整体绩效。良好的供应链的设计和运作能够认识这种相互作用,以适当取舍来获得预期的效果。

练习与思考

1. 不同类型的产品如何与供应链进行合理匹配?
2. 供应链的绩效有哪些主要的驱动因素?
3. 采购决策的组成包含了哪些内容?
4. 定价决策的组成包含了哪些内容?

实训任务

仓储老大 Costco 成功秘诀:最低的价格＋最好的商品

Costco 是美国最大的连锁会员制仓储量贩店,它是会员制仓储批发俱乐部的创始者,成立以来即致力于以可能的最低价格提供给会员高品质的品牌商品。目前 Costco 在全球七个国家设有超过 500 家的分店,其中大部分都位于美国境内,加拿大则是最大国外市场,主要在首都渥太华附近。全球企业总部设于华盛顿州的伊萨夸(Issaquah,WA),并在邻近的西雅图设有旗舰店。

Costco 起源于 1976 年加州圣迭戈成立的 Price Club,以及七年后华盛顿州西雅图成立的 Costco,在 2009 年是美国第三大、世界第九大零售商。

Costco 在会员制仓储店中一直保持着老大的位置。在美国 Costco 一直被认为是沃尔玛唯一害怕的公司。

那么 Costco 是如何取得这样辉煌的成绩的呢? 它的秘诀又是什么呢?

一、定位于较高收入的消费群体

在 Costco 成立的时候,那时的看法是只有社会低层才购买折扣商品,因此 Costco 的使命就是要形成一个高端商品低价销售的细分市场。改变这一传统的看法,Costco 将自己的顾客定位于消费观念成熟的城市居民。Costco 的董事长 Jeff Brotman 认为就是要吸引社区里最富裕的小生意人,这些人不仅舍得在生意上花钱,只要质量有保证,价格适当,也愿意为自己花钱。可以说 Costco 从成立的那一天起就将自己定位于吸引较高收入的消费群体。美国的家庭平均年收入差不多是 38000 美元。但 Costco 商业会员的平均年收入是 57000 美元,所有会员中的 90% 都拥有自己的住宅,与之相对的全国平均拥有住宅率为 69%。到 Costco 购物带着孩子的家庭常常在购物完了以后,带了孩子在这里吃东西,这里的食品都非常便宜,饮料和冷饮也很便宜,听说 Costco 的热狗很有名,而且是非常便宜,几十年它的价格都不变,才 1.5 美元一个。

二、最低的价格+最好的商品

低价是 Costco 一贯坚持的经营理念。它的毛利润范围在 1%～14% 之间,整个连锁仓储店的平均毛利只有 9% 左右。首席财务执行官 Galanti 解释道:"我们的计算机系统将不允许将任何东西的价格标高 14%,但也不会低于 1%。现在,假设我们购买了一批 Calvin Klein 牛仔裤。一家典型的货色齐全的商店会以每条 45 美元到 50 美元的价格出售它们。我们只能以每条 28 美元到 30 美元的价格出售。以每条 33 美元的价格、20% 的利润率出售是很容易的。但它将和我们以低价格出售给会员的哲学不一致。"这就是 Costco 的低价。

Costco 的原则是让会员以低价格买到基本的生活用品,将节约下来的钱用来买那些昂贵的奢侈品以炫耀自己。正是因为这种心理作用,Costco 在很多会员心中成了一个让人激动的购物去处。在 Costco 的店里,既有很便宜的生活用品,也有昂贵的奢侈品。有人说"Costco 是在同一家店里可供精心挑选的产品种类最多的和最高级的商店之一"。商品的种类包括杂货、糖果、器具、电视、汽车配件、轮胎、玩具、硬件、体育用品、珠宝、手表、照相机、书籍、家用器皿、服装、健康和美容产品、烟草、家具、办公用品和办公家具。通常奢侈品的超值价格让很多消费者不买都不行。

最低的价格和最好的商品必须让顾客感觉到才是成功的。所以 Costco 总要让顾客在价格上找到可比点,因此在 Costco 里总要提供几款在别的超市里很容易碰到的商品,并定以低价,这样顾客在 Costco 购物的时候能很容易作出比较,这可以加深顾客对 Costco 高价值的印象,感受到真正的价格实惠,从而感受到 Costco 为他们提供的购物价值。

三、低成本的支运营

Costco 的利润率很低,就必然要削减成本了。因此 Costco 就必须关注它所花费的每一美元钱,无论它是企业管理费用,还是广告/促销费用。在 Costco 很多节省是来自于减少无效率的工作。

四、忠实的团队

在华尔街看来,Costco 支付了"零售业内最高的小时工资,提供了最好的福利"。这严重影响了 Costco 的利润率。但是 Costco 的高层的看法恰恰与其相反,他们认为高工资产生高生产率和低员工变更率。在 Costco 通过一个 90 天的试用期之后,收银员开始每小时的工资是 7.5 美元,然后每 3 个月涨一次,三年后,他们将每年赚 30000 多美元,或者每小时差不多 15 美元。这两种标准中最低的,开始是每小时 7 美元,三年后他们将赚 13 美元/小时,每年就是 26000 美元多一点。"通过这种方式,我们得到了更好的员工",Galanti 说,"一个长期的员工,受到更好激励会成为更具有服务导向的员工。"事实上 Costco 每个员工产生的效率比其他所有的对手都高,如 Costco 平均每个员工的赢利为 13647 美元,而山姆会员店只有 11039 美元。另外 Costco 的管理风格很灵活,很注意尊重员工,很注意对员工授权。

五、培养忠诚的会员

"能让顾客省五分是五分,省一毛是一毛"的原则和理论是 Costco 运行的动力。会员的会费在 Costco 的利润中起着重要的作用。全年的总会费只占到总销售额的 2%,却占到总利润的 54%左右。所以 Costco 非常注重培养忠诚的会员,这样可以保持会员数量的稳定。在 Costco 有三种会员,金星会员和商业会员每年会费 45 美元,执行会员每年会费 100 美元。尽管成为会员并非难事,但高昂的会费使很多临时购物者望而却步。那些付了费的会员则不得不进入仓储店购物,以求物有所值。

会费是 Costco 与会员之间的一种承诺。为了使会员觉得物超所值,Costco 总会赋予优质商品最好的价值。Costco 深知与顾客结盟的重要性,因此显示出一种近乎疯狂的、忠于顾客的许诺。如 1.5 美元的热狗十苏打水二十年都没有变过。

资料来源:陈文容,江贵松. 会员制仓储零售商之王——好事多(Costco)的成功之道[EB/OL]. http://www.emkt.com.cn/article/176/17620.html.

1.思考和训练

(1)结合材料,分析定价因素如何驱动 Costco 的绩效表现。

(2)Costco 还采取了哪些措施来提升其效率?

2.技能训练

请同学们以小组为单位,分析 Costco 成功的重要因素,同时结合其他供应链绩效的驱动要素,对其给出合理的建议。

项目 3　供应链运营管理

教学目标

1. 知识目标

(1)熟悉供应链运营的模式。

(2)掌握供应链的设计步骤。

(3)理解供应链管理设计的方法。

2. 技能目标

(1)能够结合实际进行供应链运营模式的选择。

(2)能够进行供应链的初步设计。

案例导入

ZARA:供应链的速度与响应能力比成本更重要

ZARA 大约在 20 年前推出"快时尚"理念,随后开发出一个经常成为研究对象但很少被复制的高度集中化的设计、生产和销售体系。

"立方"是 ZARA 这个时装帝国的司令部,而这个帝国是建立在一个非常规的理念之上:速度与响应能力比成本更重要。ZARA 以小批量、快速在门店发布新品而闻名。门店管理人员每周两次准时下单定购,新款服装也是每周两次按时发到门店。为了实现这一点,ZARA对生产过程的控制超过大多数零售商:其服装大约有一半在西班牙或邻近国家生产。对ZARA 来说,供应链就是它的竞争优势所在。

ZARA 在全球的扩张可能最终考验其以伊比利亚半岛为基地的生态系统。西班牙一直是其最大的市场。但 2013 年,ZARA 在中国的门店数(142 间)超过法国,使中国成为其第二大市场。所有的零售商在中国扩张都会面临挑战。这家西班牙服装厂商在中国可能面临独特的窘境,因为 ZARA 是一家全球公司,并无本地化运营。"他们成功的秘诀就是集中化",加州大学洛杉矶分校安德森管理学院副教授、在 ZARA 担任商业顾问的费利佩·卡罗说,"他们能够以非常协调的方式作出决策"。ZARA 在阿尔泰霍就能控制库存的能力是其商业模式的关键部分。"一旦他们决定实现本地化,设置两个中枢,西班牙和中国,那将会是完全不同的ZARA。"卡罗说。

"立方"的外面就是该公司占地超过 46 万平方米的主配送中心。该公司每年为其分布在86 个国家的 1770 间门店生产大约 4.5 亿件商品。据 ZARA 透露,大约 1.5 亿件服装在这个中心接受检验并被分类。无论一件衬衫是在葡萄牙、摩洛哥、中国还是孟加拉国生产,都会先运到西班牙,然后才发往门店。配送中心以外是 11 个 ZARA 下属的工厂。这些工厂所生产的每一件衬衫、针织衫和裙装都直接通过自动的地下轨道被送到配送中心。这个轨道有将近200 公里长。周边的加利西亚地区则遍布 ZARA 的分包商。

现年77岁的世界第三大富豪阿曼西奥·奥尔特加在2011年之前一直担任他围绕ZARA打造的公司Inditex的董事长。Inditex旗下还有另外七个品牌,已经成为世界最大的服装零售商。2012年该公司6009间门店的销售收入接近160亿欧元(合214亿美元),其中ZARA占了105亿欧元。据Inditex透露,该公司2013年新开400多间门店,其中约110间为ZARA门店。该公司预计2014年新开门店至少也会达到这个数量。

奥尔特加的办公桌仍在"立方"最大的房间前面,跟设计师、买手、策划人员和营销人员在一起。有关哪些产品畅销、哪些产品销路不旺的信息从世界各地的门店经理那里源源不断地发过来。设计师依据这些信息迅速对服装进行调整,买手可以就某款外套下更多的订单(但也不能太多——独具一格的东西才好卖),策划人员则可以决定将哪些商品从门店中剔除。

ZARA在西班牙以及葡萄牙、摩洛哥和土耳其的工厂生产最新潮的服装。据该公司透露,这些工厂生产的服装占ZARA库存的一半左右。其基本款的T恤衫、针织衫等产品是根据传统时间表(大约提前六个月)从人力成本通常更低的亚洲工厂订购,然后运到西班牙。

ZARA的管理人员一直投资于高科技设备和额外产能,让旗下工厂能应对产量的突然增加或变化——很少有亚洲生产商能做到这一点。哈佛商学院对ZARA进行的个案研究显示,在一季开始的时候,普通零售商已经至少为80%的即将销售的服装下了订单。但ZARA只有50%的设计提前那么久。变化并不会打乱这个体系,它就是体系的一部分。

新品被连夜打包装上卡车,直接送往门店或发往机场。这些卡车和飞机依照已经确立的时间表运行,在48小时之内将服装运到大多数门店。

ZARA能够承担额外的人力和运输成本,原因是它无需像竞争对手一样大幅打折促销。它也不做广告。哈佛的案例研究显示,ZARA服装的平均售价为全价的8.5折,而行业平均水平为6折到7折。未售出的商品占其库存的比例不到10%,行业平均水平为17%至20%。哈佛研究论文的作者卡斯拉·费尔多斯说:"ZARA深知,如果他们无需推出那么大的折扣,就可以在其他方面花钱。他们能看到供应链的这种确定性和节奏带来的好处。"

资料来源:Susan Berfield, Manuel Baigorri. ZARA:供应链的速度比成本更重要[EB/OL]. (2014 - 02 - 11). http://www.cyzone.cn/a/20140211/254188.html.

案例分析

这个案例提示我们,供应链的管理应把握好正确的策略和重点,着力于良好的运营管理,在此基础之上,供应链可给我们带来很多竞争优势。案例中ZARA便通过速度和响应度的侧重运营策略,扩大其运营范围,完成全球化供应链的铺设和同行中不可比拟的竞争力的构建。

思考·讨论·训练

(1)你认为ZARA供应链有什么突出的特点?

(2)ZARA与众不同的供应链运营管理主要表现在哪些方面?

知识链接

一、供应链的运营

在供应链管理的过程中,供应链的运营无疑是一个非常重要的组成部分。运营顺畅的供应链,其效率和响应能力都会相应较高;反之,运营不善或运营中受各种因素严重制约的供应链,其管理也相应会产生种种问题。

(一)供应链运营的制约因素

1. 产品种类飞速膨胀

随着消费者需求多样化越来越明显,制造商为了更好地满足消费者需求,便不断推出新产品,从而引起一轮又一轮的产品开发竞争,结果产品的品种数成倍增长。为满足市场个性化的需求,市场细分越来越细,产品种类增多,大大增加了市场预测和满足需求的难度,从而使供应链运营复杂化。产品种类的增加带来了需求的不确定性,使供应链上下游企业都背上沉重的库存负担,严重影响了各节点企业的资金周转,从而造成供应链成本上涨,利润下降。

2. 产品生命周期缩短

随着消费需求的多样化发展,企业的研发部门加快研发速度,新产品投入市场的频率加快。与此相应的是产品的生命周期缩短,更新换代的速度加快,给企业造成巨大的压力,需要投入大量的资源。产品生命周期缩短增加了不确定性,因为供应商除了要应付产品需求的不确定性,还要经常进行调整以适应生产商的生产。在机遇减少的同时,不确定性还给供应链协调及创造供求平衡带来了巨大的压力。

3. 顾客需求不断增加

用户需求的多样化和不确定性的增加,加大了企业把握市场的难度,与此同时,也对供应链管理提出了更高要求。由于市场提供的可选择的产品越来越多,使得顾客对产品的质量、性能以及服务要求越来越高,供应链核心企业为了及时响应客户的需求,紧跟市场的脚步,也必须顺应市场,整合全世界的优质资源,以低廉的价格,将优质的产品、高质量的服务提供给客户,这样才能在激烈的市场竞争中获胜,以维持供应链的运营。

4. 供应链的复杂性和变化性增加

供应链在运营过程中,面临着许多问题。首先,管理的要素和范围有很大拓展,从人、财、物到信息、技术、设备、知识等,管理对象无所不包,几乎涵盖了所有软、硬件资源要素;其次,供应链系统是一个动态的、开放的有机整体,各要素之间交织成相互依赖、相互制约又相互促进的关系链,打破地域分布的限制,在全球范围内优化整合社会资源;最后,一些先进的管理思想,如JIT、精益管理、快速反应、全面质量管理、业务流程再造等的运用,使得供应链运营更加复杂,要求以最快的速度、最优的方式、最佳的途径解决问题,既有时间的要求,也有成本的要求,同时还要快速响应市场,即有效率的要求。

5. 业务外包导致供应链环节增加

现代竞争理论认为,企业应充分利用自身的资源优势,通过技术的重新设计和业务流程的重组,集中精力发展自己的核心业务,增强自己的核心竞争力,而将自己不擅长的业务进行外包,在全球范围内整合优质资源,充分挖掘外部专业机构的能力,利用他们的核心业务能力,形成强强联合。但是业务外包越多,导致所有权越分散,供应链节点企业越多,主体利益的矛盾性和供应链环节的不确定性增加,供应链的协同越困难,从而影响供应链整体的盈利水平。

6. 缺乏供应链方面的专业人才

供应链管理是一个跨组织、跨行业的管理理念,它涉及许多领域的高新技术,不但需要专门的技术人才,而且需要精通各种管理理论、方法和手段,熟悉供应链专业知识的综合型人才。但是,我国供应链发展起步很晚,物流人员大多是从管理专业、交通运输专业等而来,缺乏供应链方面的知识,加之我国大学物流专业开设较晚,供应链方面的人才问题尤其突出。人才的匮乏严重阻碍了供应链的实施,导致供应链运作效率低下,严重影响了供应链思想的发展、传播和实施。

供应链各节点企业面临着各种各样的不确定性因素,使得供应链的运行难以控制。同时这些制约因素也为供应链的改善提供了思路,随着这些制约因素影响的不断增加,供应链管理逐渐成为公司成败的关键因素。

(二)供应链运营的模式选择

随着信息技术的发展,一些新的概念逐渐融入供应链管理实践,产生了许多新的模式。

1. 基于全球化供应链运营模式的选择

在经济全球化的环境下,国际上越来越多的企业进入中国市场,同时更多的中国企业也走向了世界,使原材料、半成品、产成品,以及技术、知识等资源在全球范围内流通,从而进入全球化供应链管理的新阶段。

全球化供应链管理是指以全球化的观念,以现代国际网络信息技术为支撑,对供应链进行计划、协调、控制和优化,实现供应链的一体化和快速反应,以满足全球消费者的需求。

(1)全球化供应链管理的特征。

①全球化供应链管理是以全球范围内的客户需求来驱动供应链运作,以快速满足全球消费者需求为经济目标;

②全球化供应链从全球市场的角度对供应链进行全面协调,各节点企业共担风险,共享利润,实现优势互补,降低各环节的交易成本,提升全球化供应链整体盈利能力。

③全球化供应链管理以现代国际网络信息技术为支撑,高度集成的国际网络信息系统是其运营的基础。

(2)企业构建全球化供应链的模式选择。

构建全球化供应链的过程,是供应链各节点企业的共同意识和共同价值观再造的过程,成员企业相互适应、相互认同后形成一种和谐的文化体系。管理全球化供应链的目标就是创造条件使所有成员企业都能从合作中受益。根据节点企业在供应链中所处位置的不同,供应链管理模式可以分为以制造商、批发商、零售商、物流商为主的四种供应链管理模式。

因此不同的企业在组建或加入全球化供应链时,应根据自己的特点,选择合适的供应链管理模式。

2. 基于电子供应链运营模式的选择

电子商务改变了传统的供应链运作模式。电子供应链也被称为"虚拟供应链",供应链上各节点企业间的商务活动是通过网络进行的,通过电子商务技术对物流、信息流和资金流进行有效控制,实现信息的共享。与传统的供应链相比,电子供应链具有以下特点:

(1)节约交易成本。

通过互联网这个全球通用的网络,合作伙伴之间创建自动、无缝衔接的供应链,整个供应链就像独立的整体一样运作,企业能够进行快速订货、存货跟踪与管理,更加精确地履行订单并获得 JIT 制造的支持,提高客户服务水平。用 Internet 整合供应链,在缩短交易时间的同时,能大大降低供应链内各环节的交易成本。

(2)提高客户服务水平,降低存货成本。

电子供应链可以向全球范围内的客户提供每周 7 天、每天 24 小时的全天候服务,对客户服务响应更快,缩短了响应时间,降低了服务成本。而且,通过扩展组织的边界,供应商和客户通过网络共享库存信息,能够随时掌握存货信息,及时安排供货与发货,减少企业的存货,降低存货成本。

(3)降低采购成本。

由于网络的发展,信息的共享,采购效率显著提高,采购人员的数量将大大减少,采购成本也随之降低。

电子供应链将物流、信息流、资金流三者有机地统一,通过互联网获取上下游客户端信息,实现网上协商价格、订立合同、发送订单、货物网上跟踪以及网上支付,去除了许多影响供应链的不确定因素,实现信息共享。电子供应链逐渐成为供应链网络节点企业实现共赢的核心内容。

3. 基于绿色供应链运营模式的选择

随着世界经济持续快速的增长,资源的消耗越来越严重,资源浪费与环境破坏事件频繁发生,人们越来越关注生态环境问题,提出了可持续发展战略。实施绿色供应链管理正是将"绿色"或"环境意识"与"经济发展"并重的可持续发展的一种有效途径。

绿色供应链是把循环经济理论和供应链相结合的产物,与传统供应链相比,它具有以下特点:

(1)改变"一次使用"的观念,减少污染性原材料的使用,把绿色材料选择、绿色采购、绿色生产计划、绿色包装、绿色仓储、绿色运输、绿色分销和回收处理等过程有机集成,取得整体最优化效益,真正实现供应链的绿色化;

(2)充分利用具有绿色优势的外部企业资源,并与具有绿色竞争力的企业建立战略联盟,使整个供应链的资源消耗和环境影响最小;

(3)把"绿色"与"环保"的理念融入整个供应链。

当前,绿色供应链管理的措施已被逐渐采用,许多欧洲工业化国家建立了环境立法,让生产商为其产品的逆向物流负责,包括旧产品和工业废品的处理。另外,全球性跨国公司如IBM、施乐公司等均采取有效措施,整合他们的供应商、批发商等,改善设计和生产工艺来提高产品的可重用性,促进绿色供应链的发展。

二、供应链设计策略

在当代市场,单一的供应链已无法满足市场多样化的要求,现代企业拥有多项业务能力已是普遍现象,不同产品或服务在供应链各个环节需要不同的策略。因此,对企业来说,设计一个科学的供应链是非常关键的。

(一)供应链设计的概念

供应链设计是供应链管理中一个重要的战略决策问题,供应链设计直接影响供应链的运行效果。供应链设计是指从更广泛的思维空间、企业整体角度去勾画企业蓝图。有效的供应链设计可以改善客户服务水平、降低系统成本、提高竞争力,而无效的供应链设计则会导致浪费和低效。

首先,在供应链的设计中,创新性管理思维和观念极为重要,要把供应链的整体思维观融入供应链的构思和建设中,企业之间要有并行的设计才能实现并行的运作模式,这是供应链设计中最为重要的思想。

其次,供应链的设计一般以产品为中心,首先要明白用户对企业产品的需求是什么。产品寿命周期、需求预测、产品多样性、提前期和服务的市场标准等,都是影响供应链设计的重要问题,必须设计出与产品特性一致的供应链。

再次,供应链设计要考虑环境因素。一个设计精良的供应链在实际中并不一定能按照预想的那样运作,甚至无法达到设想的要求,这是主观设想与实际效果的差距,原因并不一定是设计或构想的不完美,而是环境因素在起作用。硬件环境即支持供应链商流、物流、信息流、资金流的基础设施规划和建设。软件环境指为供应链经营主体提供运作良好的体制环境和规则环境。

除此之外,还应考虑未来环境的变化对供应链的影响。因此,要用发展的、变化的眼光来设计供应链,无论是信息系统的构建还是物流通道设计都应具有较高的柔性,以提高供应链对环境的适应能力。

(二)供应链设计的原则

在供应链的设计过程中,要从宏观和微观两个方面分析,应遵循一些基本原则,以保证供应链的设计和重建能满足供应链管理思想得以实施和贯彻的要求。

1. 宏观角度

(1)顺序设计原则。

顺序设计原则是指可以采取自顶向下和自底向上两种设计方法。自顶向下的方法是从全局走向局部的方法,自底向上的方法是从局部走向全局的方法;自上而下是系统分解的过程,而自下而上则是一种集成的过程。在设计供应链系统时,往往是先由高层主管作出战略规划与决策,规划与决策的依据来自市场需求和企业发展规划,然后由下层部门实施决策,因此供应链的设计是自顶向下和自底向上的综合。

(2)简洁性原则。

简洁性是供应链的一个重要原则,为了使供应链具有灵活快速响应市场的能力,供应链的每个节点都应是简洁的、具有活力的、能实现业务流程的快速组合。比如供应商的选择通常就是以少而精为原则。生产系统的设计更是应以精细思想为指导,努力实现从精细的制造模式到精细的供应链这一目标。

(3)集优原则。

供应链的各个节点的选择应遵循强强联合的原则,达到实现资源外用的目的,每个企业只集中精力致力于各自核心的业务过程,就像一个独立的制造单元。这些所谓单元化企业具有自我组织、自我优化、面向目标、动态运行和充满活力的特点,能够实现供应链业务的快速重组。

(4)协调性原则。

供应链业绩好坏取决于供应链合作伙伴关系是否和谐,因此建立具有战略伙伴关系的合作企业关系是实现供应链最佳效能的保证。一个好的供应链系统应能充分发挥系统成员和子系统的能动性、创造性及系统与环境的总体协调性。

(5)动态性原则。

不确定性的存在会导致需求信息的扭曲,因此要预见各种不确定因素对供应链运作的影响,减少信息传递过程中的信息延迟和失真,提高实效性。这就要求供应链的设计必须遵从动态性原则。

(6)创新性原则。

在供应链设计过程中,没有创新性思维,就没有创新的管理模式,要构建一个创新的系统,就要敢于打破各种陈旧的思维框框,进行大胆的创新设计。进行创新设计要注意以下几点:

①创新必须在企业总体目标和战略的指导下进行,并与战略目标保持一致;

②要从市场需求的角度出发,综合运用企业的能力和优势;

③发挥企业各类人员的创造性,集思广益,并与其他企业共同协作,发挥供应链整体优势;

④建立科学的供应链和项目评价体系及管理组织系统,进行技术经济分析和可行性论证。

(7)战略性原则。

通过战略的观点考虑可减少不确定性影响。供应链建模的战略性原则还体现在供应链发展的长远规划和预见性,供应链的系统结构发展应和企业的战略规划保持一致,并在企业战略指导下进行。

2.微观角度

(1)成本控制原则。

成本管理是供应链管理的重要内容。供应链管理中常出现成本悖反问题,即各种活动成本的变化模式常常表现出相互冲突的特征。解决冲突的办法是平衡各项成本使其达到整体最优,供应链管理就是要进行总成本分析,判断哪些因素具有相关性,从而使总成本最小。

(2)多样化原则。

供应链设计的一条基本原则就是要对不同的产品、不同的客户提供不同的服务水平,要求企业将适当的商品在恰当的时间、恰当的地点传递给恰当的客户。一般的企业生产多种产品,因此要面对各种产品的不同的客户要求,不同的产品特征,不同的销售水平,也就是意味着企业要在同一产品系列内采用多种战略。比如在库存管理中,要区分出销售速度不一的产品,销售最快的产品应放在位于最前列的基层仓库,依次摆放产品。

(3)推迟原则。

推迟原则(延迟策略)就是运输的时间和最终产品的加工时间应推迟到收到客户订单之后。这一思想避免了企业根据预测在需求没有实际产生的时候运输产品以及根据最终产品形式的预测生产不同形式的产品。

(4)合并原则。

战略规划中,将小批量运输合并成大批量运输具有明显的经济效益。但是同时要平衡由于运输时间延长而可能造成的客户服务水平下降与订单合并的成本节约之间的利害关系。通常当运量较小时,合并的概念对制定战略最有用。

(5)标准化原则。

标准化原则的提出解决了满足市场多样化产品需求与降低供应链成本的问题。如生产中的标准化可通过可替换的零配件、模块化的产品和给同样的产品贴不同的品牌标签而实现。这样可以有效地控制供应链渠道中必须处理的零部件、供给品和原材料的种类。服装制造商不必去存储众多客户需要的确切号码的服装,而是通过改动标准尺寸的产品来满足消费者的需求。

(三)供应链设计的步骤

了解了供应链设计的概念和原则之后,就可以设计出与产品需求一致的供应链。企业在进行供应链设计时,应遵循的一般步骤为:

1. 分析市场竞争环境

这一步骤的目的在于找到针对哪些产品市场开发供应链才有效,知道目前的产品需求以及产品的类型和特征,对不确定性进行详尽的描述。分析市场特征要向卖主、用户和竞争者进行调查,提出用户想要什么和他们在市场中的分量有多大等问题,以确认用户的需求。最后得出每一产品按重要性排列的市场特征,同时对于市场的不确定性要有分析和评价。

2. 企业现状总结与分析

主要分析企业供需管理以及业务流程的现状,确定企业的核心竞争力。其目的不在于评价供应链设计策略的重要性和合适性,而是着重于研究供应链开发的方向,分析、寻找、总结企业存在的问题及影响供应链设计的阻力等因素。

3. 提出供应链设计项目

提出供应链设计项目主要是针对存在的问题提出供应链设计项目,分析其必要性。围绕供应链"可靠性"和"经济型"两大核心要求去了解产品,提出供应链设计的目标,这些目标包括提高服务水平和降低库存投资之间的平衡,以及降低成本、保障质量、提高效率、提高客户满意度等。

4. 确立供应链设计目标

确立供应链设计目标主要指根据基于产品的供应链设计策略提出供应链设计的目标。主要目标在于获得高用户服务水平和低库存投资、低单位成本之间的平衡,同时还应包括以下目标:①进入新市场;②开发新产品;③开发新分销渠道;④改善售后服务;⑤提高用户满意程度;⑥降低成本;⑦通过降低库存提高工作效率等。

5. 提出供应链的基本框架

分析企业供应链的组成,对节点企业进行综合评价,提出供应链组成的基本框架。供应链中的成员组成主要包括制造工厂、设备、工艺和供应商、制造商、分销商、零售商及用户的选择及其定位,以及确定选择与评价的标准。

6. 分析和评价供应链设计的技术可能性

这不仅仅是策略或改善技术的推荐清单,而且是开发和实现供应链管理的第一步。它在可行性分析的基础上,结合本企业的实际情况为开发供应链提出技术选择建议和支持。这也是一个决策的过程。如果认为方案可行,就可进行下面的设计;如果不可行,就要重新进行设计。

7. 设计供应链

设计供应链主要解决以下问题:供应链的成员组成(供应商、设备、工厂、分销中心的选择、定位、计划与控制),原材料的来源(包括供应商、流量、价格、运输等),生产设计(需求预测、产品类型、生产能力、产品分配、价格、生产计划、生产作业计划和跟踪控制、库存管理等),分销任务与能力设计(市场分布、运输、价格等),信息管理设计,物流管理系统设计,等等。

在供应链设计中,还会用到许多工具和技术,包括:归纳法、集体解决问题、流程图、模拟和设计软件等。另外,第三方物流的选择与定位、计划与控制等以确定产品和服务的计划、运送和分配、定价等,设计过程中需要各节点企业的参与,以便于以后的有效实施。

8. 检验供应链

供应链设计完成以后,应通过一定的方法、技术进行测试、检验或试运行。如果不可行,返回第四步进行重新设计。如果可行,就可实施供应链管理,进行供应链运行与控制。

三、供应链设计及管理设计的方法

在供应链的运营管理中,供应链合理的设计是重要的组成部分,在已探讨过供应链设计策略的基本内容后,我们将就供应链和供应链管理中常见的设计方法进行介绍和讨论。

(一)供应链设计的方法

供应链的设计可以采用网络图形法、数字模型法、CIMS-OSA 框架法等。

1. 网络图形法

供应链设计问题有几种考虑方式:一是单纯从物流通道建设的角度设计供应链,称为供应链定位,包括选择哪个地方的供应商,在哪个地方建设一个加工厂,在哪个地方组装,哪个地方要有一个分销点等。设计所采用的工具主要是图形,直观地反映供应链的结构特征,这种供应链的设计方法称为网络图形法。在设计中可以借助计算机辅助设计等手段进行设计。

网络图形法在描述供应链的组织结构及分布特征上比较直观,但不能反映供应链的性能特征,如经济特征,虽然对分析供应链性能没有多大作用,但是在供应链的组织分布结构描述上却是常用的工具。

2. 数学模型法

数学模型法是研究经济问题普遍采用的方法。把供应链作为一个经济系统问题来描述,可以通过建立数学模型来描述其经济数量特征。最有用的数学模型是系统动力学模型和经济控制论模型。特别是系统动力学模型更适合供应链问题的描述。系统动力学最初的应用也是从工业企业管理问题开始的,它是基于系统理论、控制理论、组织理论、信息论和计算机仿真技术的系统分析与模拟方法。系统动力学模型能很好地反映供应链的经济特征。

3. CIMS-OSA 框架法

CIMS-OSA 即计算机集成制造系统开放体系结构,它的建模框架是基于一个集成模型的四个建模视图:功能视图、信息视图、资源视图和组织视图。CIMS-OSA 标准委员会建立了关于企业业务过程的框架,这个框架将企业的业务过程分为三个方面:管理过程、生产过程和支持过程。可以利用这个框架建立基于供应链管理的企业参考模型,特别是组织视图和信息视图,对供应链重构很有帮助。

(二)供应链管理设计方法

供应链管理设计是一个复杂的工作过程,需要相关组织交互作用,反馈交流信息,所以应当贯彻并行工程(GE)的思想方法,以达到缩短设计时间、提高设计质量和有利于实际运作的目的。

1. 并行工程

所谓并行工程就是集成地、并行地设计产品及其相关过程(包括制造过程和支持过程)的系统方法。

(1)美国国家防御分析研究所完整地提出了并行工程的概念,这种方法要求产品开发人员在一开始就考虑产品整个生命周期中从概念形成到产品报废的所有因素,包括质量、成本、进度计划和用户要求。

并行工程作为一种工程方法论和管理思想方法,也可以应用于供应链管理体系设计过程。并行工程通过组成多学科产品开发队伍、改进产品开发流程、利用各种计算机辅助工具等手段,产品开发的早期阶段能及早考虑下游的各种因素,达到缩短产品开发周期、提高产品质量、降低产品成本,从而增强企业竞争能力的目标。

并行工程的目标为提高质量、降低成本、缩短产品开发周期和产品上市时间。并行工程为实现上述目标,主要通过设计质量的改进,早期生产中工程变更次数得以减少50%以上;通过产品设计及其相关过程并行,产品开发周期缩短40%~50%;通过产品设计及其制造过程一体化,制造成本降低30%~40%。

(2)利用并行工程对提高供应链管理水平,包括产品开发能力,增强其竞争力具有深远的意义。其要素包括:

①并行工程方法。并行工程方法用于供应链系统开发过程的建模、仿真与优化。利用并行工程把供应链系统开发的各个活动作为一个集成的、并行的过程,强调下游环节在供应链系统开发期就参与设计过程;对系统开发过程进行管理和控制,不断改善。

②集成供应链系统开发团队。并行工程的集成供应链系统开发团队是以供应链商流、物流、信息流和资金流为主线的多功能集成的研发团队。

③并行工程协同工作环境。在并行工程供应链研发模式下,供应链研发是由分布在异地企业的采用不同计算机软件工作的多学科小组完成的。多学科小组之间及多学科小组内部各组成员之间存在着大量相互依赖的关系,并行工程协同工作环境支持集成供应链研发团队的异地协同工作。协调系统用于各类设计人员协调和修改设计,传递设计信息,以便作出有效的群体决策,解决各小组间的矛盾。

利用并行工程进行供应链管理设计,是借用其方法论,站在供应链管理设计、运行全过程的高度,打破传统的组织结构、行业结构带来的部门分割、体制分割、系统封闭的观念,强调供应链参与者协同工作的效应,重构供应链管理的过程。在供应链设计的早期阶段就考虑到其后期发展的所有因素,以提高供应链管理设计、运作的一次成功率,从而大大缩短供应链开发周期、降低成本,增强企业及其所在供应链的竞争能力。

2. 约束理论

面对供应链复杂的环节组合,传统管理模式习惯于把链条断开,对每个环节进行局部优化。这种做法认为:对任何一个环节的改进就是对整个链条的改进;供应链的整体改进等于各个分环节的改进之和;各环节的管理人员加强了自己的环节,管理人员的经营业绩也就越突出。采用这种管理模式的结果是,每个部门的管理人员都在同时争夺供应链的资源,因为他们相信这样做是使整个系统的有效性最大化的途径,而实际结果往往事与愿违。

(1)约束理论的概念。

约束理论又称为约束管理,约束理论是在优化生产技术(OR)的基础上发展而来的。

约束理论认为,任何系统至少存在着一个约束,否则它就可能有无限的产出。因此,要提高一个系统(任何企业、组织或供应链均可视为一个系统)的产出,必须要打破系统的约束。

企业组织或供应链系统可以想象成一条环与环相扣的链条,供应链系统的强度就取决于其最弱的一环,而不是其最强的一环。

(2)约束理论的应用。

约束理论可以应用到生产管理,也可应用到分销、供应链管理等其他领域,而且可以获得很好的成效。目前,已应用到约束管理方法的产业包括航天工业、汽车制造、半导体、钢铁、纺织、电子、机械五金、食品等行业。美国三大汽车厂还在生产过程中将约束管理列为持续改善的一种方法。

（3）应用约束理论的主要步骤。

下面五个核心步骤可以让人们有能力以逻辑和系统的方式回答任何想做持续改善时必会问的三个问题：要改进什么？要改进成什么？怎样使改得以实现？这三个问题可以应用到包括生产、分销、项目管理、企业战略的制定、沟通、授权、团队建设等各式各样的题目上，强调决策沟通与团体协作，体现了"抓住重点，以点带面"的管理思想。

具体步骤如下：

①找出系统中存在哪些约束。

以产销率为例，产销率是指在一定时期内已销售出去的产品和已生产的产品数量的比值。企业要增加产销率，一般会在这几方面想办法：原料，即增加生产过程的原材料投入；能力，即如果由于某种生产资源的不足而导致市场需求无法满足，就要考虑增加这种资源；市场，即如果由于市场需求不足而导致生产能力过剩，就要考虑开拓市场需求；政策，即找出企业内部和外部约束产销率的各种政策规定。

②寻找突破约束的办法。

仍以产销率为例，若某种原材料是约束，就要设法确保原材料的及时供应和充分利用；若市场需求是约束，就要给出进一步扩大市场需求的具体办法；若某种内部市场资源是约束，就意味着要采取一系列措施来保证这个环节始终高效率生产。当要突破供应链某环节瓶颈资源率不高这个约束时，要采取设置时间缓冲、在制品缓冲方式，或采用其他方式进行改进。

③所有其他活动服从于突破约束的各种措施。

只有所有其他活动服从于突破约束的各种措施，才可以实现系统其他部分与约束部分同步，从而能够充分利用约束部分的生产能力。正是这一点，使得约束理论不单单是一种制造理念，而是一种管理理念或经营理念，可以应用于营销、采购、生产、财务等企业经营各方面的协调。

④解除约束。

具体实施提出的解除约束措施，使所找出的约束环节不再是供应链企业的约束。例如，供应链中某制造厂的一台机器是约束，就应缩短设备调整和操作时间，改进流程，或采用加班、增加操作人员、增加机器等手段来解除约束。

⑤谨防系统约束。

当突破一个约束以后，一定要重新回到第一步，开始新的循环。就像一根链条一样，改进了其中最薄弱的一环，但又会有下一环节成为最薄弱的。为了突破这个约束可以采取一些很好的措施，可一旦约束转移到其他环节，这些措施对于新的约束可能是无能为力的。所以，约束总是存在，只是这个约束和另一个约束不同。供应链企业可以通过约束理论利用和控制约束，而不是反过来被约束所控制。

（4）应用约束理论改进供应链管理。

供应链是一个网链结构，改进供应链必须找出供应链结构中的薄弱环节。若想达成供应链预期的目标，必须从供应链最弱的一环，也就是从瓶颈（或约束）的一环下手，才可取得显著的改善。

众所周知，现实中没有一个系统可以有无限的产出。从原料供应、产品制造到成品分销，或是从生产到研发，或是营销、分销业务可否接到更多客户的订单，在整个供应链上的任何一环都可能成为下一个最薄弱的环节。改进供应链需要不断地探讨下一个约束在哪里以及应该如何克服这个新的约束。

约束理论认为,管理者需要找出供应链管理链条最薄弱的一环,只有对真正的薄弱环节进行改造才能真正增加企业的利润。这种思想可以归结为:

①对供应链大多数环节所进行的大多数改进对整个链条是无益的。

②供应链系统的整体改进不等于各个分环节的改进之和。

③供应链企业的经营业绩应该以供应链结构的"力量"而不是"重量"来衡量,这就需要通过加强最薄弱环节来实现。

因此,一旦识别出企业的"约束"即供应链最薄弱的一环,企业的资源就应该用在改进这个环节的约束上。

练习与思考

1. 供应链运营模式都有哪些?
2. 供应链设计的步骤是什么?
3. 约束理论的原理是什么?

实训任务

苏宁供应链运营管理的发展

20世纪90年代以来,随着我国改革开放和科学技术的发展,消费者的消费水平得到极大的提升,家电零售行业的竞争也越来越激烈,传统的经营模式变得不再适应这种趋势。美国哈佛大学商学院教授西奥多·李维特(1960)曾指出,那些曾经一度快速增长的行业,如铁路、电影业、石油业、食品零售店行业等之所以被衰退的阴影所笼罩,因为它们是以产品为导向,而不是以顾客为导向。这种观点让企业不能忽视消费者需求的变化,面对需求多样化的市场,企业需要寻求其他出路为顾客创造更大的价值,于是一些更加先进、科学的经营管理方法被逐步采纳,企业越来越注重对自身供应链的管理。

一、传统的苏宁供应链管理模式

苏宁传统的供应链管理模式是淡季订货、反季节打款。1990年空调当年的产量为24万台,生产厂家约50家,价格高。苏宁在进行市场选择后,采用市场渗透的策略,低价吸引消费者,这就促使苏宁找寻更便宜的货源。由于空调销售存在淡旺季,空调的生产也具有鲜明的季节性。旺季的时候,工厂的生产能力不足,无法及时供货,苏宁打款扶植生产商,保证了货源充足;淡季的时候,订货量急剧减少,工厂的生产能力又被闲置,急需生产抵消固定资产折旧,苏宁订货的举动,既保证了空调的低价位又维持了和供应商的良好关系。

二、供应链管理信息化的试水

随着业务量的增加,传统的经营方式已不能满足苏宁自身的发展,信息化的技术成为支持其发展的一个重要手段。2000年苏宁开始确定战略,走向全国连锁发展,将重点放在两个方面：第一，企业组织架构业务流程的再造；第二，在前者的基础上，实施 ERP 系统。在组织、流程和信息系统的支撑下，苏宁开始向全国发展，并逐步摸索连锁发展的一些管理方法和经营手段。在 ERP 系统上线之前，因为各地库存信息无法做到实时共享，经常会发生库里已经没有货了，前台店面却在不了解这个信息的情况下依然开票销售的情况；ERP 上线之后，苏宁采购、销售、库存的实时协同问题得到解决。

三、供应链管理的进一步改善

2004 年年初苏宁启动了基于 B2B 的供应链管理项目，力图通过与供应商和独立核算的分、子公司之间实现网上"标准"的业务管理，网上"便捷"的账务结算功能以及提高相互数据交互的"透明化"，达到提高企业内外部供应链管理水平的目的。在 ERP 系统刚刚启用的时候，这条通道的效率可能并不太高，经常会发生堵车或是路灯坏了的情况。而当信息系统平台建立后，这条通道的效率得到了更大的提升，供应商可以直接向在线的客服提出问题，苏宁再通过专门组织的团队作出回应，比如操作问题或者其他的一些问题，而对于那些实现 B2B 系统直连的大型供应商而言，连输入用户名及密码的工夫都不用，当实现系统的对接之后，对方可以直接在系统上看到苏宁的采购订单，信息实时展现，苏宁和供应商之间实现了双赢。

四、全程的供应链管理体系

全程供应链，是指端到端，从客户开始到客户结束，不仅包括与供应商之间，也包括企业内部以及与下游消费者之间的环节。如果通过信息系统来支撑全程供应链，就意味着苏宁的信息系统，不仅仅只是指上游的 B2B 系统，还包括内部的 ERP 系统、下游的 B2C 以及后续实施的 CRM 系统、HR 系统、财务共享中心系统等。2009 年开始苏宁每年开新店超过 200 家，物流配送网络的建设成为苏宁供应链管理中不容忽视的问题。苏宁电器在全国建立了由区域配送中心、城市配送中心、转配点组成的全国三级物流网络体系，依托 WMS、DPS、TMS、GPS 等先进信息系统，实现了长途配送、短途调拨与零售配送到户一体化运作。另外，苏宁电器在全国大力建设以机械化作业、信息化管理为主要特征的第三代物流基地，集物流配送中心、呼叫中心、培训中心、后勤中心等于一体，成为苏宁电器大服务与大后方平台。苏宁已经完成了信息化系统和实体物流基地的完美对接，全程的供应链管理将对苏宁现在乃至以后的发展起到至关重要的作用。

五、总结

英国著名供应链研究专家马丁·克里斯托弗（1992）曾说，"市场上只有供应链而没有企业，21 世纪的竞争不是企业和企业之间的竞争，而是供应链和供应链之间的竞争"。可见供应链对于企业生存和发展的重要性。企业的发展不能忽视供应链的运营管理，苏宁从其成立之初就致力于供应链的建设，正如其董事长张近东所说"零售业不是一个以某项核心技术、某一专用性资产作为游戏筹码的行业，做大规模、压低成本是行业的最核心竞争力"。通过对苏宁供应链管理的介绍，我们可以明显察觉到当前企业在新时期面临着竞争环境的大变革。必须使自身与外部利益相关者协同起来，同时注重产品的质量和服务，供应链系统的改进和发展对这些都是非常有效的。

资料来源：康玉兰.浅析苏宁供应链管理发展[J].商场现代化，2012(19).

1.思考和训练

(1)结合案例,简述苏宁供应链运营管理优化的要点。

(2)通过苏宁的供应链管理运营优化,可以得出供应链管理运营对企业有哪些重要意义?

2.技能训练

请同学们结合理论和案例,给出自己对企业供应链运营的理解,并模拟设计和运营一家本土企业的供应链。

项目 4　供应链需求预测

教学目标

1. 知识目标

理解需求预测的重要性。

2. 技能目标

学会运用因果预测法和简单移动法进行需求预测。

案例导入

做供应链要先做好需求预测

1号店运营副总裁王海晖表示,做好供应链系统的工作首先要做好需求预测体系。如果需求预测不正确,库存肯定管理得不好。库存管理不好,库存周转就会出麻烦。按照这样的标准设计仓库,设计得越好,带来的负面灾难越大。"建立起销量预测的模型,这是电子商务供应链最重要的一步。"

王海晖揭示,1号店之所以能实现10天的库存周转是通过补货系统、辅助决策系统和后端的不良库存管理系统实现的。

王海晖在演讲时说:

"电子商务的机遇。比如电子商务去货架化。大家经常去超市里买东西,你买的是苹果,摊位上如果只有一颗苹果,你会买吗?你肯定认为这是被几百个人、几千个人挑完的,剩下一颗最烂的。你要买矿泉水,整个货架上就是一瓶水,你会买吗?你肯定会拿起来看看保质期。标准应该是三排货架摆得满满的,不管你能不能一天卖得到。对电子商务来说就没有这种烦恼,不管是一瓶水,还是一个苹果,消费者需要的不是货架,而是商品。"

"1号店的规划团队一直建议我建一个自动化的仓库。因为大家去国外参观了自动化的仓库,感觉非常振奋,这么大的立体仓库,感觉丰富高效。但是,我认为消费者需要的不是这个立体仓库里存放的30天、60天的库存,而是需要最新鲜、保质期最近的商品。电子商务的去货架化给库存管理带来了创新的机会。"

"大家在做供应链和物流规划的时候,容易犯的错误就是比较喜欢把注意力放在仓库,怎么优化、提升它的效率。我的老师创造了鞭子理论。虽然手腕上仅是几厘米的动作,但到鞭子的末梢就是几米的动作。只要你在前端做一点点的动作,到后面可能就是超音速的后果。"

"大家都是供应链物流的同行,我非常诚恳地建议大家把更多的工作放在前端,比如需求预测体系。如果你的需求预测得不正确,库存肯定管理得不好。库存管理不好的话,库存周转可能是2个月的时间。你按照这样的标准设计仓库,设计得越好,带来的负面灾难越大。怎么把注意力集中到前端去,我也分享一下1号店的做法。"

"需求预测体系的销量预测。电商很难预测销量。因为促销的原因、价格的原因、竞争对手的原因,都会造成销量的巨大波动。建立起销量预测的模型,这是电子商务供应链最重要的第一步。"

"我的团队里有一些海归的博士,大家都在集中精力做模型的开发。销售预测的良好率已经达到88%,达到这个结果已经是可以用的。在前端投入资源进行销售预测的模型,以及销售预测模型带来的应用,对于后端的库存管理有非常大的帮助。"

"库存管理牵涉很多细节,不能一味压缩库存周转,这样带来的结果就是缺货。怎么在压缩库存周转的同时保证客户体验,1号店也在这些方面进行了很多尝试,比如自动补货系统。基于销售预测系统建立的自动补货系统,它的充货率有了很好的提升。缺货率也很好地解决。"

"下单辅助决策。不能什么商品都是自动补货,有些需要人工判断,对于电子商务这种强促销的业态模式,人工判断是少不了的。但是,在作人工判断的时候需要辅助决策工具,提高人工判断的质量。下单辅助决策可以直接告诉下单辅助人员怎么清楚地进行决策。"

"不良库存的管理。大家进货的时候都很积极,卖不动就没有人管。通过不良库存的自动管理系统,自动地触发配送、调拨、配货,不要把庄存积压在仓库里,必须要有一个系统来管理它们。"

"通过补货系统、辅助决策系统和后端的不良库存管理系统,1号店才能实现10天的库存周转。"

资料来源:做供应链要先做好需求预测[EB/OL]. (2014 - 12 - 24). http://www.ebrun.com/20141224/119260. shtml.

案例分析

1号店坚持把工作做在前面,做好供应链需求预测,为库存管理做好前期准备。因为如果需求预测得不正确,库存肯定管理得不好。库存管理不好的话,库存周转时间必然增加。按照这样的标准设计仓库,设计得越好,带来的负面灾难越大,对企业的负面影响也就越大。

思考·讨论·训练

由案例思考,供应链的需求预测在供应链管理中具有怎样的重要作用?

知识链接

一、需求管理

(一)需求管理的含义

需求管理是指以用户为中心,以用户的需求为出发点,集中精力来估计和管理用户需求,并试图利用该信息制定生产决策,以实现用户效用最大化的一种活动。对这一定义的理解要注意以下两点:

(1)需求管理中的需求不同于经济学中的需求,它除了包含消费者对产品的需求量与价格之间的对应关系外,还要明确用户需求产品的种类、性能、数量、时间和地点,以便在正确的时间、正确的地点、以正确的成本向正确的消费者提供正确数量、正确状态的正确商品。

(2)用户效用的最大化是指企业以最有效的方式以最低的成本和价格向用户提供了最能满足其个性化需求的产品。

由此可知,需求管理的本质是在整个供应链中促进企业多方面的能力,尤其是通过客户获得生产信息来协调与产品流、服务流、信息流和资金流相关的活动,所期望的最终结果是为最终用户和消费者创造更多价值。

最理想的需求管理要求企业根据用户的具体需求,而不是根据市场的预测制订生产计划。这就要解决一系列问题:怎样正确处理每一个客户的需求信息? 怎样把了解到的客户信息迅速传到生产部门? 怎样迅速采购到顾客指定的零件? 怎样减少材料库存,同时又不降低生产速度? 这些都是一条流畅的供应链需要解决的问题。

(二)需求管理的目的

需求管理的目的是以供应链的末端客户和市场的需求为核心,了解和掌握各种需求的来源和变化,在预定的计划下有效地利用各种资源,协调和控制这些需求,实现供应链上的供需平衡。通常,需求有以下三种基本的来源:

1. 独立需求

当对某项物料的需求与对其他物料的需求无关时,则称这种需求为独立需求,一般主要是来自于外部的客户或市场需求。例如,对成品或维修件的需求就是独立需求。

2. 分派需求

分派需求是指要在发货点分派某种货物或某项服务的需求和提前期。

3. 非独立需求

当对一项物料的需求与对其他物料项目或最终产品的需求有关时,称为非独立需求。这些需求是计算出来的而非预测的,对于具体的物料项目,有时既有独立需求又有非独立需求。

对于独立需求,由于它受到较少的限制,企业完全可以充分发挥自己的主动性和能动性去采取多种有效的方式来调节和控制,加强与上下游企业间的合作与信息共享,提高自己对供应链上的预见性,加快响应市场变化的速度,改进自己的体制结构和规章制度及改进业务流程等。对于非独立需求和分派需求的管理,受到的限制较大,如资源的限制。但是这种需求却是必须要得到满足的,否则,就会影响订单和交货的完成,企业常常在资源不足的情况下采用业务外包的方式来满足。

(三)需求管理的组成

需求管理主要由需求预测、需求计划、需求分析报告、需求监控与关键绩效评估等部分组成。

1. 需求预测

需求预测是成功实现需求管理的第一步,它是制订需求计划的依据和基础。它的精确度越高,需求计划的可靠性和可行性也就越高。

2. 需求计划

需求计划用来实时地支持供应链目标,掌握、协调和控制需求制订计划,协调与需求相关的其他业务环节,并使它们之间不断交流信息,产生一致的协调性。

3. 需求分析报告

需求分析报告通过其基于互联网的报告应用工具,将客户创建定制的报告与报表或其他第三方报告与报表集成,或自行定义一套可由所有客户访问的通用异常事件报告集,例如,高于或低于定额值,销售增加或减少,各项主要指标的增长、排列、与累积值比较、定额绩效和趋势等。实时提供需求分析输出报告,可以使管理者及时了解需求变化的情况。

4. 需求监控与关键绩效评估

需求监控与关键绩效评估组件可以为管理人员提供例外的分析并发布信息,它与供应链管理其他组件集成,使用多维的功能为需求管理提供所需的关键信息,监控与评估该计划的执行进程,并对例外情况发出警告,及时通知管理人员防止意外发生。

(四)需求管理的几种方法

(1)在时间上重新规划企业的供应流程,以充分满足客户的需要。

推迟制造是供应链管理中实现客户化的重要形式,其核心的理念就是改变传统的制造流程,将最体现顾客个性化的部分推迟进行。

例如,美国 Benetton 制衣公司就是应用该方法的典型例子。公司将某些生产环节推迟到最接近顾客需求的时间才进行生产。对毛衣而言,顾客需求变化最快的主要是衣服的花色,而尺寸变化则相对较小。因此,Benetton 制衣公司在生产毛绒衫时,先以一定规模生产的方式将其制成白毛衣(不染色),然后等到快要投放市场之前再染色(而不是像传统上那样先染色再针织),这样可以保证衣服的花色符合当时的最新潮流,以满足顾客的需要。

又如,在大量生产模式下,圆领衫的生产是采用同一花色,大量生产不同型号的衣服,其结果是在街上人们所穿的圆领衫千篇一律,没有新鲜感。而实际上,人们对圆领衫型号的要求只有大、中、小几种,上面所印的图案和文字才真正反映了人们不同的兴趣和爱好。新的廉价的速热印花技术,使人们对不同图案的爱好得到了满足。新的生产模式下,在服装厂生产出来的只是不同型号的没有印花的圆领衫,而在销售过程中,可以根据顾客的不同要求,现场将顾客喜爱的图案和文字印在圆领衫上,甚至可以印上本人的照片,这样顾客拿到的就是一件非常满意的圆领衫。

总之,在整个供应系统的设计中,应该对整个生产制造和供应流程进行重构,使产品的差异点尽量在靠近最终顾客的时间点完成,从而充分满足顾客的需要。这种对传统的制造流程进行重构的做法实际上与当前流行的企业经营过程重构是一致的。

(2)在地理上重新规划企业的供销厂家分布,以充分满足客户需要,并降低成本。

这里要考虑的是供应和销售厂家的合理布局,因为它对生产体系快速准确地满足顾客的需求、加强企业与供应和销售厂家的沟通与协作、降低运输及储存费用起着重要的作用。例如,传统的美国公司生产打印机时,是在美国本土生产主机部分,考虑到各国电源和插头型号的不同而将插头部分放在别国生产,然后将插头运回美国,在美国本土装配储存,最后运往其他国家。显然,这种运作方式在储存和运输上都有一些浪费。而美国惠普公司的做法则不同。它为中国生产打印机时,是将打印机插头的生产放在深圳,当中国某地需要产品时,打印机和插头分别从美国本土和深圳运往目的地,在那里的零售店组装,使打印机与插头的装配放在最接近客户的地点进行。这时,产品的储存和运输就与传统上单纯的储存和运输不同,这里的储存是增值的。

供应系统合理布局中需要考虑总装厂与目标市场的距离以及总装厂与其零部件厂之间的距离。总装厂距离目标市场较近,可以迅速了解市场的变化以及顾客的需求,并且能够大大降低运输及储存费用。总装厂与零部件供应厂家距离较近,可以使零部件供应商迅速了解总装厂生产环节的改变及其在需求上的变化,并且便于它们之间的信息沟通和合作关系的发展,同时也减少了储运成本。所以,当企业打算在其他地点开发新市场时,通常在新市场附近建设新的总装厂,并要求长期合作的零部件供应厂家在附近投资建设协作配套厂,或在当地与适当的厂家合作。

例如,德国大众汽车公司为了开发中国市场,在上海投资,合资建立了上海大众汽车有限公司。上海大众轿车所需国产零部件的约 70% 由上海的企业(含上海大众)供货,30% 由外地企业供货。而东风汽车公司神龙轿车已定点的零部件企业有 44% 在湖北,38% 在以上海为中心的华东地区。

我们还可以作以下比较,日本丰田汽车公司总装厂与零部件厂家之间的平均距离为 5.3公里,日产汽车公司总装厂与零部件厂的平均距离为 183.3 公里,克莱斯勒公司为 875.3 公里,福特公司为 818.8 公里,通用公司为 687.2 公里。从各大汽车公司总装厂到各零部件厂的平均距离可以看出,合理的布局起着十分重要的作用。丰田汽车公司这种平均距离近的优势,充分地转化为管理上的优势。该公司的零部件厂家平均每天向总装厂发运零部件 8 次以上,每周平均 42 次。日产汽车公司周平均发运零部件次数为 21 次,仅为丰田公司的一半。美国通用汽车公司零部件厂的发运频率仅为每天 1.5 次,每周平均为 7.5 次。显然,日本汽车公司的平均存货成本要低于美国汽车公司。由于丰田、日产公司的零部件协作企业离公司总装厂相距较近,这给各企业管理人员、工程技术人员之间的相互沟通带来便利。丰田公司总装厂与零部件厂人员年平均面对面的沟通次数为 7236 人/天,日产公司为 3344 人/天,通用公司为1107 人/天,克莱斯勒公司为 757 人/天。每年在丰田汽车公司总部技术中心进行交流的零部件厂家的工程师约有 350 人/次,平均每个零部件厂占 6.8 人/次,日产公司平均每个零部件厂占 1.9 人/次,而通用公司则仅为 0.17 人/次。丰田公司这种频繁的人员交流为总装厂和零部件厂的充分沟通和协作创造了条件,便于双方解决在新车型开发、技术改造和生产中遇到的问题,从而加快新产品开发、提高产品质量并降低经营成本。

(3)在生产上对所有供应厂家的制造资源进行统一集成和协调,使它们能作为一个整体来运作,以充分满足客户的需要。

企业往往有很多供应厂家,为了满足某一个具体的用户目标,就必须对所有这些供应厂家的生产资源进行统一集成和协调,使它们能作为一个整体来运作。这是供应链管理中的重要方法。香港的利丰(Li&Fung)公司就是这方面的典范。

香港利丰公司是全球供应链管理中著名的创新者。它地处中国香港,为全世界约 26 个国家(以美国和欧洲为主)的 350 个经销商生产制造各种服装。但说起"生产制造",它却没有一个车间和生产工人。它在很多国家和地区(主要是在中国的内地和台湾地区及韩国、马来西亚等)拥有 7500 个生产服装所需要的各种类型的生产厂家(如原材料生产运输、生产毛线、织染、缝纫等),并与它们保持非常密切的联系。

该公司最重要的核心能力之一就是它在长期的经营过程中所掌握的、对其所有供应厂家的制造资源进行统一集成和协调的技术,它对各生产厂家的管理控制就像管理自家内部的各部门一样熟练自如。下面以公司接受欧洲零售商 10000 件服装的订单为例来说明它处理订单的管理过程。

为了这个客户,公司可能向韩国制造商购买纱,而在中国台湾纺织和染色。由于日本有最好的拉链和纽扣,但大部分在中国制造,那么公司就找到 YKK(日本最大的拉链制造商),为中国的工厂订购适当数量的拉链。考虑到生产定额和劳动力资源,利丰选择泰国为最好的加工地点,同时为了满足交货期的要求,公司在泰国的5个工厂加工所有的服装。5周以后,10000件服装全部送达欧洲,如同出自一家工厂。

在这个过程中,香港利丰公司甚至还帮助该欧洲客户正确地分析市场消费者的需要,对服装的设计提出建议,从而最好地满足订货者的需要。现在,人们在服装上越来越爱赶时髦,一年好像有六七个季节似的,衣服的式样或颜色变化很快。因此,订货者从自身的利益出发,常常是先提前10周订货,但很多方面如颜色或式样还事先定不下来。常常是只能在交货期前5周订货者才告诉公司衣服的颜色,而衣服的式样甚至在前3周才能知道。

面对这些高要求,香港利丰公司依靠它与其供应商网络之间的相互信任以及高超的集成协调技术,可以向纱生产商预订未染的纱,向有关生产厂家预订织布和染色的生产能力。在交货前5周,利丰从订货者那里得知所需颜色并迅速告知有关织布和染色厂,然后通知最后的整衣缝制厂。最后的结果当然是令人满意的。

按照一般的情况,如果让最后的缝纫厂自己去组织前面这些工序的话,交货期可能就是3个月,而不是5周。显然,交货期的缩短以及衣服能跟上最新的流行趋势,全靠利丰公司对其所有生产厂家的统一协调控制,使之能像一个公司那样行动。

总之,它所拥有的市场和生产信息、供应厂家网络以及对整个供应厂家的协调管理技术是其最重要的核心能力。这种能力使它能像大公司一样思考和赢利,而又能像小公司一样灵活自如。

(五)需求管理的重要性

在传统供应链上,决定供应链上产品移动的是那些远离消费市场的制造商。而在20世纪60年代后,大型零售商进入了它们的兴旺时期,像 Circuit City 和 Home Depot 等零售商开始在供应链中取得更多的控制权,它们在制造商与批发商及捉摸不定的客户之间提供了有力的连接。

20世纪90年代后,当沃尔玛作为零售巨人的代表出现时,它改写了供应链上产品生产与销售的规则,企业开始将其关注的焦点从供给转移到消费需求上。在这种环境下,企业要管理一个由需求拉动的供应链,就需要了解和把握需求信号并及时作出精确的预测,对需求进行分析和制订出可行的需求计划,并迅速地对需求信号作出反应。

因此,需求管理过程不再是一个简单的事件处理过程,已成为一个动态的、并发的需求管理过程,它避免了以前那种销售人员在最后时刻签订一个大型订单,而引发对供应链造成的严重失衡以及最终无法为企业创造收益,或是为某个产品制订了巨额花费的促销计划,而该产品已将结束其生命周期的现象。由于互联网和与之相关技术的出现,销售商和生产制造商能够容易地在一个协同的环境下共享信息,以便使双方都能够更好地从他们各自的需求信号中相互理解和获利。

需求管理的重要性还体现在它有改善财务和运营绩效的巨大潜力。作为供应链管理关键的第一步,有效的需求管理会对关键绩效指标带来重大的影响和显著的收益。由于市场竞争的加剧,产品生命周期不断缩短,配置化产品持续增值,这种变化明显地影响了供应链的财务绩效。

因此,将市场和客户的需求纳入到供应链上加以重点考虑,并迅速满足这些需求是企业成功的基础。但是,人们发现很难根据行业的结构性特点来进行预测和制订计划。针对这一难点,供应链管理系统充分发挥了其需求管理组件的功效,它利用内置分析工具为以客户为中心的关键绩效指标(KPI)生成多维的绩效评分卡和业务规则,来衡量和优化供应链的绩效,从而改善财务指标。

(六)需求管理的必要性

1. 提高整个供应链的效益

传统的供应链通常以生产或装配为起点,以将产品销售给消费者或企业购买者为终点。大部分焦点和关注点是与产品流问题有关,主要涉及技术、信息交换、存货周转率、运送速度和稳定性以及运输等问题。

尽管如此,但因为是由生产商(常常远离最终用户和消费市场)来决定销售什么,何时、何地销售以及销售多少,这似乎反映了生产和需求之间在消费上的分离。该模式下,其生产过程优先于销售,在接到订单前早已生产好了产品,等着顾客来购买,这样很容易造成产品的库存积压。

而需求管理是指以用户为中心,以用户的需求为出发点,集中精力来估计和管理用户需求,并试图利用该信息制定生产决策,即公司先了解顾客的需求,然后再生产。虽然实现这种方式需要有一套很好的供应链管理系统,但一旦解决了供应链系统,需求管理就能发挥最大的威力,使顾客得到最大的满意度,同时也可以大大减少产品的积压和降低库存成本。因此,对需求管理的任何关注都将为整个供应链创造效益。

例如,对计算机制造业来说,在计算机技术日新月异、计算机价格直线下跌的时代,库存管理几乎成了计算机制造企业的财务生命线,产品库存给企业造成的压力也越来越大。只有根据客户的具体需求,而不是根据市场预测制订生产计划,以需定产,计算机制造公司才能在库存上占有很大的优势,进而保持良好的财务状况。

2. 满足多样化和个性化的需求

如今,消费者性能价格比意识日益增强,他们要求企业能够提供更丰富和个性化的特殊产品,他们强调时间并且需求多变,传统的供应链很难适应需求的这种变化。根据需求管理理念,企业应利用一切先进的通信方法和自己的顾客保持联系,了解每一个顾客的独特需求,细分产品以满足不同顾客的不同要求。

通过互联网,公司可以全面地了解和把握市场需求,这种了解和把握会贯穿公司的每一个业务部门,从研发、生产到销售都需要遵循顾客的喜好,这样才能做到和顾客的需求同步。

出色的供应链管理,不仅能以需求为起点,而且能在收到顾客个性化需求的订单后,立即向不同的供应商采购材料,迅速转入生产,再交给快递公司分发送货。在这个过程中,公司既满足了顾客个性化需求,又能将实际材料库存量始终保持在较低水平,从而提高了产品的价格竞争力。

3. 实现物流与客户服务的互动

竞争常常被简单地理解为价格竞争。价格竞争固然重要,但在许多市场上,客户服务是非常重要的竞争形式。因为客户服务事实上是驱动物流供应链发动的燃料,需求管理要求将正确的产品、在正确的时间、以正确的品质、无破损地送达正确的客户,这同时也是承认客户服务重要性的物流系统原则。

例如,如果一个企业能够在较短的时间内,可靠地将产品提供给客户,客户通常就能够使存货成本最小化。因为这种成本最小化使客户得到更多利润,反过来又使企业更具有竞争力,所以企业应当将购买者的存货成本最小化看做和保持产品低价格同样重要。

客户服务要面对面地处理好所有客户的要求,这对一个公司有很高的难度。但在计算机广泛应用和网络高度发展的今天,公司可以充分利用互联网的特点,通过互联网和大部分的客户建立联系,并且能够和每一个客户都维持一对一的详尽对话,尽可能多地搜集到客户信息和客户要求,客户也能够通过互联网发送各自的订单,提出自己的服务要求。

在公司内部,可设立一个专门处理客户信息的系统,该系统能对不同的客户信息进行分类,对客户的订单进行处理,并且自动传递到采购和生产部门。网上订单处理既加快了速度,又加强了数据处理的准确性,为公司下一步的采购和生产做好铺垫。这一切为有效的需求管理提供了可能和保障。

二、影响需求的因素

一些客户相比其他客户更加有利可图,即在市场中大家常常提到的20/80原则。但是它有些时候会被人们忽略,部分原因在于要准确评估单个客户或客户群体的消费潜力是十分困难的。不过,不断发展的信息技术和能够获得客户及其与某公司互动的全面数据的能力可以降低这方面的阻碍。一些公司正在仔细地跟踪客户的特点、支出和收入,并且分析这些数据以决定为客户提供的服务,并最终提高盈利。

顾客的需求受到一系列变化因素的影响,如果公司能够确定这些变化因素是如何影响需求的,那么在一定程度上这些需求就可以进行预测。我们要做的是,识别影响未来需求的因素,并确定这些因素与未来需求的关系。

一般来说,影响需求的因素有如下几个:

(1)过去的需求;

(2)产品的提前期;

(3)广告计划或其他营销努力;

(4)经济状况;

(5)价格折扣;

(6)竞争者的行为。

三、预测需求的动机

在供应链中的采购、库存等环节均希望能实现"拉式"模型,即接到客户订单再进行采购、库存等生产组织,这样其需求就可以明确,以减少供应链中的库存和牛鞭效应的发生,但是这对大多数企业来说是不可实现的。为了尽力实现向"拉式"模型发展,无法接到订单再生产的企业只能期望于需求预测。

四、提高预测准确性的各种方法

预测始终存在着误差,这几乎是不可避免的。可怎样才能提高预测的准确性呢?

常见的有以下四种方法:

(1)引入预警机制;

(2)利用大数定律;

(3)减少信息延迟并且设置提前期;

(4)降低需求波动。

例如,过去惠普常常在工厂里为外国市场定制自定义打印机,它的价格比这个领域中其他所有公司都要低,但是在需求和供应的匹配上,存在着严重的差异,比如,没有足够的打印机配置给英国市场,但同时配置给法国市场的打印机却过多了。其后,惠普改变了运作方式,它将打印机套件先运到欧洲的一个仓库,然后再根据顾客的需求进行装配。这种改变虽然增加了生产成本,但是更有效率地提高了供给和需求的匹配度,从供应链的整体角度上每个月为惠普公司节约了 300 多万美元。

五、需求预测的步骤

(一)选择预测目标

进行市场预测首先要明确预测的目标是什么。所谓目标就是指预测的具体对象的项目和指标,为什么要进行这次预测活动,这次预测要达到什么直接目的。其次还要分析预测的时间性、准确性要求,划分预测的商品、地区范围等具体问题。

对市场经济活动可以从不同的目的出发进行预测,预测目标不同,需要的资料、采取的预测方法也都有一些区别。有了明确的预测目标,才能根据目标需要收集资料,才能确定预测进程和范围。

确定了预测目标,接着要分析预测的时间性和准确性要求。如果是短期预测,允许误差范围要小,而中长期预测,误差在 20%～30% 之间则是允许的。预测的地区范围应是企业的市场活动范围,每次预测要根据管理决策的需要,划定预测的地区范围,过宽过窄都会影响预测的进程。

(二)广泛收集资料

进行预测必须要有充分的市场信息资料,因此,在选择、确定市场预测目标以后,首要的工作就是广泛系统地收集与本次预测对象有关的各方面数据和资料。收集资料是市场预测工作的重要环节。按照市场预测的要求,凡是影响市场供求发展的资料都应尽可能地收集。资料收集得越广泛、越全面,预测的准确性程度就能相应提高。在这里,市场调查材料是一个重要的信息来源。

收集的市场资料可分为历史资料和现实资料两类。历史资料包括历年的社会经济统计资料、业务活动资料和市场研究信息资料。现实资料主要包括目前的社会经济和市场发展动态,生产、流通形势、消费者需求变化等。收集到的资料,要进行归纳、分类、整理,最好分门别类地编号保存。在这个过程中,要注意标明市场异常数据,要结合预测进程,不断增加、补充新的资料。

(三)选择预测方法

收集完资料后,要对这些资料进行分析、判断。常用的方法是首先将资料列出表格,制成图形,以便直观地进行对比分析,观察市场活动规律。分析判断的内容还包括寻找影响因素与市场预测对象之间的相互关系,分析预测其市场供求关系,分析判断当前的消费需求及其变化,以及消费心理的变化趋势等。

在分析判断的过程中,要考虑采用何种预测方法进行正式预测。市场预测有很多方法,选用哪种方法要根据预测的目的和掌握的资料来决定。各种预测方法有不同的特点,适用于不同的市场情况。一般而言,掌握的资料少、时间紧,预测的准确程度要求低,可选用定性预测方法。掌握的资料丰富、时间充裕,可选用定量预测方法。在预测过程中,应尽可能地选用几种不同的预测方法,以便互相比较,验证其结果。

(四)建立模型,进行计算

市场预测是运用定性分析和定量测算的方法进行的市场研究活动,在预测过程中,这两方面不可偏废。

一些定性预测方法,经过简单的运算,可以直接得到预测结果。定量预测方法要应用数学模型进行演算、预测。预测中要建立数学模型,即用数学方程式构成市场经济变量之间的函数关系,抽象地描述经济活动中各种经济过程、经济现象的相互联系,然后输入已掌握的信息资料,运用数学求解的方法,得出初步的预测结果。

(五)评价结果,编写报告

通过计算产生的预测结果,是初步的结果,这一结果还要加以多方面的评价和检验,才能最终使用。检验初步结果,通常有理论检验、资料检验和专家检验。理论检验是运用经济学、市场学的理论和知识,采用逻辑分析的方法,检验预测结果的可靠性程度。资料检验是重新验证、核对预测所依赖的数据,将新补充的数据和预测初步结果与历史数据进行对比分析,检查初步结果是否合乎事物发展逻辑,符合市场发展情况。专家检验是邀请有关方面专家,对预测初步结果作出检验、评价,综合专家意见,对预测结果进行充分论证。

对预测结果进行检验之后,就可以着手准备编写预测报告了。与市场调查报告相似,预测报告也分为一般性报告和专门性报告,每次预测根据不同的要求,编写不同类型的报告。

(六)对预测结果进行事后鉴别

完成预测报告,并不是预测活动的终结,下一步还要对预测结果进行追踪调查。因此,预测报告完成后,要对预测结果进行追踪,考察预测结果的准确性和误差,并分析总结原因,以便取得预测经验,不断提高预测水平。

六、预测的基本方法

预测分为长期预测和短期预测。

长期预测主要是对那些需要很长时间来执行,已花费了很多成本,并且需要花费更多成本来更改的决定产生影响。

所谓的"短期"是与长期相对的,短期预测时间范围往往倾向于几天、几周或者几月,并且倾向于对独立的模型(或特定的服务)来预测需求。

(一)因果预测法

因果预测法为管理者提供了利用外部数据进行预测的机会。在因果预测的情况下,预测者通常已经意识到需求与其他一些变量之间的紧密关系。例如,国家财政改革的资金需求与利率密切相关,利率下降一般情况下会导致对资金需求的增加;许多产品的销售与建筑业紧密相关。计划建筑规模的一个预测因子是准许使用的建筑数量。

因果预测中线性关系的方程如下:

$$y = a + bx$$

式中,x 为自变量,y 为因变量,a 为截距,b 为斜率。

在需求预测时,因变量 y 是需求,自变量 x 是用来预测需求的变量。斜率 b 的计算公式如下:

$$b = \frac{\sum xy - n\,\overline{xy}}{\sum x^2 - n\,\overline{x}^2}$$

式中,x 为自变量值,y 为因变量值,$\overline{x}$ 为 x 的均值,$\overline{y}$ 为 y 的均值,n 为数据点的个数,b 为斜率。

截距 a 的计算公式如下:

$$a = \overline{y} - b\,\overline{x}$$

(二)简单移动平均法

设时间序列为 $X_1, X_2, \cdots, X_t, \cdots$,简单移动平均的公式为:

$$M_t = \frac{X_1 + X_{t-1} + \cdots + X_{t-N+1}}{N}$$

式中,M 为 t 期移动平均数,N 为移动平均的项数。该公式表明当 T 向前移动一个时期,就增加一个新数据,去掉一个远期数据,得到一个新的平均数。由于它不断地"吐故纳新",逐期向前移动,所以称为移动平均法。

由上式可知,

$$M_{t-1} = \frac{X_{t-1} + X_{t-2} + \cdots + X_{t-N}}{N}$$

$$M_t = \frac{X_t}{N} + \frac{X_{t-1} + \cdots + X_{t-N+1} + X_{t-N}}{N} - \frac{X_{t-N}}{N}$$

$$M_t = M_{t-1} + \frac{X_t - X_{t-N}}{N}$$

这是它的递推公式。当 N 较大时,利用递推公式可以大大减少计算量。

由于移动平均可以平滑数据,消除周期变动和不规则变动的影响,使长期趋势显示出来,因而可以用于预测,即以第 t 期移动平均数作为第 $t+1$ 期的预测值。

值得注意的是,简单移动平均法只适合作近期预测,而且是在预测目标的发展趋势变化不大的情况下。

练习与思考

1.什么是供应链需求预测?

2.需求预测对供应链管理有什么帮助?

实训任务

1.根据所学内容,请举一些实际中与知识点相关的例子,如影响需求的因素、提高预测的准确性的方法等。

2.以小组为单位,通过对学校食堂的调查,应用因果预测法,对某一种食品进行需求预测。

项目 5　供应链的综合计划

教学目标

1. 知识目标

(1)了解企业如何对供给进行管理。

(2)了解综合计划在供应链管理中的重要性。

2. 技能目标

学会运用线性规划做综合计划。

案例导入

综合计划实现利润最大化

很多类型的造纸厂都面临季节性需求,需求从顾客到印刷厂到分销商到制造商不断波动。许多纸业面临春季的需求高峰,因为要印刷年报;在秋季也是需求高峰,因为要印刷新车广告。因为造纸厂的产能十分昂贵,所以建设一个能满足春秋旺季需求的工厂的成本过于昂贵。在供应链的另一端,优质纸业通常需要特殊的添加剂和涂料,这些材料经常供应不足。造纸厂必须应对这些约束,围绕它们使利润最大化。为了解决这些问题,工厂需要利用综合计划决定它们在淡季的生产和库存水平,在淡季建立库存以满足旺季超过产能的需求。这样,综合计划就使得工厂和供应链都能实现利润最大化。

案例分析

本案例介绍了一个优质纸业制造商通过对供应链进行综合计划,造纸厂有效地解决了季节性需求和涂料供应不足的问题,体现了企业是怎样通过综合计划实现利润最大化。

思考·讨论·训练

通过以上案例,体会供应链综合计划的重要性。

知识链接

一、综合计划概述

综合计划,顾名思义就是关于全局综合性的决策,而不是关于库存单位水平的决策。因此,综合计划是思考3~18个月这样的中等时间范围的决策问题的有效工具。在这段时间,以库存单位来决定生产水平有点过早,但对于建立一套新的生产设施又太晚,所以,综合计划回答了这样一个问题:"怎样才能最好利用现有设施?"

为了更有效,综合计划需要考虑供应链各个环节的信息,因为综合计划的结果对供应链的绩效产生重大影响。合作预测由多个供应链企业共同进行,是综合计划的主要输入。另外,很

— 45 —

多综合计划的约束因素都来自企业外部的供应链伙伴。没有这些来自上下游的输入信息,综合计划就不能发挥它的最大潜力以创造价值。企业的生产计划决定了企业对供应商的需求,也决定了企业对顾客的供给约束。

综合计划制订人员的主要目标就是识别以下的一些特定时间范围内的运作参数:生产速率、劳动力、加班量、机器产能水平、转包、延期交货需求、现有库存等。综合计划为生产运营提供了蓝图,为短期生产和分销决策的制定提供了必要的参数,使供应链可以有效改变资源配置和修订供应合同。

整个供应链都必须介入这个计划过程,如果一家制造商计划在一段给定时间范围内增加产量,那么供应商、运输商、仓储商都必须了解这个计划并对其自己的计划作出相应调整。理想情况下,供应链各环节的参与者共同合作拟订综合计划,以使供应链绩效最优。如果供应链各方参与者独立制订自己的计划,将很容易造成计划之间的相互冲突、缺乏协调,从而造成供应链的供给短缺或过剩。因此,在供应链中尽可能大的范围内使参与各方共同拟订综合计划是非常重要的。

二、供给管理

供给管理是指通过对总供给调节来达到一定的宏观经济目标的政策工具。供给管理包括控制工资与物价的收入政策、指数化政策,改善劳动力市场状况的人力政策,以及促进经济增长的增长政策。

与需求管理不同,供给管理不受产量与通货膨胀率之间的竞争性关系的困扰,它着眼于增加社会潜在的生产能力,增加供给以消除通货膨胀。

1. 产能管理

公司控制产能以满足预计的可变性时,通常使用下列几种方法的组合:

(1)劳动力的时间柔性;

(2)使用季节性劳动力;

(3)使用转包合同;

(4)双重设施——专用设施和柔性设施的使用;

(5)在生产过程的设计中融入产品柔性。

2. 库存管理

公司控制库存以满足预计的可变性时,通常采用下列几种方法的组合:

(1)多样产品使用通用零部件;

(2)为高需求产品或可预测需求产品建立库存。

三、综合计划的有关问题

综合计划的目的就是满足需求并实现利润最大化,我们将综合计划要解决的问题描述如下:在计划期每个时期的给定需求预测下,决定每期的生产水平、库存水平和产能(内部的和外包的)水平,以使企业利润最大化。

为了建立综合计划,企业必须确定计划的计划期。计划期指的是综合计划要产生一种结果的时间范围,通常在3~18个月。企业还必须确定计划期内每个周期的持续时间(比如周、月或季),通常采用月或季。然后,企业确定建立综合计划和制定决策的建议。

综合计划者需要如下信息：

(1)计划期内 t 个时期每个时期的需求预测 F_t。

(2)生产成本。

(3)正常时间的劳动力成本(元/小时)和加班时间的劳动力成本(元/小时)。

(4)转包生产成本(元/小时或元/单位)。

(5)产能变更成本,特定地指,雇佣或解雇工人的成本(元/工人)和增加或减少机器产能的成本(元/机器)。

(6)单位产品需要的劳动力工时/机器台时。

(7)库存持有成本(元/单位/周期)。

(8)缺货或延期交货的成本(元/单位/周期)。

(9)约束:加班的限制;解雇的限制;可用资本的限制;缺货和延期交货的限制;从供应商到企业的约束。

使用这些信息,公司可以通过综合计划制定下列决策:

(1)正常时间、加班时间和转包时间的生产量:用来确定员工数量和供应商购买水平。

(2)持有库存:确定仓库容量和运营资本的需要量。

(3)缺货或延期交付的数量:用来确定顾客服务水平。

(4)雇佣/解雇劳动力数量:用来处理可能遇到的劳资纠纷。

(5)机器产能的增加减少:确定是否需要购买新的生产设备或闲置设备。

综合计划的质量对公司的盈利性能产生很大影响,如果综合计划没有使可用库存和产能满足需求,就会使得销售和利润降低。综合计划也可能使库存太大超过需求,使得成本增加。所以,综合计划是帮助供应链实现利润最大化非常重要的工具。

四、综合计划策略

综合计划者必须在产能、库存和延期交货成本之间进行权衡。增加其中一项成本的综合计划,一般会使得其他两项成本减少。从这层意义上讲,成本决策就代表着一种权衡:要降低库存成本,就必须增加产能和延期交货的成本。所以,计划制订者要在产能、库存和延期交货成本之间进行权衡。取得最大利润是综合计划的目标。因为需求随着时间不断改变,所以三种成本的相对水平导致其中的一项成本成为关键杠杆,计划者用它来使利润最大化。如果改变产能的成本较低,企业就不需要建立仓库或延期交货;如果改变产能的成本较高,则企业可以建立库存,或者将旺季的订单延期到淡季交货。

总的来说,企业试图综合利用这三项成本来最好地满足需求,所以计划者要进行的基本权衡有如下几个:产能(正常时间、加班时间和转包时间);库存;延期交货导致的晚交货/失售损失。

在这三项成本之间进行权衡,通常可以得到三种不同的综合计划策略,这些策略包括在资本投资、员工数量、工作时间、库存以及延期交货/失售损失之间的权衡。计划者实际使用的策略大多是这三者的结合,也就是所谓的剪裁式策略,三种策略具体如下:

(1)追逐策略——将产能作为杠杆。使用这种方法,当需求水平发生变化时,通过调整设备产能或者雇佣/解雇劳动力,生产水平就能够与需求保持同步。

(2)劳动力或产能的时间柔性策略——将利用率作为杠杆。这种策略用于存在过剩设备产能并且劳动力安排具有灵活性的情况。

（3）平稳策略——将库存作为杠杆。在这种策略中，保持稳定的设备产能和劳动力数量，以使产出均衡。

五、利用线性规划制订综合计划

综合计划的目标就是满足需求并实现利润最大化。每一个公司在努力满足顾客需求的过程中，都会受到一定的约束，如设备产能或劳动力的约束。当面临各种约束时，帮助企业在一系列约束条件下实现利润最大化的一个高效工具就是线性规划。线性规划能够找到既满足约束又创造高利润的方法。

具有以下三个特征的最优化问题称为线性规划问题：

第一，每个问题都有一组未知变量$(x_1, x_2, \cdots, x_n)$，这些未知变量的一组定值就表示一个具体方案，通常要求这些未知变量取值是非负的。我们称这些未知变量为决策变量。

第二，存在一定的限制条件（称为约束条件），这些限制条件都可以用一组线性等式或线性不等式来表达。

第三，都有一个目标要求，并且这个目标要求可以表示为一组未知变量的线性函数（称为目标函数）。按研究的实际问题而要求目标函数实现最大化和最小化。

解决线性规划问题的步骤如下：

第一，把有待解决的实际问题的意义搞清楚，即明确该问题的经济背景，包括内部的经济结构和外部的各种条件，为了使模型不至于太复杂，往往应考虑主要因素，而去掉次要因素。

第二，确定要求解的决策变量。尽可能采用直接法设置决策变量，即问什么，就确定什么为决策变量。

第三，明确实际问题的目标函数，并写成决策变量的函数，是求该函数的最大值还是最小值。

第四，明确问题中所有限制条件，即为约束条件，并用决策变量的方程组或不等式来表示。

线性规划问题可用数学语言描述如下：

$$\max(\text{或 } \min)z = c_1 x_1 + c_2 x_2 + \cdots + c_n x_n \tag{5-1}$$

$$a_{11} x_1 + a_{12} x_2 + \cdots + a_{1n} x_n \leqslant (=, \geqslant) b_1$$

$$a_{21} x_1 + a_{22} x_2 + \cdots + a_{2n} x_n \leqslant (=, \geqslant) b_2 \tag{5-2}$$

$$\cdots\cdots$$

$$a_{m1} x_1 + a_{m2} x_2 + \cdots + a_{mn} x_n \leqslant (=, \geqslant) b_m$$

$$x_1, x_2, \cdots, x_n \geqslant 0 \tag{5-3}$$

这就是线性规划的数学模型，方程（5-1）为目标函数，（5-2）为约束条件，（5-3）为非负条件。

练习与思考

1. 综合计划的重要性体现在哪？
2. 做好综合计划有哪些基础条件？

实训任务

用 Excel 进行综合计划

红番茄工具公司是墨西哥的一个拥有设备制造园艺设施的小工厂,它的产品通过零售商在美国出售。红番茄公司的运营主要把购买的原材料装配成为多功能的园艺工具,因为生产线需要有限的设备和空间,所以红番茄公司的产能主要由员工数量决定。

红番茄工具公司的产品需求季节性很强,需求旺季是在春天人们种植自家花园时,该公司决定使用综合计划来克服需求季节性变动的障碍,同时实现利润最大化。红番茄公司应对季节性需求的方法有在旺季增加员工数量,签订转包合同,在淡季建立库存,将延期交货订单登记入册,以后再将产品送给客户。为了通过综合计划挑选出最好的方法,红番茄公司的供应链副总裁把建立需求预测(见表 5-1)作为第一项任务,尽管红番茄公司可以独立预测需求,但与公司的供应商合作能够产生更准确的预测结果。

表 5-1　红番茄公司的需求预测

月份	需求预测
1	1600
2	3000
3	3200
4	3800
5	2200
6	2200

红番茄公司以每件 40 美元的价格将工具出售给零售商,企业在 1 月建立的工具库存为 1000 件,企业有 80 名员工,计划每月工作 20 天,每个工人在正常工作时间每小时赚 4 美元,每天工作 8 小时,其他为加班时间。正如前面提到的,产能主要是由员工总的劳动时间决定的,机器产能不约束生产。根据劳动法规定,被雇佣者每月不允许加班 10 个小时以上,各种成本如表 5-2 所示。

表 5-2　红番茄公司的成本

成本项目	成本
原材料成本	10 美元/单位
库存成本	2 美元/单位/月
缺货或延期交货的边际成本	5 美元/单位/月
雇佣或培训员工的成本	300 美元/人
解雇员工的成本	500 美元/人
需要的劳动时间	4 小时/单位
正常工作成本	4 美元/时
加班成本	6 美元/时
转包成本	30 美元/单位

现在红番茄公司没有转包、库存和延期交货方面的约束,所有缺货都被积累起来,由下一个月生产出来的产品来满足。供应链管理者的目标就是制订一个最理想的综合计划,使6月底没有缺货并至少有500单位库存量。

最佳的综合计划使公司在6个月的计划范围内能够取得最大利润,现在假定红番茄公司要求高水准的客户服务,并且满足所有需求,即使这可能会导致延期。所以计划期内收入是固定的,成本最小化也就等同于利润最大化。在很多情况下,企业可能会选择不满足某些需求,或在综合计划的基础上确定不同的价格,在这类情况下,成本最小化不等同于利润最大化。

1. 确定决策变量

- $W_t = t$ 月的员工数量,$t=1,\cdots,6$
- $H_t = t$ 月初雇佣的员工数量,$t=1,\cdots,6$
- $L_t = t$ 月初解雇的员工数量,$t=1,\cdots,6$
- $P_t = t$ 月生产的产品数量,$t=1,\cdots,6$
- $I_t = t$ 月结束时的库存水平,$t=1,\cdots,6$
- $S_t = t$ 月结束时的缺货或延期交货量,$t=1,\cdots,6$
- $C_t = t$ 月的转包数量,$t=1,\cdots,6$
- $O_t = t$ 月的加班工时,$t=1,\cdots,6$

2. 定义目标函数

目标函数是使计划期内的总成本最小化(等同于需求都被满足而实现利润最大化)。成本由下面几部分组成:加班时间的劳动力成本;雇佣和解雇的成本;持有库存的成本;缺货的成本;转包的成本;原材料的成本。

(1)正常工作时间的劳动力成本 $=\sum 640W_t$

(2)加班时间的劳动力成本 $=\sum 6O_t$

(3)雇佣和解雇的成本 $=\sum 300H_t + \sum 500L_t$

(4)库存和缺货的成本 $=\sum 2I_t + \sum 5S_t$

(5)原材料和转包的成本 $=\sum 10P_t + \sum 30C_t$

(6)所有成本的和 $=\sum 640W_t + \sum 6O_t + \sum 300H_t + \sum 500L_t + \sum 2I_t + \sum 5S_t + \sum 10P_t + \sum 30C_t$

3. 约束条件

(1)员工数量、雇佣和解雇员工数量的约束条件。

初始的员工数量为 $W_t = W_{t-1} + H_t - L_t$ $t=1,\cdots,6$

初始的员工数量为 $W_0 = 80$。

(2)产能约束。

$$P_t \leqslant 40W_t + O_t/4 \qquad t=1,\cdots,6$$

(3)库存平衡约束。

$$I_{t-1} + P_t + C_t = D_t + S_{t-1} + I_t - S_t \qquad t=1,\cdots,6$$

起始的库存量为 $I_0 = 1000$,最终的库存水平至少要有500单位(即 $I_6 \geqslant 500$),最初并没有延期交付量(即 $S_0 = 0$)。

(4)加班约束。

$$O_t \leqslant 10W_t \qquad t=1,\cdots,6$$

除此之外,每个变量必须都是非负的,在第6期末不能有产品延期交付量(即 $S_6 = 0$)。

4. 利用 Excel 进行综合计划

第一步要建立一个包含所有决策变量的工作表。初期将所有的决策变量都设为 0。

第二步就是构建一个包含公式的所有约束条件的工作表。

第三步是构建一个包含目标函数的单元格。

第四步是使用规划求解参数。

请各小组用 Excel 完成红番茄公司的综合计划。

项目 6　供应链采购管理

教学目标

1. 知识目标

掌握采购管理的相关知识。

2. 技能目标

学会分析不同的采购方式。

案例导入

三个公司的采购

一、胜利油田

在采购体系改革方面,许多国有企业和胜利油田境遇相似,虽然集团购买、市场招标的意识慢慢培养起来,但企业内部组织结构却给革新的实施带来了极大的阻碍。

胜利油田每年的物资采购总量约 85 亿元人民币,涉及钢材、木材、水泥、机电设备、仪器仪表等 56 个大类,12 万项物资。行业特性的客观条件给企业采购的管理造成了一定的难度,然而最让中国石化胜利油田有限公司副总经理裘国泰头痛的却是其他问题。

胜利油田目前有 9000 多人在作物资供应管理,庞大的体系给采购管理造成了许多困难。胜利油田每年采购资金的 85 亿元中,有 45 亿元的产品由与胜利油田有各种隶属和姻亲关系的工厂生产,很难将其产品的质量和市场同类产品比较,而且价格一般要比市场价高。例如供电器这一产品,价格比市场价贵 20%,但由于这是一家由胜利油田长期养活的残疾人福利工厂,只能是本着人道主义精神接受他们的供货,强烈的社会责任感让企业背上了沉重的包袱。同样,胜利油田使用的大多数涂料也是由下属工厂生产,一般只能使用 3 年左右,而市面上一般的同类型涂料可以用 10 年。还有上级单位指定的产品,只要符合油田使用标准、价格差不多,就必须购买指定产品。

在这样的压力下,胜利油田目前能做到的就是逐步过渡,拿出一部分采购商品来实行市场招标,一步到位是不可能的。

胜利油田的现象说明,封闭的体制是中国国有企业更新采购理念的严重阻碍。中国的大多数企业,尤其是国有企业采购管理薄弱,计划经济、短缺经济下粗放的采购管理模式依然具有强大的惯性。采购环节漏洞带来的阻力难以消除。

统计数据显示,在目前中国工业企业的产品销售成本中,采购成本占到 60% 左右,可见,采购环节管理水平的高低对企业的成本和效益影响非常大。一些企业采购行为在表面上认可和接纳了物流的形式,但在封闭的市场竞争中,在操作中没有质的改变。一些采购只是利用了物流的技术与形式,但经常是为库存而采购,而大量库存实质上是企业或部门之间没有实现无缝连接的结果,库存积压的又是企业最宝贵的流动资金。这一系列的连锁反应正是造成许多企业资金紧张、效益低下的局面没有本质改观的主要原因。

二、海尔

海尔采取的采购策略是利用全球化网络,集中购买。以规模优势降低采购成本,同时精简供应商队伍。据统计,海尔的全球供应商数量由原先的2336家降至840家,其中国际化供应商的比例达到了71%,目前世界前500强中有44家是海尔的供应商。

对于供应商关系的管理方面,海尔采用的是SBD模式:共同发展供应业务。海尔有很多产品的设计方案直接交给厂商来做,很多零部件是由供应商提供今后两个月市场的产品预测并将待开发的产品形成图纸,这样一来,供应商就真正成为了海尔的设计部和工厂,加快开发速度。许多供应商的厂房和海尔的仓库之间甚至不需要汽车运输,工厂的叉车直接开到海尔的仓库,大大节约了运输成本。海尔本身则侧重于核心的买卖和结算业务。这与传统的企业与供应商关系的不同在于,它从供需双方简单的买卖关系,成功转型为战略合作伙伴关系,是一种共同发展的双赢策略。

1999年海尔的采购成本为5个亿,由于业务的发展,到2000年,采购成本为7个亿,但通过对供应链管理优化整合,2002年海尔的采购成本控制在4个亿左右。可见,利益的获得是一切企业行为的原动力,成本降低、与供应商双赢关系的稳定发展带来的经济效益,促使众多企业以积极的态度引进和探索先进、合理的采购管理方式。与胜利油田相似,由于企业内部尤其是大集团企业内部采购权的集中,使海尔在进行采购环节的革新时,也遇到了涉及"人"的观念转变和既得利益调整的问题。然而与胜利油田不同的是,海尔在管理中已经建立起适应现代采购和物流需求的扁平化模式,在市场竞争的自我施压过程中,海尔已经有足够的能力去解决有关人的两个基本问题:一是企业首席执行官对现代采购观念的接受和推行力度;二是示范模式的层层贯彻与执行,彻底清除采购过程中的"暗箱"。

三、通用

与从计划模式艰难蜕变出来的中国大型国有企业相比,通用的采购体系可以说是含着金钥匙出世,它没有必要经历体制、机构改革后的阵痛,全球集团采购策略和市场竞标体系自公司诞生之日起,就自然而然地融入了世界上最大的汽车集团——通用汽车——的全球采购联盟系统中。相对于尚在理论层次彷徨的众多口国国有企业和民营企业而言,通用的采购已经完全上升到企业经营策略的高度,并与企业的供应链管理密切结合在一起。

据统计,通用在美国的采购量每年为580亿美金,全球采购金额总共达到1400亿~1500亿美金。1993年,通用汽车提出了全球化采购的思想,并逐步将各分部的采购权集中到总部统一管理。目前,通用下设四个地区的采购部门:北美采购委员会、亚太采购委员会、非洲采购委员会、欧洲采购委员会,四个区域的采购部门定时召开电视会议,把采购信息放到全球化的平台上来共享,在采购行为中充分利用联合采购组织的优势,协同杀价,并及时通报各地供应商的情况,把某些供应商的不良行为在全球采购系统中备案。

在资源得到合理配置的基础上,通用开发了一整套供应关系管理程序,对供应商进行评估。对好的供应商,采取持续发展的合作策略,并针对采购中出现的技术问题与供应商一起协商,寻找解决问题的最佳方案;而在评估中表现糟糕的供应商,则请其离开通用的业务体系。

同时,通过对全球物流路线的整合,通用将各个公司原来自行拟定的繁杂的海运线路集成为简单的洲际物流线路。采购和海运路线经过整合后,不仅使总体采购成本大大降低,而且使各个公司与供应商的谈判能力也得到了质的提升。

资料来源:三大知名企业"采购管理案例"对比分析[EB/OL]. http://www.chinawuliu.com.cn/xsyj/201406/20/290959.shtml.

案例分析

面对三种在中国市场并存的"采购现象",直接反映出在不同的市场机制和管理模式下,企业变革需要面对的一些现实问题。但从另一个角度看,我们就会发现采购在整个企业物流管理中的重要地位已经被绝大多数的企业所认可。更多的生产企业专注于自己的核心业务,把采购物流业务外包,建立在合作基础上的现代供应链管理,无疑是对传统的采购管理模式的一次革命性的挑战。

从不同"采购现象"背后,可以看到"采购理念"在中国发展遇到的现实问题,不仅在于企业对先进思维方式的消化能力,更重要的是在不同的体制和文化背景下的执行是否通畅。而在落实理念的过程中,必须革新中国的企业文化,要求高层决策人员和中层的管理人员应当应具备解决系统设计问题的能力,底层的运作人员应能解决系统操作的问题,同时必须有发现问题的能力和正确理解问题的能力。从这个角度上讲,是否"以人为本"已经成为采购进入中国市场所必须解决的重大课题。

思考·讨论·训练

三个企业的采购分别具有什么特点?

知识链接

一、供应链采购概述

(一)采购的定义

采购是指企业在一定的条件下从供应市场获取产品或服务作为企业的资源,以保证企业生产及经营活动开展的一项企业经营活动。采购管理包括了对新的供应商的资质认定、各种不同投入物的采购和对供应商表现的监督。采购管理是物流管理的重点内容之一,它在供应链企业之间原材料和半成品生产合作交流方面架起一座桥梁,沟通生产需求与物资供应商的关系。为使供应链系统能够实现无缝连接,并提高供应链企业的同步化运作效率,就必须加强采购管理。

在供应链管理模式下,采购工作要做到五个恰当:恰当的数量、恰当的时间、恰当的地点、恰当的价格、恰当的来源。

采购活动是连接制造商和供应商的纽带,制造商根据自己客户的订单制订出生产计划,然后根据生产计划产生物料需求计划,再根据物料需求计划产生采购计划。

(二)采购在供应链中的作用

在企业的快速发展过程中,采购正在作为一个独立的行业走向市场的前台。高效的采购对于企业优化运作、控制成本、提高质量以及持续性盈利等方面至关重要。随着全球市场一体化和信息时代的到来,专业生产能够更加发挥其巨大的作用,企业越来越关注于自己的核心业务,而将非核心业务外包,从而增加了企业采购的比重,使得采购及其管理的作用提升到了一个新的高度。

采购既是企业内部供应链的起点,也是与外部供应链相联系的结点,企业通过采购与其上游供应商确立关系,经过询价议价、下达订单、来料验收等做好采购工作,并与供应商达成良好的供应关系。因此采购从供应的角度来说,是整本供应链管理中"上游控制"的主导力量。

1. 采购在供应链供应关系中的作用

为了实现供应链利益最大化和企业间利益的双赢,供应链关系强调信息共享以及建立战略伙伴关系。采购在供应链关系中扮演了不可或缺的作用。任何企业的最终目的都是为了满足客户的需求并获得最大的利润。企业要获取较大的利润需要采取很多措施,如降低管理费用、提高工作效率、加快物料和信息的流动、提高生产效率、缩减交货周期等,因此,企业可充分发挥采购"上游控制"主导力量的作用,选择恰当的供应商,同时将供应商纳入自身的生产经营过程,将采购及供应商的活动看做是自身供应链的一个有机组成,形成合作伙伴关系,进一步实现信息共享策略。

2. 采购在供应链成本中的作用

由于信息发达和世界经济高度自由化的结果,过去企业借助技术领先、市场垄断等所塑造的超额制造或销售利润正快速消失,加上消费者主义风起云涌,偏高的产品售价,将在保护弱者的呼声下逐步退让,终于导致企业必须以"买"的途径——降低采购成本,来代替"卖"的方法——提高售价,达到提升利润的目的。

(三)基于供应链的采购管理和传统采购管理的比较

1. 基于供应链的采购管理模型

采购部门负责对整个采购过程进行组织、指挥、协调,它是企业与供应商联系的纽带。生产和技术部门通过企业内部的管理信息系统根据订单编制生产计划和物资需求计划。供应商通过信息交流,处理来自企业的信息,预测企业需求以便备货,当订单到达时按时发货,货物质量由供应商自己控制。这个模型的要点是以信息交流来实现降低库存,以降低库存来推动管理优化。畅通的信息流是实现该模型的必要条件。实现此模型的关键是畅通无阻的信息交流和企业与供应商制定的长期合作契约。

2. 基于供应链管理采购管理和传统采购管理的区别

在供应链管理环境下的企业的采购方式和传统的采购方式有所不同。这些差异主要体现在如下几个方面:

(1)从为库存而采购到为订单而采购的转变。

在传统的采购模式中,采购的目的很简单,就是为了补充库存,即为库存而采购。采购部门并不关心企业的生产过程,不了解生产的进度和产品需求的变化,因此采购过程缺乏主动性,采购部门制订的采购计划很难适应制造需求的变化。在供应链管理模式下,采购活动是以订单驱动方式进行的,制造订单的产生是在用户需求订单的驱动下产生的,然后,制造订单驱动采购订单,采购订单再驱动供应商。这种准时化的订单驱动模式,使供应链系统得以准时响应用户的需求,从而降低了库存成本,提高了物流的速度和库存周转率。

订单驱动的采购方式有如下特点:

①由于供应商与制造商建立了战略合作伙伴关系,签订供应合同的手续大大简化,不再需

要双方的询盘和报盘的反复协商,交易成本也因此大为降低。

②在同步化供应链计划的协调下,制造计划、采购计划、供应计划能够并行进行,缩短了用户响应时间,实现了供应链的同步化运作。采购与供应的重点在于协调各种计划的执行。

③采购物资直接进入制造部门,减少采购部门的工作压力和不增加价值的活动过程,实现供应链精细化运作。

④信息传递方式发生了变化。在供应链管理环境下,供应商能共享制造部门的信息,提高了供应商应变能力,减少信息失真。同时在订货过程中不断进行信息反馈,修正订货计划,使订货与需求保持同步。

⑤实现了面向过程的作业管理模式的转变。订单驱动的采购方式简化了采购工作流程,采购部门的作用主要是沟通供应与制造部门之间的联系,协调供应与制造的关系,为实现精细采购提供基础保障。

(2)从采购管理向外部资源管理转变。

一方面,在传统的采购模式中,供应商对采购部门的要求不能得到实时的响应,另一方面,关于产品的质量控制也只能进行事后把关,不能进行实时控制,这些缺陷使供应链企业无法实现同步化运作。为此,供应链管理采购模式的第二特点就是实施有效的外部资源管理。实施外部资源管理也是实施精细化生产、零库存生产的要求。

供应链管理中的一个重要思想,是在生产控制中采用基于订单流的准时化生产模式,使供应链企业的业务流程朝着精细化生产努力,即实现生产过程的几个"零"化管理:零缺陷、零库存、零交货期、零故障、零(无)纸文书、零废料、零事故、零人力资源浪费。

供应链管理思想就是系统性、协调性、集成性、同步性,外部资源管理是实现供应链管理的上述思想的一个重要步骤——企业集成。从供应链企业集成的过程来看,它是供应链企业从内部集成走向外部集成的重要一步。

要实现有效的外部资源管理,制造商的采购活动应从以下几个方面着手进行改进:

①和供应商建立一种长期的、互惠互利的合作关系。这种合作关系保证了供需双方能够有合作的诚意和参与双方共同解决问题的积极性。

②通过提供信息反馈和教育培训支持,在供应商之间促进质量改善和质量保证。在顾客化需求的今天,产品的质量是由顾客的要求决定的,而不是简单地通过事后把关所能解决的。因此在这样的情况下,质量管理的工作需要下游企业提供相关质量要求,同时应及时把供应商的产品质量问题及时反馈给供应商,以便其及时改进。对个性化的产品质量要提供有关技术培训,使供应商能够按照要求提供合格的产品和服务。

③参与供应商的产品设计和产品质量控制过程。同步化运营是供应链管理的一个重要思想。通过同步化的供应链计划使供应链各企业在响应需求方面取得一致性的行动,增加供应链的敏捷性。实现同步化运营的措施是并行工程。制造商企业应该参与供应商的产品设计和质量控制过程,共同制定有关产品质量标准等,使需求信息能很好地在供应商的业务活动中体现出来。

④协调供应商的计划。一个供应商有可能同时参与多条供应链的业务活动,在资源有限的情况下必然会造成多方需求争夺供应商资源的局面。在这种情况下,下游企业的采购部门应主动参与供应商的协调计划。在资源共享的前提下,保证供应商不至于因为资源分配不公或出现供应商抬杠的矛盾,保证供应链的正常供应关系,维护企业的利益。

⑤建立一种新的、有不同层次的供应商网络，并通过逐步减少供应商的数量，致力于与供应商建立合作伙伴关系。在供应商的数量方面，一般而言，供应商越少越有利于双方的合作。但是，企业的产品对零部件或原材料的需求是多样的，因此不同的企业供应商的数目不同，企业应该根据自己的情况选择适当数量的供应商，建立供应商网络，并逐步减少供应商的数量，致力于和少数供应商建立战略伙伴关系。

外部资源管理并不是采购一方（下游企业）的单方面努力就能取得成效的，需要供应商的配合与支持，为此，供应商也应该从以下几个方面提供协作：

①帮助拓展用户（下游企业）的多种战略；

②保证高质量的售后服务；

③对下游企业的问题作出快速反应；

④及时报告所发现的可能影响用户服务的内部问题；

⑤基于用户的需求，不断改进产品和服务质量；

⑥在满足自己的能力需求的前提下提供一部分能力给下游企业——能力外援。

（3）从一般买卖关系向战略协作伙伴关系转变。

基于战略伙伴关系的采购方式为解决这些问题创造了条件。这些问题是：第一，库存问题。在传统的采购模式下，供应链的各级企业都无法共享库存信息，各级节点企业都独立地采用订货点技术进行库存决策，不可避免地产生需求信息的扭曲现象，因此供应链的整体效率得不到充分提高。但在供应链管理模式下，通过双方的合作伙伴关系，供应与需求双方可以共享库存数据，因此采购的决策过程变得透明多了，减少了需求信息的失真现象。第二，风险问题。供需双方通过战略性合作关系，可以降低由于不可预测的需求变化带来的风险。第三个问题是，通过合作伙伴关系可以为双方共同解决问题提供便利的条件，通过合作伙伴关系，双方可以为制订战略性的采购供应计划共同协商，不必要为日常琐事消耗时间与精力。第四，降低采购成本问题。通过合作伙伴关系，供需双方都从降低交易成本中获得好处。由于避免了许多不必要的手续和谈判过程，信息的共享避免了信息不对称决策可能造成的成本损失。第五个问题是，战略性的伙伴关系消除了供应过程的组织障碍，为实现准时化采购创造了条件。

二、采购流程

（一）发现需求

采购的起点是发现需求。对于一般企业而言，采购产生于企业的某一个部门的具体需求。比如，办公室需要办公用品，实验室需要实验器材，生产部门需要原材料等。每个部门具体负责业务活动的人员应该很清楚地了解本部门的需求：需要什么、需要多少、何时需要等。为此每个具体的部门都要提出自己的采购需求计划，在规定的时间里提供给采购部门，由采购部门进行集中采购来满足企业发展的需要。对于配送中心来说，采购的需求一方面来自中心内部各部门的实际需求；另一方面则来自客户的采购需求。配送中心的任务就是通过对采购需求的审核来确定采购计划，比如，采购多少、何处采购、何时采购等。

（二）编制采购计划

采购计划，是指企业管理人员在了解市场供求情况、掌握企业物料消耗规律的基础上对计划期内物料采购活动所进行的部署和安排。它包括认证计划和订单计划两方面的内容。采购计划有广义和狭义之分。广义的采购计划是指为保证供应各项生产经营活动的物料的需要而编制的各种采购计划的总称。狭义的采购计划是指年度采购计划,是企业计划年度内生产经营活动中所需要采购的各种物料的数量和时间所作出的安排。采购计划是企业生产计划的一部分,是企业年度计划与目标的组成部分。

(三)选择供应商

供应商的选择是采购管理成功的关键因素。一个合适的供应商能提供合适的、高质量的、足够数量的、合理价格的、准时交货的物资供应,并具有良好的售后服务。供应商的选择必须作出基本的决策。一是决定自制还是外购;二是选择外购要进行一系列评估来确定供应商。为有效地进行采购,配送中心的采购部门必须考虑供应商履行合同情况的记录、自己所购物料项目的分类表等。选择好物料的供应商后,配送中心的相关采购人员就要发出采购订单。

(四)拟定采购订单

有些情况下,物流配送中心与供应商签有某种商品的销售协议,这样的话,双方就可以按销售协议供货了。如果没有销售协议,配送中心就要进行采购订单的拟定工作。采购订单必须是书面形式,即使采购订单是通过电话发出的,随后也要补上书面的订单。

(五)货物跟催

采购订单发给供应商之后,配送中心要对货物订单进行跟踪或催货。在一些企业中甚至会设有专职的跟踪和催货人员。跟踪是对采购订单所作的例行追踪,以便能确保供应商能够履行其货物发运的承诺。跟踪也有利于及时发现采购中的问题,例如,产品质量问题、发运环节问题等。配送中心发现问题后可以及时与供应商沟通,尽早解决问题。

催货是对供应商施加压力,使其更好地履行发运承诺。如果供应商不能很好地履行采购协议,配送中心应该采取相应的措施,包括威胁取消订单及以后的交易活动。一般来说供应商是经过严格程序选择的,因而其遵守采购协议的信用是可靠的,催货仅适用于采购订单的一小部分。但是,在物资匮乏或竞争激烈的时候,催货有很重要的意义。

(六)验收货物

许多配送中心都设立专门的验收货物的职能部门。货物验收的基本目的包括以下方面:确保发出订单采购的货物已经实际到达;检查到达的货物是否完好无损;确保到货的数量与订购数量一致;将货物运送到指定的仓库存储或转运。在货物验收时,有时会发生货物短缺现象。这一情况可能是运输过程丢失造成的,也可能是发运时数量就不足,所有这些情况验收部门要写出详细的报告交给供应商。

(七)支付货款和更新记录

货物验收完毕,采购部门将按照采购协议支付供应商的货款。此环节主要注意发票的审核。

经过以上所有步骤之后,对于一次完整的采购作业,最后还要更新采购部门的采购记录。这一工作是把采购部门与采购订单有关的文件副本进行汇集和归档,并把其中想保存的信息转化为相关的记录。需要保存的记录主要有采购订单目录、采购订单卷宗、采购商品文件、供应商历史文件、投标历史文件、采购协议(合同)等。

三、采购的类型

1. 按采购制度划分，可分为集中采购和分散采购

(1)集中采购：指由公司总部采购部门统一进行的采购，如医药连锁药店、连锁超市等由总部进行统一采购。

(2)分散采购：指由各门店或各商品部独立进行的采购。

2. 按采购方式划分，可分为直接渠道采购和间接渠道采购

(1)直接渠道采购：指直接向商品生产厂商进行的采购。

(2)间接渠道采购：指通过代理商或批发商向商品生产厂商进行的采购。

3. 按采购地区划分，可分为国内采购和国外采购

(1)国内采购：当国内商品的价格、品质、性能与国外同类商品相差无几时，应选择国内采购。国内采购机动性强，手续简单方便。

(2)国外采购：当国外商品价格低、品质高、性能好、综合成本比国内采购低时，可考虑国外采购。但在某些关系到民族前途的企业，如信息产业、通信产业等，应当不仅仅考虑当前利益，还应为长远着想，尽量在国内采购或支持有能力的供应商共同开发。

4. 按采购批量大小划分，可分为大量采购和零星采购

(1)大量采购：指一次采购数量多的采购行为。

(2)零星采购：指一次采购数量少的采购行为。

5. 按采购时间划分，可分为长期固定性采购、非固定性采购和紧急采购

(1)长期固定性采购：指采购行为长期固定的采购。

(2)非固定性采购：指采购行为不固定，需要时就采购的临时性采购。

(3)紧急采购：指毫无计划的紧急采购行为。

6. 按采购订约方式划分，可分为订约采购、口头电话采购、书信电报采购和网络采购

(1)订约采购：指买卖双方根据订立合约的方式进行的采购。

(2)口头电话采购：指买卖双方不经过订约方式，而是以口头或电话洽谈方式进行的采购。

(3)书信电报采购：指买卖双方借书信或电报的往返而进行的采购。

(4)网络采购：指利用国际互联网等网络工具进行的现代化采购方式。

7. 按采购价格方式划分，可分为招标采购、询价现购、比价采购、议价采购

(1)招标采购：将采购商品的所有条件详细列明，刊登公告。投标供应商按公告的条件，在规定时间内，交纳投标押金，参加投标。招标采购按规定必须至少三家以上供应商报价，投标才可以开标，开标后原则上以报价最低的供应商中标，若中标的报价仍高过标底时，采购人员有权宣布废标，或征得监办人员的同意，以议价方式办理。

(2)询价现购：采购人员选取信用可靠的供应商将采购条件讲明，询问价格或寄询价单并促请对方报价，比较后现价采购。

(3)比价采购：采购人员请数家供应商提供价格，从中加以比较后，决定向哪家供应商进行采购。

(4)议价采购：采购人员与供应商经讨价还价后，议定价格进行采购。

一般来说，询价、比价和议价是结合使用的，很少单独进行。

8. 按采购主体的不同划分，可分为个人采购、企业采购、政府采购

（1）个人采购：主要是指个人生活用品的采购。个人采购的一般特征是单一品种、单次采购、单一决策，带有较大的主观性和随意性。

（2）企业采购：是以企业为主体的采购。企业采购主要是为生产或转售等目的而进行的采购。企业是以营利为目的的实体，企业为了生产产品或转售产品，必须进行大量的采购。

（3）政府采购：是以政府为主体，为满足社会公共需要而进行的采购。政府采购包括政府机关采购、公共事业单位采购、社会团体采购和军事采购。政府采购与其他主体的采购最根本的区别在于政府采购实质上是社会公众的采购，是一种社会公众行为。

四、采购的原则

采购要求一般来说有 5R 原则：

（一）适价（right price）

大量采购与少量采购，长期采购与短期采购，价格往往有较大的差别。决定一个合适的价格要经过以下几个步骤：

（1）多渠道询价：多方面打探市场行情，包括市场最高价、最低价、一般价格等。

（2）比价：要分析各供应商提供商品的性能、规格、品质要求、用量等，以建立比价标准。

（3）自行估价：自己成立估价小组，由采购、技术人员、成本会计等人组成，估算出符合品质要求的、较为准确的底价资料。

（4）议价：根据底价的资料、市场的行情、供应商用料的不同、采购量的大小、付款期的长短等与供应商议定出一个双方都能接受的合理价格。

（二）适时（right time）

现代企业竞争非常激烈，时间就是金钱。采购计划的制订要非常准确，该进的商品不依时间进来，造成店铺缺货，增加管理费用，影响销售和信誉；太早采购，又会造成商品和资金的积压、场地的浪费。所以依据销售计划制订采购计划，按采购计划适时地采购商品，既能使销售顺畅，又可以节约成本，提高市场竞争力。

（三）适质（right quality）

采购商品的成本是直接的，所以每个公司领导层都非常重视；而品质成本是间接的，所以就被许多公司领导层忽略了。"价廉物美"才是最佳的选择，偏重任何一头都会造成最终产品成本的增加。如：

（1）品质不良，经常性的退货，造成各种管理费用增加。

（2）经常退货，造成经常性的销售计划变更，增加销售成本，影响交货期，降低信誉和产品竞争力。

（3）品质不良，需增加大量检验人员，增加成本。

（4）品质不良，商品品质不良率加大，客户投诉及退货增多，付出的代价就高。

（四）适量（right quantity）

采购量多，价格就便宜，但不是采购越多越好，资金的周转率、仓库储存的成本都直接影响采购总成本，所以应根据资金的周转率、储存成本等综合计算出最经济的采购量。

（五）适地（right place）

供应商离自己公司越近，运输费用就越低，机动性就越高，协调沟通就越方便，成本自然就越低；反之，成本就会高。

五、自制和外购决策

产品、零部件、原材料等是运用自身的设备和技术力量自制还是直接外购，是每个企业不可避免地所要回答的问题。每个企业所涉及的产品、零部件、原材料的范围极为广泛，所幸的是，对其中的很大一部分实际上无需考虑去制造生产。像纸夹、铅笔和橡皮这样的文具，由于已实现了生产专业化，所以除它们的专门生产厂家，对于别的企业来说，再去制造它们是不经济的。

产品设计完成后，关于其详细的说明都已概括在蓝图或图纸中了，产品可能是由几个、几十个或者成千上万个零部件组成的。例如，一架大型运输机是由5万多个零件组成的，其中哪些自制，哪些外购？在对此作出决策时，应采取什么样有效可行的标准来进行衡量呢？

绝大多数的生产管理者都会把成本作为制定自制与外购决策的主要标准。如果一个部件外购比自制便宜，那就直接购买。可是，当需要真正进行成本比较时，问题却并不像想象的那样简单，因为实际上并不存在一种适用于各种不同情况的成本比较方法。对每一种情况，都需要对所涉及的增量成本进行分析，而对不同的情况，这种成本在性质上都有很大的差异。对自制与外购问题进行经济分析的唯一准则是增量成本分析原则。我们必须弄明白，对某种零部件我们不去自制而是外购，到底能节省下多少成本，而这些成本的减少是否大于外购该部件所花费的成本？如果是这样的话，我们就应当外购。相反的情况，如果我们现在采取的方式是外购而不是自制，那么改为自制时实际上会有些什么增加？它是否小于我们停止外购这些部件所可能减少的成本？如果是这样，我们就应采取自制方案。

这些原则听起来很简单，但在实际中还需根据不同的情况灵活运用。例如，如果必要设备的生产能力有闲置的成分，那么自制方式的成本应当更具有吸引力，因为我们没有理由把原有的设备投资、占地空间和监督管理等间接成本再分摊到新产品上去。但另一方面，如果上述间接成本是必须再追加的，则这一事实在分析时也应予以考虑。相反地，如果我们考虑以每件2元的价格外购某项产品，而其当前的平均制造成本为每件2.25元，那么我们最好先分析一下制造成本中所包含间接成本的比重，有可能购买这一产品实际上只减少了很少的间接成本，而设备投资、占地空间和一般的管理费用则仍将持续作为成本保留下来。这样，在考虑了增量成本之后，再与每件2元的外购成本相比较，该产品的制造成本有可能看做为每件1.5元。由此可见，当工厂具有闲置的设备、厂房建筑以及生产能力时，可以考虑产品自制而不去外购。

有可能对自制与外购决策产品影响的成本类型较多，有些成本还通常会被人们忽视掉。例如，一家企业发现他们在外购材料时没有计入材料搬运费这一额外成本，而该种材料较为庞大笨重，搬运成本就显得十分重要了。可见，外购零部件的单件价格并不能真正地反映出增量成本的大小，而增量成本是进行自制与外购决策应考虑的重要因素。另有一家工厂在采用自制方案时未考虑到所需增加的日常文件管理的费用。以前他们只需买一件装配好的部件存储起来，等待装配时进入最终产品，而现在采用自制方案后，他们必须购买几个组成部件以及所需的原材料，填写工作单，管理几种部件的库存并填写装配单，等等。结果表明，这些成本中有一些是可以度量的，它们显著地大于购买这一部件所需的成本。所以，在进行成本分析时，必须具体情况具体分析。

到目前为止,我们在讨论自制与外购决策问题时所针对的对象是原有的零部件或产品,那么,对于新的零部件或产品而言,情况是否仍与前面所讨论的一样呢?实际上并没有什么不同,因为我们所面临的是同样复杂的因素,这些因素使我们无法用假定的传统制造成本与购买价格进行比较。单纯的购买价格实际上并不能确切地反映外购的比较成本。同样,我们可能拥有一批能够完成制造工作的闲置设备,这就可以使制造的增量成本主要由直接成本组成。对于自制与外购决策,也许最好的指导性意见是,我们必须始终记住所讨论的是一个运营中的企业。一个运营中的企业具有一些自身所独有的条件,它有建筑物、设备、技术以及监督和管理人员。现在我们对某一部件采取外购方案而不是自制方案,那么这一运营中的企业会怎样变化呢?然后将上述决定反过来,这样做是否需要增添新设备、占地空间和监督管理人员?对于有些运营中的企业来说可能不需要,而对于其他一些运营中的企业来说则可能需要,据此可以作出正确的自制与外购决策。

企业在制定自制与外购决策时,有时需要比较"现实"些的原则。例如企业常在可以自制时还实行外购,并非是出于我们在上面所讨论过的原因,而是为了保持与一个重要的供应厂的良好关系,以及其他与客户间的互惠安排。而一般情况下,对于加工装配类企业,生产的专业化程度越高,外购或外协零部件的数量就越多。

六、自制或外购决策的影响因素

产品、零部件、原材料是自制还是外购,这是每一个企业都不可避免要回答的问题。在生产某个新产品,建立或改进一个生产系统之前,均需要对自制与外购作出决策。这些决策不仅影响工艺过程的选择、生产制造系统和管理系统的设计,而且关系到企业生产的经济效益。在作出自制与外购决策时,需要重点考虑以下因素:

1. 经济利益

在自制与外购决策时,首先应考虑的主要标准是成本。如果一个部件外购比自制更便宜,就采取外购政策。此时进行成本分析,依据的是增量成本(边际成本)分析原则,即只考虑那些随自制与外购决策而变动的成本。例如,对于有自制生产能力的企业,自制某零部件的增量成本只包括劳动力、材料等直接成本,以及动力、燃料等其他净增成本。其他不因决策而发生变动的成本,在进行费用比较时不用考虑。对于无自制生产能力,或需要增加部分生产能力的企业,其增量成本还应包括为增加生产能力所支付的成本。

2. 质量保证

控制自制零件的质量可以保证最终产品的质量。而采取外购政策时,对零部件质量的控制可能会有一定困难。若关系到最终产品的质量,则宁可放弃其经济利益。

3. 供应的可靠性

外购来源若不可靠,则应采取自制政策。若供应有可靠的保障,采取外购政策是十分有利的。需要注意的是要制定适当的采购政策,精选卖主,使企业处于主动地位。

4. 专利

由于专利原因,在法律上可能限制某些企业去从事某些零件的生产。对此,要么采取外购政策,要么在进行技术经济分析的基础上考虑购买专利。

5.技能与材料

某些零件的制造技能可能非常专门化,或者所需材料非常稀缺,或者出于环境保护及政府政策的限制,致使某些零部件不易在本厂自制或某道工序不易在本厂加工,这样就只能采取外购。

6.灵活性

自制零部件往往会限制产品设计的灵活性和降低生产系统的适应能力。如果一家企业在自制零部件上进行了很大的设备投资,就会限制企业在完全不同的新产品方面的灵活转移。而外购件、外协件较多的企业则不用担心投资过时的问题。环境变化往往会对企业生产系统的适应性提出更高的要求。当需求增加时,就会产生增加生产能力的要求;当产品品种组合发生重要变化时,就需要调整生产过程;当供应来源发生重大变化时,生产部门也要作出调整。因此,外购件或外协件较多的企业在生产系统的适应性方面也处于有利的地位。

7.生产的专业化程度

对于加工装配类的企业,生产的专业化程度越高,外购或外协零部件的数量就越多。例如,波音公司的生产材料中有70%是外购的。

8.其他因素

其他诸如营业秘密的控制,供需双方互惠和友谊关系的保持,以及政府的某些规定等,在一定程度上也会影响企业的自制与外购决策。企业在生产缓慢发展时期,为了利用闲置设备,自制可能更有利,然而会造成同供应厂关系的紧张或中断。所以,为了保持与重要供应者的良好关系或互惠关系,往往放弃自制的打算。对于一些掌握特殊技术诀窍、工艺配方等的企业,出于保密考虑,也通常采用自制政策或部分自制政策。例如,某些电子行业的工厂,对于使用其产品关键技术、工艺生产的原材料、元器件等,均采用自制政策,其他均可采用外购、外加工、外装配等外购政策。

综上所述,企业生产管理人员在进行自制与外购决策时所采用的决策准则是基于多方面的因素的。各种影响因素可以分为两大类:一类是经济利益因素,这是自制与外购决策的主要影响因素;另一类是非经济的和难以确定的因素,这些因素也是不可忽视的重要因素。正是这些因素,往往促使企业作出非经济上的最佳选择。从总体上看,自制与外购决策问题涉及企业的纵向一体化政策。正确的选择是企业保持长期成功的关键。

七、采购管理的发展趋势

(一)采购过程电子化

互联网+的时代让消费者进入"拇指"生活和娱乐阶段,简单、快捷、高效、低成本成为互联网迅速发展的理由,竞争环境裂变的柔性供应链时刻,采购过程电子化是必然的趋势,从客户需求、产品规范、设计研发、样品确认、工艺技术、供应商交付、绩效反馈全部显示"一屏化"预警、决策与处理,并有效反馈到相应的团队与人员。

(二)采购产品多元化

社会发展、技术进步、产业升级、消费迭代,以满足基本需求为供求竞争的市场经济发展了多年后,产品愈加丰富,竞争也随之愈加激烈,必然促使市场竞争迭代,目前"快速(fast)、简单(easy)、便宜(cheap)、个性(personal)"市场日趋呈现,就迫使企业转变产品生产与实现模式。

个性化、定制化也逐渐成为一种消费趋势（这也是工业4.0触发点），从多变个性市场延伸到企业内部，动态性市场倒逼企业柔性供应链产生，也就导致未来采购产品多元化的必然。

（三）采购技术规范化

采购职业的非专业出身必然导致供应的风险性，且面临"如狼似虎、打满鸡血"销售的各种"挑逗"，难免导致非职业化的表现与决策，采购绩效必然遭受影响。企业必须建立一套完整的采购手册，其中系统描述采购战略、采购流程、采购团队、绩效考核、价值反馈等，阐释企业采购规则，并深入采购人的日常工作事务之中。这也就是"采购OTEP模型"提出的四维采购组织建设，从采购精神、采购绩效、采购操守和采购组织四个维度构建规范、阳光的采购技术与规范。

（四）采购对象客户化

采购职能一直被当成一个后勤部门，获得外部资源是其主要的任务。随着市场裂变与竞争周期的缩短，原来深居简出的采购也逐渐成为目标性供应链的构建者和经营者。采购拥有的外部资源与数据，采购在产业链中的角色在产品实现和客户化贡献率越来越大，面向客户采购（CFP）与面向采购设计（DFP）已经成为一种必然趋势。

（五）采购运作金融化

供应链金融的迅猛发展让采购人面对自身企业"支付困局"寻找到一个靓丽的出口。供应链金融融资方案，给企业采购所在供应链的生存，提高供应链资金运作的效力，提升供应商及时供应可行性和降低供应链整体的管理成本提供更多的可行性。采购人不仅要采购相应的物质和服务，也开始为供应链可持续性提供融资方案。

（六）采购团队跨界化

从"采购一段"到"采购六段"可以看出，采购从最原始的"单打独斗"买东西逐渐进入"团队群殴"增值响应阶段，企业为了获得更有竞争力的产品和服务，必然导致采购团队的跨界整合。设计、研发、采购、生产、工程、销售实现团队运营，由于采购对接内外资源，因此采购成为团队实现目标的整合者与领导者。

（七）采购范围全球化

中国国民生产总值已经连续保持8％以上狂奔30多年，经济发展和基础建设空前繁荣，人民收入和物质生活水平极大提高，这是一个健康国家发展的必然。但伴随这种发展，对于企业意味着各种支出大幅增加，土地成本、管理成本、人工成本等不断提高，必然转化为企业产品价格的提高和竞争力的下降。采购供应开始向低成本国家采购，供应全球化也就成为必然。

（八）采购渠道立体化

随着商业逐渐向专业化方向发展，采购渠道结构将会呈现立体化。采购商、厂商、渠道商、代理商、个体专业供应商，甚至消费者有机结合起来，构成一个有机的供应渠道网络和信息系统。通过原来采购供应点对点的渠道逐渐由建立采购供应渠道"面"的网络化与系统化，提高采购效率，最终实现供应渠道主体子系统及渠道客体主系统的优化，构建完整、立体化的自适应柔性供应链系统。

练习与思考

1. 为什么说采购在企业中具有重要的地位和作用?
2. 企业应该怎样做好采购工作?

实训任务

分小组对 JIT 采购、绿色采购、电子采购等先进的采购方式进行研究,各小组以演示文稿的形式提交一份研究成果。

项目 7　供应链库存管理

教学目标

1. 知识目标

(1) 理解库存管理与控制在供应链管理中的重要地位与作用。

(2) 掌握供应链管理中常用的几种库存管理策略与方法。

2. 技能目标

(1) 理解供应链管理中库存控制存在的问题。

(2) 掌握和运用库存管理与控制的基本策略与方法。

案例导入

雀巢与家乐福的 VMI 运作模式

一、建立 VMI 的背景

1. 雀巢和家乐福的关系现状

雀巢和家乐福现有关系只是一种单纯的买卖关系,家乐福是雀巢的一个重要客户,家乐福对买卖方式具有充分的决定权,决定购买的产品种类及数量,雀巢对家乐福设有专属的业务人员。并且在系统方面,双方各自有独立的内部 ERP 系统,彼此间不兼容,在推动计划的同时,家乐福也正在进行与供货商以 EDI 方式联机的推广计划,而雀巢的 VMI 计划也打算以 EDI 的方式进行联机。

2. 雀巢与家乐福对 VMI 的认识

雀巢与家乐福双方都认识到 VMI 是 ECR 中的一项运作模式或管理策略。这种运作模式的实施可大幅缩短供货商面对市场的响应时间,较早获得市场确实的销售情报,降低供货商与零售商用以适应市场变化的不必要库存,在引进与生产市场所需的商品、降低缺货率上取得理想的提前量。

二、VMI 的具体实施

(一)VMI 系统的前期计划阶段

1. 确定计划目标

雀巢与家乐福公司在全球均为流通产业的领导厂商,在 ECR 方面的推动都是不遗余力的。总目标是:增加商品的供应率,降低客户(家乐福)库存持有天数,缩短订货前置时间以及降低双方物流作业的成本。计划目标除了建立一套可行的 VMI 运作模式及系统之外,具体而言还要达到:雀巢对家乐福物流中心产品到货率达 90%,家乐福物流中心对零售店面产品到货率达95%,家乐福物流中心库存持有天数下降至预计标准,以及家乐福对雀巢建议性订单的修改率下降至10%等。另外雀巢也期望将新建立的模式扩展至其他渠道上,特别是对其占有重大销售比率的渠道,以加强掌控能力并获得更大规模的效益。相对地,家乐福也会持续与更多的主要供应商进行相关的合作。

2.确定计划范围

雀巢与家乐福计划在一年内建立一套VMI系统并运行。具体而言,分为系统与合作模式建立阶段以及实际实施与提高阶段。第一个阶段约占半年的时间,包括确立双方投入资源、建立评估指标、分析并讨论系统的要求、确立系统运作方式以及系统设置。第二个阶段为后续的半年,以先导测试方式不断修正使系统与运作方式趋于稳定,并根据评估指标不断发现并解决问题,直至不需人工介入为止。

(二)VMI系统实施的子计划阶段

在实际执行上,除了有两大的计划阶段外,还可细分至五个子计划阶段:

(1)评估双方的运作方式与系统,探讨合作的可行性:合作前双方评估各自的运作能力、系统整合、信息实时程度、彼此配合的步调是否一致等,来判定合作的可行性。

(2)高层主管承诺与团队建立:双方在最高主管的认可下,由部门主管出面协议细节并作出内部投入的承诺,确定初步合作的范围,开始进行合作。

(3)密切的沟通与系统的建立:双方人员每周至少集会一次讨论具体细节,并且逐步确立合作方式与系统,包括补货依据、时间、决定方式、建立评分表、系统选择与建置等。

(4)同步化系统与自动化流程:不断地测试,使双方系统与作业方式及程序趋于稳定,成为每日例行性工作,并针对特定问题作出处理。

(5)持续性训练与改进:回到合作计划的本身,除了使相关作业人员熟练作业的方式和不断改进作业程序外,还要不断思考库存管理与策略问题以求改进,长期不断进行下去,进一步研究针对促销品的策略。

三、实施成效

雀巢对家乐福物流中心产品到货率由原来的80%左右提升至95%(超越目标值),家乐福物流中心对零售店面产品到货率也由70%左右提升至90%左右,而且仍在继续改善中,库存天数由原来的25天左右下降至目标值以下,在订单修改率方面也由60%~70%的修改率下降至现在的10%以下。

除了在具体成果上的体现,对雀巢来说最大的收获却是在与家乐福合作的关系上:过去与家乐福是单向的买卖关系。经过合作,双方更为相互了解,也愿意共同解决问题,有利于根本性改进供应链的整体效率。另一方面雀巢也进一步考虑降低各店缺货率、促销合作等计划的可行性。

资料来源:雀巢与家乐福供货商管理库存系统案例评析[EB/OL]. http://logistics. nankai. edu. cn/ab/d5/c5224a43989/page. htm.

案例分析

供应商管理库存是近年来出现的一种新的供应链库存管理方法,这种库存管理策略打破了传统的各自为政的库存管理模式,体现了供应链的集成化管理思想。供应商管理库存的策略一般可以分为以下几个操作步骤：

第一步，为了使供应商及时准确地掌握需求变化情况，需要建立客户情报信息系统。

第二步，供应商要管理好库存，必须建立完善的销售网络管理系统。

第三步，建立供应商与分销商（批发商）的合作框架协议。

第四步，进行组织机构的变革。

现在针对雀巢与家乐福来说，这种供应商管理库存的策略主要通过以下几方面来实现：

（1）雀巢与家乐福供应商管理库存中体现了双方高度的合作意愿及行动，由此才能建立战略合作伙伴关系。

（2）雀巢与家乐福供应商管理库存系统追求总成本最低，供应商管理库存不是关于成本如何分配或由谁支付的问题，而是共同协作减少总成本的问题。

（3）实施供应商管理库存系统，雀巢与家乐福达成目标一致。

（4）精心设计与开发，供应商管理库存系统，与供应商共享需求的透明性和获得更高的客户信任度。

思考·讨论·训练

（1）供应商管理库存运作模式给企业带来哪些好处？

（2）你认为如何可以有效地开展库存管理？

知识链接

随着科学技术进步和生产力的发展，企业无国界经营的趋势越来越明显，整个市场需求的不确定性大大增加，企业间的竞争日益加剧。在此背景之下，供应链管理方式应运而生。供应链管理涵盖了从供应商到客户的全部过程，包括外购、制造分销、库存管理、运输、仓储、顾客服务等内容。在供应链上，从供应商、制造商、批发商到零售商，每个环节都存在库存，以应付各种各样的不确定性，保证供应链的正常运行。供应链成本的高低影响着供应链网络上各个企业的获利能力，其中库存成本是供应链成本的重要组成部分之一，在一定意义上成为左右供应链效益的关键。因此，研究供应链库存管理对于帮助企业提高服务水平、市场反应速度，实现低成本的运营具有重大意义。

一、库存管理认知

（一）基本概念

1. 库存

库存是指企业用于未来的生产、服务或销售但暂时处于闲置状态的储存物品或商品。库存的形态主要包括原材料、零部件以及半成品、产品等三大类。对企业来说，库存的存在有利有弊，一方面它占用了资金，减少了企业利润，甚至导致竞争性亏损；另一方面它能改善客户服务，有效缓解供需矛盾，有时甚至还有投机功能，为企业盈利。

2. 库存管理

库存管理是根据企业市场对库存的要求和企业订购的特点，预测、计划和执行一种补充库存的行为，并对这种行为进行控制，重点在于确定如何订货、订购多少、何时订货。

3. 供应链库存管理

供应链库存管理就是依据企业生产计划的要求和库存状况制订采购计划,并负责制定库存控制策略及计划的执行与反馈修改,以达到合理地确定库存量以及合理地运用资金,提高资金利用率,提高劳动生产率或增加销售额的目的。

(二)库存的分类

按照企业库存管理的目的不同,库存可以分为以下几种类型:

1. 周转库存

周转库存又称经常库存,是指为了满足日常需求而建立的库存。这种库存是不断变化的,当物品入库时达到最高库存量,随着生产消耗或销售,库存量逐渐减少,直到下一批物品入库前降到最小。周转库存通常有三个来源:购买、生产和运输。这三个方面通常都存在规模经济,因而会导致暂不使用或售出的存货的累积。

不同购买数量的价格折扣,促使企业一次性大量采购,从而产生了周转库存。企业在购买原材料或物资时,特别是在经济全球化的条件下,购买的数量很大,通常都可以获得折扣。因此只要因大量购买折扣而获得的货款上的节约大于因此而增加的存货持有成本,在市场需求量有保证的条件下,企业便会增加购买,这就意味着将存在很长一段时间才能用尽或售出的周转存货。

大规模运输的价格折扣,会降低企业的采购运输成本,也会促使企业一次性大量采购,从而产生了周转库存。运输的数量越大,运输公司越能节省理货或相关的集货成本,往往给运输大规模数量的货物提供运费方面的价格折扣。因此只要在运费支出方面的节约或运费与货款两项支出方面的节约大于由此而增加的存货持有成本,在市场需求量有保证的条件下,企业也会增加购买,这也意味着将存在很长一段时间才能用尽或售出的周转存货。

生产方面的规模经济和生产工艺的特性要求生产必须保证一定的批量和连续性,要求企业的原材料或零部件保持一定的存货。

2. 安全库存

安全库存是指为了防止由于不确定因素(如突发性大量订货或供应商延期交货)影响订货需求而准备的缓冲库存。所有的业务都面临着不确定性,这种不确定性来源各异。从需求或消费者一方来说,不确定性涉及消费者购买多少和什么时候进行购买。处理不确定性的一个习惯做法是预测需求,但从来都不能准确地预测出需求的大小。从供应来说,不确定性是获取零售商或厂商的需要,以及完成订单所要的时间。就交付的可靠性来说,不确定性可能来源于运输,还有其他原因也能产生不确定性。不确定性带来的结果通常是一样的:企业要备有安全存货来进行缓冲处理。

3. 加工和运输过程库存

加工库存是指处于加工或等待加工而处于暂时储存状态的商品。大量的库存可能积聚于生产设备上,特别是在装配操作上。对加工库存停置在一个生产设备,等待进入特殊产品流水线的时间长短的评价,应该在时间进度安排技术和实际的生产或装配技术的关系上仔细地进行。有些设备运营需要 4~6 小时的加工库存时间,而另外一些设备可能有 10~15 天的加工库存时间,这两种设备的库存成本存在相当大的区别。

运输过程的库存是指处于运输状态(在途)而暂时处于储存状态的商品。不同的运输方式,速度和费用也不同。如速度最快的空运,其在途时间短,存货相应较小,但运输费用却很高,而铁路或水运的运输费用较低,但在途时间较长,因此会产生较高的存货成本。

4.季节性库存

季节性库存是指为了满足特定季节中出现的特定需求而建立的库存,或指对季节性生产的商品在出产的季节大量收储所建立的库存。

5.促销库存

促销库存是指为了应付企业促销活动产生的预期销售增加而建立的库存。

6.时间效用库存

时间效用库存是指为了避免商品价格上涨造成损失,或者为了从商品价格上涨中获利而建立的库存。

7.沉淀库存或积压库存

沉淀库存或积压库存是指因商品品质变坏或损坏,或者是因没有市场而滞销的商品库存,还包括超额储存的库存。

(三)供应链环境下库存控制的目标

供应链管理下的库存控制,是在动态中达到最优化的目标,在满足顾客服务要求的前提下,力求尽可能地降低库存,提高供应链的整体效益。具体而言,库存控制的目标是:

1.库存成本最低

这是企业需要通过降低库存成本以降低成本增加盈利和增强竞争能力所选择的目标。

2.库存保证程度最高

企业有很多的销售机会,相比之下压低库存意义不大,这就特别强调库存对其他经营生产活动的保证,而不强调库存本身的效益。企业通过增加生产以扩大经营时,往往选择这种控制目标。

3.不允许缺货

企业由于技术、工艺条件决定不允许停产,则必须以不缺货为控制目标,才能起到不停产的保证作用。企业某些重大合同必须以供货为保证,否则会产生巨额赔偿时,可制定不允许缺货的控制目标。

4.限定资金

企业必须在限定资金预算前提下实现供应,这就需要以此为前提进行库存的一系列控制。

5.快捷

库存控制不依本身经济性来确定目标,而依靠大的竞争环境系统要求确定目标,这常常出现最快速度实现进出货为目标来控制库存。

(四)供应链中库存的作用

(1)供应链中存在库存是因为供给和需求的不匹配,库存管理最根本的目的是要保证供给和需求的平衡。

(2)供应链中存在库存是为了满足计划和期望的需求,这时需要建立预期库存。

(3)供应链中存在库存是为了有效地开拓市场。

(4)供应链中存在库存与生产和劳动力的稳定性以及设施的有效使用密切相关。

(5)供应链中存在库存还可以通过利用生产和销售过程中的经济规模来减少成本。

(五)供应链库存管理的优势

1. 营销与采购

在传统管理模式下,上游企业的营销与下游企业的采购是点对点式的接触,部门之间的业务关系仅仅解决"需要什么? 什么时候需要?"这个问题。

在供应链环境下,上、下游企业间的对口部门实行全方位接触,订单的洽谈不仅仅是营销与采购部门之间的事,其他部门也要参与其中,如研发部门必须考虑满足高度定制化产品的最短设计时间,生产部门必须考虑最低成本的流程设计和快捷的原材料供给,等等。洽谈的订单还包括双方对库存产品的控制,运输方案的设计,以及对降低库存管理成本的规划等。

2. 联合库存

传统管理模式下,订货是单线式,下游企业根据本方的预计销售量和库存能力决定订货数量。各级组织均独立设置库存,自己决定库存数量,信息是封闭的。

在供应链环境下,库存成本驱动上下游企业间进行"联合"库存,如供应商的仓库库存往往是制造商的材料库存,而制造商的产品库存又往往是零售商的仓库库存,供料与补货一体化。

3. 信息共享和集成

供应链中各节点企业对市场需求的预测、库存情况、生产规划等都是重要的数据,这些数据分布在供应链上不同的组织间,必须进行及时快速的传递,才能对顾客的需要作出快速反应。然而在传统模式下,由于各企业信息封闭的特点,企业获取这些数据时往往耗时大、周期长,导致最后生产出的产品不再适应市场的需要,造成大量的产品积压。

与传统企业的信息封闭相比,供应链的优势之一就是可以通过信息共享和信息集成,对市场需求进行预测,进而积极组织和调整供应链各方对需求所采取的响应策略。

二、供应链环境下的库存问题

(一)供应链管理环境中库存存在的问题

供应链环境下的库存问题和传统的企业库存问题有许多不同之处,这些不同点体现在供应链管理思想对库存的影响。传统的企业库存管理侧重于优化单一的库存成本,从存储成本和订货成本出发确定经济订货量和订货点。从单一的库存角度看,这种库存管理方法有一定的适用性,但是从供应链整体的角度看,单一的企业库存管理的方法显然是不够的。

供应链管理下的库存控制存在的主要问题有三大类:信息类问题;供应链的运作问题;供应链的战略与规划问题。这些问题可综合为以下几个方面的内容:

1. 低效率的信息传递系统

在供应链中,各个供应链节点企业之间的需求预测、库存状态、生产计划等都是供应链管理的重要数据,这些数据分布在不同的供应链各组织之间,要做到有效地快速响应用户需求,必须实时地传递,为此需要对供应链的信息系统模型作相应的改变。通过系统集成的办法,供应链中的库存数据能够实时快速地传递。但是目前许多企业的信息系统并没有很好地集成起来,当供应商需要了解用户的需求信息时,常常得到的是延迟的信息和不准确的信息。

2. 不准确的交货状态数据

许多企业没有及时而准确地把订单交货的数据提供给用户,结果是用户的不满和良好愿望的损失。

3. 忽视不确定性对库存的影响

供应链运作中存在许多的不确定因素,如订货提前期、货物运输状况、原材料的质量等。为了减少不确定性对供应链的影响,首先应该了解不确定性的来源和影响程度。很多企业没有认真研究和跟踪其不确定性的来源和影响,错误估计供应链中物料的流动时间,造成有的物品库存增加,而有的物品库存不足的现象。

4. 缺乏合作与协调

供应链是一个整体,需要协调各方活动,才能取得最佳的运作效果。问题在于,多厂商特别是全球化的供应链中,组织的协调涉及更多的利益群体,相互之间的信息透明度不高。在这样的情况下,企业不得不维持一个较高的安全库存,为此付出了较高的代价。

5. 产品的过程设计没有考虑供应链上库存的影响

现代产品设计与先进制造技术的出现,使产品的生产效率大幅度提高,而且具有较高的成本效益,但是供应链库存的复杂性常常被忽视了。结果所有节省下来的成本都被供应链上的分销与库存成本给抵消了。同样在引进新产品时,如果不进行供应链的规划,也会因运输时间过长、库存成本高等原因而无法获得成功。

6. 对用户服务的理解与定义不恰当

供应链管理的绩效好坏应该由用户来评价,或者通过对用户的反应能力来评价。但是,对用户的服务的理解与定义各不相同,导致对用户服务水平的差异。

7. 没有供应链的整体观念

虽然供应链的整体绩效取决于各个供应链的节点绩效,但是各个部门都是各自独立的单元,都有各自独立的目标与使命。有些目标和供应链的整体目标是不相干的,更有可能是冲突的。一般的供应链系统都没有针对全局供应链的绩效评价指标,这是普遍存在的问题。

8. 库存控制策略简单化

无论是生产性企业还是物流企业,库存控制的目的都是保证供应链运行的连续性和应付不确定需求。但是许多企业对物品采用统一的库存控制策略,物品的分类没有反映供应与需求中的不确定性。

(二)牛鞭效应

1. 牛鞭效应的含义

营销过程中的需求变异放大现象被通俗地称为"牛鞭效应"。牛鞭效应指供应链上的信息流从最终客户向原始供应商端传递时,由于无法有效地实现信息的共享,使得信息扭曲而逐渐放大,导致了需求信息出现越来越大的波动。

牛鞭效应其实是在下游企业向上游企业传导信息的过程中发生信息失真,而这种失真被逐级放大的结果,从而波及企业的营销、物流、生产等领域。牛鞭效应成因于系统原因和管理原因,它们的共同作用提高了企业经营成本,对产品供应链造成消极影响,导致对市场变化的过激反应。当市场需求增加时,整个供应链的产能增加幅度超过市场需求增加幅度,超出部分则以库存形式积压在供应链的不同节点。一旦需求放缓或负增长,大量资金和产品将以库存形式积压,整个供应链可能资金周转不良,严重影响供应链的良好运作,甚至导致企业倒闭,尤其是处于供应链末端的小企业。

对市场的响应速度而言,牛鞭效应表明,越是处于供应链后端,企业响应速度越慢。其结果是,当市场需求增加的时候,供应商往往无法支持制造商;而当市场需求放缓时,供应商则往往继续过量生产,造成库存积压。由于牛鞭效应,伴随着过量生产的是整个供应链的生产能力过度膨胀。一旦经济不景气,整个供应链被迫大幅削减人员,关、停、并、转设备。

对整个宏观经济而言,牛鞭效应可以解释为什么有些行业比另一些行业提前衰退,或滞后复苏。拿半导体行业而言,供应链前端的芯片制造业先于后端的设备制造业衰退;而后者则滞后于前者复苏。而对于单个企业而言,当经济复苏时,不但要动员自身的生产能力,更重要的是动员各级供应商。这是因为由于牛鞭效应,后端供应商往往受到更大的经济影响,面临更大的财政压力,从而更难也更不情愿扩张生产能力。在行业腾飞、经济景气时,往往由于后端供应商没法及时扩张而影响整个供应链的销售业绩。

2. 牛鞭效应的成因

(1)多重需求预测。

当处于供应链不同位置的企业预测需求时,都会包括一定的安全库存,以对付变化莫测的市场需求和供应商可能的供货中断。当供货周期长时,这种安全库存的数量将会非常显著。例如一美国计算机制造商预测到某型计算机的市场需求是 10 万台,但可能向中国的供应商下 11 万台的零件订单;同理,中国计算机零件供应商可能向其供应商订购 12 万台的原材料。以此类推,供应链各节点库存将逐级放大。

此外,有些预测方法也会系统地扭曲需求。拿移动平均法为例,前三个月的趋势是每月递增 10%,那第四个月的预测也将在前三月的平均值上递增 10%。但市场增长不是无限的,总有一天实际需求会降低,其间的差额就成了多余库存。如果供应链上各个企业采用同样的预测方法,并且根据上级客户的预测需求来更新预测,这种系统性的放大将会非常明显。

(2)批量生产/订购。

为了达到生产、运输上的规模效应,厂家往往批量生产或购货,以积压一定库存的代价换取较高的生产效率和较低成本。在市场需求减缓或产品升级换代时,代价往往巨大,导致库存积压,库存品过期,或二者兼具。

(3)价格浮动和促销。

厂家为促销往往会推出各种促销措施,其结果是买方大批量买进而导致部分积压。这在零售业尤为显著,使市场需求更加不规则,人为加剧需求变化幅度,严重影响整个供应链的正常运作。研究表明,价格浮动和促销只能把未来的需求提前实现,到头来整个供应链中谁也无法从中获利。

(4)非理性预期。

如果某种产品的需求大于供给,且这种情况可能持续一段时间,厂家给供应商的订单可能大于其实际需求,以期供应商能多分配一些产品给它,但同时也传递虚假需求信息,导致供应商错误地解读市场需求,从而过量生产。随着市场供需渐趋平衡,有些订单会消失或被取消,导致供应商多余库存,也使供应商更难判断需求趋势。等到供应商搞清实际需求已经为时过晚,成为又一个"计划跟不上变化"。这种现象在 2000 年前后的电子行业得到充分体现,整条供应链都深受其害,积压了大量库存和生产能力。

基于上述种种成因,除了批量生产与生产模式有关外,别的都可以通过整个供应链范围的信息共享和组织协调来解决。例如企业之间共享市场需求信息,避免多重预测,减少信息的人为扭曲;在价格政策上,制造商应该固定产品价格,放弃价格促销,并与零售商共同实行"天天低价";在理性预期上,供应商在产品短缺时应以历史需求为基础分配产品,从而避免用户单位虚报需求；在生产方式上，供应商应采用精益生产，使达到最佳经济生产批量的数量减小，从而减少供应链库存，提高对市场需求变化的响应速度。

无论如何，因为供应链本身就有缺陷，只要有需求的变化和订货周期的存在，必然会引起需求预测的失效。供应链的层次越多，这种矛盾就越明显。但我们可以在管理上避免一些非理性的行为，比如为避免短缺而发出过大的订单从而误导了上游供货商，由此给供应链带来蝴蝶效应一样的灾难性后果。诸如此类一时兴起的举动只要尽量控制，就可以减轻牛鞭效应所带来的恶果。

3. 应对策略

牛鞭效应是供应链下库存管理的特点，采用传统的库存管理方法也不能很好地解决这一问题，只有采用创新的供应链库存管理办法才能解决。可以通过以下四个措施来减少牛鞭效应：

（1）实现信息共享。

由于牛鞭效应主要是供应链各阶段按订单而不是按顾客需求进行预测造成的，而供应链的唯一需求是满足最终客户的需求，如果零售商与其他供应链成员共享销售时点（POS）数据，就能使各成员对实际顾客要求的变化作出响应。因此，在供应链上实行销售时点数据信息共享，使供应链每个阶段都能按照顾客要求进行更加准确的预测，从而减少需求预测变动性，减少牛鞭效应。同时，实行共同预测和共同计划，保证供应链各阶段的协调；从供应链整体出发，设计零售商的库存补充控制策略，由于零售商与最终顾客的购买有关，关键在于补充零售商的库存，常用 VMI 策略和连续补充策略。

（2）改善操作作业。

改善操作作业，缩短提前期和减少订购批量来减少牛鞭效应。通过实行先进的通信技术缩短订单处理和信息传输的信息提前期，通过直接转运缩短运输提前期，通过柔性制造缩短制造提前期，通过实行发货通知（advance shipment notice，ASN）缩短订货提前期。提前期缩短了，需求的变动性相对减少了。要减少订购批量就要减少与固定订购费用有关的运输、订购、验收的费用，利用电子订货系统（EOS）和 EDI 减少订购费用。订购批量减少可以降低供应链上相邻两阶段积累起来的变动量，从而减少牛鞭效应。

（3）稳定价格。

制定相应的价格策略，鼓励零售商进行小批量订购并减少提前购买行为以减少牛鞭效应。例如，把基于批量的折扣策略改为基于总量的折扣策略，即在一特定时期内（如一年内），按总的采购量来制定折扣政策，它可以使得每次的批量减少；实行天天平价政策和限制促销时采购量等方法，使价格稳定，减少预先购买行动，从而减少牛鞭效应。

（4）建立战略伙伴关系。

通过建立战略伙伴关系，建立相互信任，实现信息共享，使供应链上的每个阶段供应与需求都能很好地匹配，降低交易成本。例如，供应商如果信任零售商的订单和预测信息，他就可以省去预测环节，类似地，如果零售商信任供应商的质量和配送，他就可以减少收货时的计数和检查环节。一般来说，供应链上各阶段的信任和良好关系可以减少重复努力，降低交易成本，导致减少牛鞭效应。沃尔玛和宝洁的战略伙伴关系使双方都获得良好的效益并减少了牛鞭效应。

(三)供应链中的不确定性对库存的影响

1. 供应链中的不确定性

供应链上的不确定性表现形式有两种:一是衔接不确定性。企业之间(或部门之间)不确定性,可以说是供应链的衔接不确定性,这种衔接的不确定性主要表现在合作性上。为了消除衔接不确定性,需要增加企业之间或部门之间的合作性。二是运作不确定性。系统运行不稳定是组织内部缺乏有效的控制机制所致,控制失效是组织管理不稳定性的根源。为了消除运行中的不确定性需要增加组织的控制,提高系统的可靠性。

供应链的不确定性来源主要有三个方面:供应者不确定性、生产者不确定性、顾客不确定性。不同的原因造成的不确定性表现形式各不相同。

供应商的不确定性表现在提前期的不确定性、订货量的不确定性等方面。供应不确定的原因是多方面的,如供应商的生产系统发生故障延迟生产,供应商的供应商的延迟,意外的交通事故导致的运输延迟等。

生产者的不确定性主要源于制造商本身的生产系统的可靠性,以及其的故障计划执行的偏差等。

顾客不确定性原因主要有:需求预测的偏差、购买力的波动、从众心理和个性特征等。

从本质上讲,供应链上的不确定性是三个方面的原因造成的:第一,需求预测水平的不确定性。预测水平与预测时间的长度有关,预测时间长,预测精度则差,另外还有预测的方法对预测的影响。第二,决策信息的可获得性、透明性、可靠性、信息的准确性对预测同样造成影响,下游企业与顾客接触的机会越多,可获得的有用信息就越多;相反,顾客需求、信息可获得性和准确性差,因而预测的可靠性差。第三,决策过程的影响,特别是决策人心理的影响。需求计划的取舍与修订,对信息的要求与共享,无不反映个人的心理偏好。

2. 供应链的不确定性与库存的关系

从需求放大现象中可以看到,供应链的库存与供应链的不确定性有很密切的关系。

现在来分析供应链运行中的两种不确定性对供应链库存的影响:衔接不确定性与运作不确定性对库存的影响。

(1)衔接不确定性对库存的影响。

传统的供应链的衔接不确定性普遍存在,集中表现在企业之间的独立信息体系(信息孤岛)现象。为了竞争,企业总是为了各自的利益而进行资源的自我封闭(包括物质资源和信息资源),企业之间的合作仅仅是贸易上的暂时性的合作,人为地增加了企业之间的信息壁垒和沟通的障碍,企业不得不为了应付不测而建立库存,库存的存在实际就是信息的堵塞与封闭的结果。虽然企业各个部门和企业之间都有信息的交流和沟通,但这远远不够。企业等的信息交流更多的是在企业内部而非企业之间进行交流。信息共享程度差是传统的供应链不确定性增加的一个主要原因。

(2)运作不确定性对库存的影响。

供应链之间的衔接不确定性通过建立战略伙伴关系的供应链联盟或供应链协作而得以消减,同样,这种合作关系可以消除运作不确定性对库存的影响。当企业之间的合作关系得以改善时,企业的内部生产管理也大大得以改善,因为企业之间的衔接不确定性因素减少时,企业的生产控制系统就能摆脱这种不确定因素的影响,使生产系统的控制达到实时、准确,也只有在供应链的条件下,企业才能获得对生产系统有效控制的有利条件,消除生产过程中不必要的库存现象。

通过分析不确定性对库存的影响可以知道:为了减少企业的库存水平,需要增加企业之间的信息交流与共享,减少不确定性因素对库存的影响,增加库存决策信息的透明性和可靠性。所有这些,需要企业之间的协调。

三、供应链环境下的库存管理策略

(一)影响供应链环境下的库存决策的因素

企业的生产在不断地消耗库存品,而企业又不断地购进物资,补充库存,所以企业的库存量总处于不断变化的状态之下,如何在保证生产的前提下,尽量减少库存积压,是库存控制的核心。

库存控制的目标是在企业现有资源的约束下,以最低的库存成本满足预期需求。库存控制的基本决策包括:确定相邻两次订货的间隔时间;确定每次订货的订货批量;确定每次订货的提前期;满足用户需求的服务水平。

要做好上述的库存控制决策,需考虑多方面的因素。

1. 需求特性

物品需求特性的不同对库存控制决策有着决定性的影响,具体表现为如下的几种情况:

(1)需求确定或不确定。

若物品的需求是确定和已知的,那么可只在有需求时准备库存,库存的数量根据计划确定。若需求是不确定的,则需要保持经常的储备量,以供应随时发生的需求。

(2)需求有规律变化或随机变动。

如果需求的变动存在着规律性,如季节性变动,则可以有计划地根据变动规律准备库存。如在旺季到来之前,准备较多的库存以备销售增长的需要。若需求变动没有一定规律,呈现为随机性变化,就需设置经常性库存,甚至准备一定的保险储备量来预防突然发生的需求。

(3)独立性需求或相关性需求。

独立性需求一般指对最终产品的需求。最终产品的需求是随机发生的,是企业所不能控制的,只能用预测的方法得到,无法精确地计算出来。

相关性需求来自企业的内部,一般指零部件的需求。零部件的需求与最终产品的需求具有相关性:根据产品的需求计划,零部件的需求可以直接推算得到。

例如某汽车装配企业,市场对其汽车的需求量是独立需求。汽车的生产数量,公司需要依赖市场调查和以往销售数据。而当汽车的需求计划确定以后,汽车轮胎、发动机、方向盘等部件的需求是可以推算出来的,这就属于相关需求。再比如麦当劳店中番茄酱的需求量取决于汉堡和炸薯条的售出量,番茄酱的需求类型也为相关需求。

(4)需求的可替代性。

有些物资如果可以用其他物资替代使用,那么它们的库存储备量可以适当少一些,万一发生缺货也可以使用替代物资来满足需求。对于没有替代材料的物资,则必须保持较多的库存才能保证预期的供应要求。

2. 订货/生产提前期

订货/生产提前期是指从订购或下达生产指令开始,到物资入库的时间周期。这一时间对库存量有显著的影响。如果从订货至交货这段时间相对较长,则必须存储更多的货品,特别是关键的重要物品。同样如果一个零件的生产时间长，也需要存储更多的货品。

在库存控制中，都是根据库存储备将要消耗完的时间，提前一个订货/生产提前期提出订货，以避免在订货到达之前发生缺货。在订货/生产提前期内应储备多少存货也是控制库存的一项重要决策。

3. 物资单价

产品物资的价格越高，占用的库存资金数额也就越多，对这样的产品物资是不应该掉以轻心的，那些杰出的企业会增加采购次数缩减库存量。这也是库存控制的手段之一。

4. 保管费用与采购费用

采购费用与订货次数呈正比，因此若采购费用大，应考虑减少订货次数。有了库存就必须进行保管，也就需要保管费用，显然保管费用数额与库存量呈正相关关系，所以对于保管费用高的产品物资应该把库存控制在适当的水平上。

5. 服务水平

服务水平一般是由企业领导部门根据经营的目标和战略而规定的。服务水平的高低影响到库存储备水平的选择。服务水平要求高，就需要有较多的储备来保证。服务水平的计量方式有若干种，如用户的百分数、订货数量的百分数等，但最常用的是按满足订货次数的百分比来规定服务水平。

如果库存能满足全部用户的订货需要，则其服务水平为 100%。若每次订货只能满足95%的需求，则服务水平为 95%，相应地，这时的缺货概率为 5%。

服务水平可用于决定再订货点（reorder point，ROP）。再订货点是指在进行补充订货时现有的库存量。再订货点的确定是为了满足预先确定的服务水平。因此，在补充订货期间，对需求变化的了解一定要充分。当再订货点确定时，也同时确定了安全库存的水平。

（二）供应商管理库存策略

1. 供应商管理库存的定义

供应商管理库存（vendor managed inventory，VMI），是指供应商等上游企业基于其下游客户的生产经营、库存信息，对下游客户的库存进行管理与控制。它是一种在供应链环境下的库存运作模式，本质上，它是将多级供应链问题变成单级库存管理问题。相对于按照传统用户发出订单进行补货的传统做法，供应商管理库存是以实际或预测的消费需求和库存量，作为市场需求预测和库存补货的解决方法，即由销售资料得到消费需求信息，供货商可以更有效地计划、更快速地反应市场变化和消费需求。

2. 供应商管理库存实施的前期准备

（1）实施供应商管理库存的目标分析。

根据供应商管理库存的经济效益和库存分析，双方企业的目标主要在以下几个方面：

①降低供应链上产品库存，抑制牛鞭效应；

②降低买方企业和供应商的成本，提升利润；

③保证企业的核心竞争力；

④提高双方合作程度和忠诚度。

（2）供应商管理库存协议的制订。

①整个供应商管理库存所作出额外投资的成本由买方企业和供应商按比例共同承担。

②实施供应商管理库存所带来的供应链利益的上升，应由双方共享：特别是在双方企业实

施供应商管理库存的前期阶段,可能会使得供应链上升的利润大部分被买方企业所攫取,所以在短期内买方企业应该让渡部分利润给供应商来保证其实施供应商管理库存的积极性和信心。

③在整个供应商管理库存实施的过程中,规定一系列的条款来规范双方企业的行为。如例外条款的拟订:一旦出现意外事件需要及时通告双方,以及通告的渠道和方式;付款条款的拟订:包括付款方式、付款期限的规定等;罚款条约的拟订:包括供应商如果在运输配送中出现差错,将如何对其实施罚款,买方企业如果传送错误的产品销售信息将如何对其实施罚款等。

④关于操作层面的协议:供应商和买方企业通过协议,来确定实施供应商管理库存过程中的前置时间、订单处理时间、最低到货率、补货点等一系列操作层面的问题。

(3)实施供应商管理库存的资源准备。

这是针对实施供应商管理库存所必需的一些支持,如一些信息网络的组建和IT技术的准备用于建立供应商管理库存信息决策支持系统。

①电子数据交换(EDI)系统。它可以降低成本,美国通用汽车通过实施EDI,每年大概可以获得12.5亿美元的成本节约。

②自动销售点信息(POS)系统。实施POS系统提高了资金的周转率,可以避免缺货现象,使库存水平合理化。此外,它对于如何进行有效的其他管理也起着重要作用,对于供应商管理库存中实现真正的信息共享是必不可少的。

③条形码技术。它的应用不仅提供了一套可靠的代码标识体系,还为供应链各节点提供了通用语言,解决了数据录入和数据采集经常出现的"瓶颈"问题,为供应商管理库存的实施提供了有力支持。

除此之外,还包括实施供应商管理库存所必需的物流方面的配套支持以及产品的仓储和运输配送等。

3. 供应商管理库存的实施

(1)实施供应商管理库存的信息沟通。

实施供应商管理库存首先必须拥有一个良好的信息沟通平台,我们需要在企业原有的EDI的基础上,重新整合EDI资源来构建一个适合于供应商管理库存的信息沟通系统。

(2)供应商管理库存的工作流程设计。

买方企业和供应商实施VMI后,必须进行针对VMI的工作流程来保证整个策略的实施。

整个供应商管理库存的实施都是透明化的,买方企业和供应商随时都可以监控。主要分为两个部分:

①库存管理系统。它其实是由销售预测和库存管理以及和供应商生产系统共同组成的,因为实施了供应商管理库存之后,这几个部分的工作主要由供应商和买方企业共同相协调来完成,所以我们把它归为一种模块来处理。首先从买方企业那里获得产品的销售数据,然后和当时的库存水平相结合及时传送给供应商,然后由供应商的库存管理系统作出决策:如果供应商现有的仓储系统能够满足库存管理系统作出决策所需要的产品数量,就直接由仓储与运输配送系统将产品直接及时配送给买方企业;如果供应商现有的仓储系统不能满足库存管理系统作出决策,就必须通知生产系统生产产品后再通过运输与配送系统及时将产品配送给买方企业。其中,在正式订单生成前,还应该交由买方企业核对,调整后再得出最后订单。

②仓储与运输配送系统。一方面负责产品的仓储,包括产品的分拣入库以及产品的保存;

另一方面负责产品的运输配送:产品按要求及时送达买方企业手中,同时负责编排尽量符合经济效益的运输配送计划,如批量运输和零担运输的选择,运输的线路和时间编排以及安排承载量等。

(3)供应商管理库存的组织结构调整。

买方企业和供应商实施供应商管理库存后,为了适应新的管理模式,需要根据供应商管理库存的工作流程来对组织机构进行相应的调整。

因为供应商管理库存毕竟是对原有企业的管理策略的一种"否定",在双方企业之间肯定会有工作和职能上的合作和调整,所以为了保证供应商管理库存能够很好正常地运行,就有必要设立一个供应商管理库存协调与评估部门。其主要作用在于:

①原有企业之间的人员在实施供应商管理虑存后,可能会因为工作上的合作而导致利益冲突,所以供应商管理库存协调与评估部门就可以制定一系列的工作标准来协调和解决这些问题,可以作为双方企业之间沟通的桥梁。

②因为实施供应商管理库存后,原有工作岗位就会适当合并和调整:如原有的买方企业库存和仓储人员的工作岗位再安排,他们可能会认为现有的供应商管理库存会威胁到自己饭碗,所以供应商管理库存协调与评估部门就应该做好他们的工作,对他们的工作作出适当的安排和调整。

③对供应商管理库存的实施进行监控和评估,以提供合理科学的管理信息给企业高层,作为企业高层对企业调整的重要依据。

(4)供应商管理库存实施过程中应注意的问题。

①双方企业合作模式的发展方向问题。

双方企业管理高层应该进一步加强企业之间的合作和信任,供应商管理库存由快速反应(QR)、有效客户反应(ECR)等供应链管理策略发展而来。由于买方企业相对供应商来说是产品的需求方,所以在整个VMI策略实施中占主导地位,但随着双方企业合作越来越紧密,双方企业谁也离不开谁,所以随着时间的推移,双方企业相互之间的地位也会趋于均衡,所以供应商管理库存也应作出适当调整,一种新的供应商管理模式——共同预测、计划与补给(CPFR)很可能是VMI的发展方向。它和供应商管理车存主要的区别在于:它所涉及的双方企业的涵盖面更加宽广,不像供应商管理库存那样主要只涉及双方企业的销售、库存等系统,而且双方企业的地位更加均衡,可以说它是买方企业和供应商实施供应链策略的长期选择方向。

②产品采购数量和采购价格的调整问题。

在实施供应商管理库存的期初阶段,由于客观市场环境的影响,终端市场产品的需求可能不会因为实施供应商管理库存后而发生比较大的影响,加上买方企业不会在刚刚实施供应商管理库存后,就对供应商的采购价格作出上升调整,所以期初阶段实施供应商管理库存所带来利益大部分买方企业所攫取了,而在长期全面供应商管理库存后,买方会利用自己的核心竞争力——市场营销能力来调整自己的产品销售价格以获得更多市场份额,获得更多的消费者,这样的话,那么双方企业的采购价格和数量就会作出调整,调整的方式主要通过事先双方企业签署协议来达成,但在长期实施VMI过程中,调整的频率可能会比较大,所以双方企业都应该对采购的数量价格频繁变化做好充分的准备,以免在签署协议时产生矛盾和不信任。

③长期利益分配问题。

长期实施供应商管理库存后,双方企业的利润相对于实施供应商管理库存之前,都会得到提高,但买方企业和供应商获得利益的上升却"不平等"。从整个供应商管理库存实施的过程来看,供应商承担了大部分的工作,虽然双方企业在实施前达成协议对实施供应商管理库存所需要的投资共同分担,但大部分的好处仍然被买方企业据有,这主要是因为买方企业相对供应商来说是产品的需求方,在整个供应链中它属于上游企业,在整个供应链管理中占主导地位。在长期全面实施供应商管理库存的过程中,双方企业应该对整个利润在责权对等的基础上进行分配。分配可以根据双方企业的会计财务系统,根据双方企业成本大小按比例通过签署协议来执行。分配的方式多种多样,可以通过实物如投资设备的分配、人员培训的分配或者直接现金的分配等。

④实际工作的不断调整问题。

因为供应商管理库存所带来的效益并非一朝一夕就显现出来(买方企业可能除外),所以一旦实施,必将是一个长期的过程,因此,在长期实施供应商管理库存时,双方企业的实际工作应该不断地调整来适应整个供应商管理库存的实施,这主要有以下几点:

a.产品管理应该向标准化、一致化发展:比如产品的包装、规格及质量体系应该统一口径,这样不但可以减少双方企业之间的误会,同时对产品的售后也有据可依。

b.员工交流和培训:因为本身供应商管理库存就是一个企业之间通过协议合作的模式,人员的交流和培训是必不可少的,双方企业可以定期互派员工到企业中参观和学习,进一步熟悉自己的合作伙伴,也可以通过员工之间的联谊来交流企业文化,以便更好增加双方企业之间的信任感,这些都可以通过企业之间的协调部门来执行。

c.库存系统的进一步融合,真正做到JIT化的库存管理,如检查周期、库存维持水平、订货点水平、订单的处理和传送等一系列关于库存管理的内容应该根据双方企业信息系统提供的准确信息不断调整。

d.仓储和运输配送系统:刚开始实施时,仓储和运输配送可以通过第三方物流形式来执行,也可以通过自己原有仓储和配送资源来执行,但从长远角度来看,可以考虑通过自己原有的资源来执行仓储和运输配送,因为这样和第三方物流的服务相比,双方企业的管理层可以更好地整合自己所有的资源,充分利用资源,减少资源的浪费和低效率。

4.供应商管理库存主要的优点

(1)供应商受益表现在:

①通过销售点数据透明化,简化了配送预测工作;

②结合当前存货情况,使促销工作易于实施;

③减少分销商的订货偏差,减少退货;

④需求拉动透明化、提高配送效率——以有效补货避免缺货;

⑤有效的预测使生产商能更好地安排生产计划。

(2)分销商和消费者受益表现在:

①提高了供货速度;

②减少了缺货;

③降低了库存;

④将计划和订货工作转移给供应商,降低了运营费用;

⑤在恰当的时间,适量补货——提升了总体物流绩效;

⑥供应商更专注地提升物流服务水平。

（3）共同的利益表现在：

①通过计算机互联互通，减少了数据差错；

②提高了整体供应链处理速度；

③从各自角度，更专注于提供更优质的用户服务；

④避免缺货，使所有供应链成员受益；

⑤真正意义上的供应链合作伙伴关系得以确立；

⑥长期利益包括更有效的促销运作、更有效的新品导入和增加终端销售量等。

（三）联合库存管理战略

长期以来，供应链中的库存是各自为政的。供应链中的每个环节都有自己的库存控制策略，都是各自管理自己的库存。由于各自的库存控制策略不同，因此不可避免地产生需求的扭曲现象，即所谓的需求放大现象，形成了供应链中的牛鞭效应，加重了供应商的供应和库存风险。当前出现了一种新的供应链库存管理方法——联合库存管理，这种库存管理策略打破了传统的各自为政的库存管理模式，有效地控制了供应链中库存风险，体现了供应链的集成化管理思想，适应市场变化的要求，是一种新的有代表性库存管理思想。

1. 联合库存管理的含义

为了克服 VMI 系统的局限性和规避传统库存控制中的牛鞭效应，联合库存管理（jointly managed inventory，JMI）随之而出。简单地说，JMI 是一种在 VMI 的基础上发展起来的上游企业和下游企业权利责任平衡和风险共担的库存管理模式。JMI 体现了战略供应商联盟的新型企业合作关系，强调了供应链企业之间双方的互利合作关系。

JMI 把供应链系统管理进一步集成为上游和下游两个协调管理中心，库存连接的供需双方从供应链整体的观念出发，同时参与，共同制订库存计划，实现供应链的同步化运作，从而部分消除了由于供应链环节之间的不确定性和需求信息扭曲现象导致的供应链的库存波动。JMI 在供应链中实施合理的风险、成本与效益平衡机制，建立合理的库存管理风险的预防和分担机制、合理的库存成本与运输成本分担机制以及与风险成本相对应的利益分配机制，在进行有效激励的同时，避免供需双方的短视行为及供应链局部最优现象的出现。通过协调管理中心，供需双方共享需求信息，因而提高了供应链的运作稳定性。

2. 联合库存管理的实施

（1）建立供应链协调管理机制。

为了发挥联合库存管理的作用，供应链各方应从合作的精神出发，建立供应链协调管理的机制，建立合作沟通的渠道，明确各自的目标和责任，为联合库存管理提供有效的机制。没有一个协调的管理机制，就不可能进行有效的联合库存管理。建立供应链协调管理机制，要从以下几个方面着手：

①建立供应链共同愿景。要建立联合库存管理模式，首先供应链各方必须本着互惠互利的原则，建立共同的合作目标。为此，要理解供需双方在市场目标中的共同之处和冲突点，通过协商形成共同的共赢的愿景。

②建立联合库存的协调控制方法。联合库存管理中心担负着协调供应链各方利益的角色，起协调整个供应链的作用。联合库存管理中心需要对库存优化的方法进行明确确定，包括库存如何在多个需求商之间调节与分配，库存的最大量和最低库存水平、安全库存的确定，需求的预测等。

③建立利益的分配、激励机制。要有效运行基于协调中心的库存管理,必须建立一种公平的利益分配制度,并对参与协调库存管理中心的各个企业、各级供应部门进行有效的激励,防止机会主义行为,增加协作性和协调性。

(2)建立信息沟通渠道。

为了提高整个供应链的需求信息的一致性和稳定性,减少由于多重预测导致的需求信息扭曲,应增加供应链各方对需求信息获得的及时性和透明性。整个供应链通过构建库存管理网络系统,使所有的供应链信息与供应处的管理信息同步,提高供应链各方的协作效率,降低成本,提高质量。为此应建立一种信息沟通的渠道或系统,以保证需求信息在供应链中的畅通和准确性。要将条码技术、扫描技术、POS 系统和 EDI 集成起来,并且要充分利用 Internet 的优势,在供应链中建立畅通的信息沟通桥梁和联系纽带。

(3)发挥第三方物流系统的作用。

实现联合库存可借助第三方物流具体实施。第三方物流也称物流服务提供商,它是由供方和需方以外的物流企业提供物流服务的业务模式。把库存管理的部分功能代理给第三方物流系统管理,可以使企业更加集中精力于自己的核心业务,第三方物流系统起到了供应商和用户之间联系的桥梁作用,为企业提供诸多好处。面向协调中心的第三方物流系统使供应链各方都取消了各自独立的库存,增加了供应链的敏捷性和协调性,并且能够大大改善供应链的用户服务水平和运作效率。

(4)选择合适的联合库存管理模式。

①集中库存模式。各个供应商的零部件都直接存入核心企业的原材料库中,就是变各个供应商的分散库存为核心企业的集中库存。集中库存要求供应商的运作方式是:按核心企业的订单或订货看板组织生产,产品完成时,立即实行小批量多频次的配送方式直接送到核心企业的仓库中补充库存。在这种模式下,库存管理的重点在于核心企业根据生产的需要,保持合理的库存量,既能满足需要,又要使库存总成本最小。

②无库存模式。供应商和核心企业都不设立库存,核心企业实行无库存的生产方式。此时供应商直接向核心企业的生产线上进行连续小批量多频次的补充货物,并与之实行同步生产、同步供货,从而实现"在需要的时候把所需要品种和数量的原材料送到需要的地点"的操作模式。这种准时化供货模式,由于完全取消了库存,所以效率最高、成本最低。但是对供应商和核心企业的运作标准化、配合程度、协作精神要求也高,操作过程要求也严格,而且二者的空间距离不能太远。

3. 联合库存管理的优点

(1)由于联合库存管理将传统的多级别、多库存点的库存管理模式转化成对核心制造企业的库存管理,核心企业通过对各种原材料和产成品实施有效控制,就能达到对整个供应链库存的优化管理,简化了供应链库存管理运作程序。

(2)联合库存管理在减少物流环节、降低物流成本的同时,提高了供应链的整体工作效率。联合库存可使供应链库存层次简化和运输路线得到优化。在传统的库存管理模式下,供应链上各企业都设立自己的库存,随着核心企业的分厂数目的增加,库存物资的运输路线将呈几何级数增加,而且重复交错,这显然会使物资的运输距离和在途车辆数目增加,其运输成本也会大大增加。

(3)联合库存管理系统把供应链系统管理进一步集成为上游和下游两个协调管理中心,从而部分消除了由于供应链环节之间不确定性和需求信息扭曲现象导致的库存波动。通过协调管理中心,供需双方共享需求信息,因而提高了供应链的稳定性。

从供应链整体来看,联合库存管理减少了库存点和相应的库存设立费及仓储作业费,从而降低了供应链系统总的库存费用。

供应商的库存直接存放在核心企业的仓库中,不但保障核心企业原材料、零部件供应、取用方便,而且核心企业可以统一调度、统一管理、统一进行库存控制,为核心企业快速高效地生产运作提供了强有力的保障条件。

(4)这种库存控制模式也为其他科学的供应链物流管理如连续补充货物、快速反应、准时化供货等创造了条件。

(四)CPFR(共同预测、计划与补给)

1. CPFR 的含义

CPFR(collaborative planning forecasting and replenishment)是在共同预测和补货(CFAR)的基础上,进一步推动共同计划的制订,即不仅合作企业实行共同预测和补货,同时将原来属于各企业内部事务的计划工作(如生产计划、库存计划、配送计划、销售规划等)也由供应链各企业共同参与,利用互联网实现跨越供应链的成员合作,更好地预测、计划和执行货物流通。

2. CPFR 的特点

(1)协同。从 CPFR 的基本思想看,供应链上下游企业只有确立起共同的目标,才能使双方的绩效都得到提升,取得综合性的效益。CPFR 这种新型的合作关系要求双方长期承诺公开沟通、信息分享,从而确立其协同性的经营战略,尽管这种战略的实施必须建立在信任和承诺的基础上,但是这是买卖双方取得长远发展和良好绩效的唯一途径。正是因为如此,所以协同的第一步就是保密协议的签署、纠纷机制的建立、供应链计分卡的确立以及共同激励目标的形成(例如不仅包括销量,也同时确立双方的盈利率)。应当注意的是,在确立这种协同性目标时,不仅要建立起双方的效益目标,更要确立协同的盈利驱动性目标,只有这样,才能使协同性能体现在流程控制和价值创造的基础之上。

(2)规划。1995 年沃尔玛与 Warner-Lambert 的 CFAR 为消费品行业推动双赢的供应链管理奠定了基础,此后当美国产业共同商务标准协会(VICS)定义项目公共标准时,认为需要在已有的结构上增加"P",即合作规划(品类、品牌、分类、关键品种等)以及合作财务(销量、订单满足率、定价、库存、安全库存、毛利等)。此外,为了实现共同的目标,还需要双方协同制订促销计划、库存政策变化计划、产品导入和中止计划以及仓储分类计划。

(3)预测。任何一个企业或双方都能作出预测,但是 CPFR 强调买卖双方必须作出最终的协同预测,像季节因素和趋势管理信息等无论是对服装或相关品类的供应方还是销售方都是十分重要的,基于这类信息的共同预测能大大减少整个价值链体系的低效率、死库存,促进更好的产品销售,节约使用整个供应链的资源。与此同时,最终实现协同促销计划是实现预测精度提高的关键。CPFR 所推动的协同预测还有一个特点是它不仅关注供应链双方共同作出最终预测,同时也强调双方都应参与预测反馈信息的处理和预测模型的制定和修正,特别是如何处理预测数据的波动等问题,只有把数据集成、预测和处理的所有方面都考虑清楚,才有可能真正实现共同的目标,使协同预测落在实处。

(4)补货。销售预测必须利用时间序列预测和需求规划系统转化为订单预测,并且供应方约束条件,如订单处理周期、前置时间、订单最小量、商品单元以及零售方长期形成的购买习惯等都需要供应链双方加以协商解决。根据 VICS 的 CPFR 指导原则,协同运输计划也被认为是补货的主要因素,此外,例外状况的出现也需要转化为存货的百分比、预测精度、安全库存水准、订单实现的比例、前置时间以及订单批准的比例,所有这些都需要在双方公认的计分卡基础上定期协同审核。潜在的分歧,如基本供应量、过度承诺等双方事先应及时加以解决。

3. CPFR 的实施

(1)识别可比较的机遇。

CPFR 有赖于数据间的比较,这既包括企业间计划的比较,又包括一个组织内部新计划与旧计划,以及计划与实际绩效之间的比较,这种比较越详细,CPFR 的潜在收益越大。

在识别可比较的机遇方面,关键在于:

①订单预测的整合:CPFR 为补货订单预测和促销订单提供了整合、比较的平台,CPFR 参与者应该搜集所有的数据资源和拥有者,寻求一对一的比较。

②销售预测的协同:CPFR 要求企业在周计划促销的基础上再作出客户销售预测,这样将这种预测与零售商的销售预测相对照,就可能有效地避免销售预测中没有考虑促销、季节因素等产生的差错。

CPFR 的实施要求 CPFR 与其他供应和需求系统相整合。对于零售商,CPFR 要求整合比较的资源有商品销售规划、分销系统、店铺运作系统。对于供应商而言,CPFR 需要整合比较的资源有 CRM(客户关系管理系统)、APS(进阶生产规划及排程系统)以及 ERP(企业资源计划系统)。

CPFR 的资源整合和比较,不一定都要求 CPFR 系统与其他应用系统的直接相连,但是这种比较的基础至少是形成共同的企业数据库,即这种数据库的形成来源于不同企业计划系统在时间上的整合以及共同的数据处理。

(2)数据资源的整合运用。

①不同层面的预测比较。

不同类型的企业由于自身的利益所驱使,计划的关注点各不相同,造成信息的来源不同,不同来源的信息常常产生不一致。

CPFR 要求协同团队寻求到不同层面的信息,并确定可比较的层次。例如,一个供应商提供四种不同水果香型的香水,但是零售商不可能对每一种香型的香水进行预测,这时供应商可以输入每种香型的预测数据,CPFR 解决方案将这些数据搜集起来,并与零售商的品类预测相比较。

②商品展示与促销包装的计划。

CPFR 系统在数据整合运用方面一个最大的突破在于它对每一个产品进行追踪,直到店铺,并且销售报告以包含展示信息的形式反映出来,这样预测和订单的形式不再是需要多少产品,而且包含了不同品类、颜色及形状等特定展示信息的东西,这样数据之间的比较不再是预测与实际绩效的比较,而是建立在单品基础上、包含商品展示信息的比较。

③时间段的规定。

CPFR 在整合利用数据资源时,非常强调时间段的统一,由于预测、计划等行为都是建立在一定时间段基础上的,所以,如果交易双方对时间段的规定不统一,就必然造成交易双方的计划和预测很难协调。

供应链参与者需要就管理时间段的规定进行协商统一,诸如预测周期、计划起始时间、补货周期等。

(3)组织评判。

一旦供应链参与方有了可比较的数据资源,他们必须建立一个企业特定的组织框架体系以反映产品和地点层次、分销地区以及其他品类计划的特征。

通常企业往往在现实中采用多种组织管理方法,CPFR 能在企业清楚界定组织管理框架后,支持多体系的并存,体现不同框架的映射关系。

(4)商业规则界定。

当所有的业务规范和支持资源的整合以及组织框架确立后,最后在实施 CPFR 的过程中需要决定的是供应链参与方的商业行为规则,这种规则主要表现在例外情况的界定和判断。

(五)多级库存优化与控制策略

1. 多级库存优化与控制的含义

多级库存优化与控制是一种对供应链资源全局优化的库存管理模式,一般至少包括供应—生产—分销三个层次。

实施多级库存优化的首要任务是明确控制目标,使供应链库存成本最小,即在存储成本、订货成本、缺货成本、丢单损失成本、运输成本之和达到最小的基础上,协调供应链上各节点的库存。在激烈的市场竞争环境下,供应链库存管理更强调敏捷制造和基于时间的竞争。但是,无论是基于成本的控制还是基于时间的控制,都要体现集成的、多级库存控制的思想,特别要注意的是,在输入库存信息时,要采用新的"级库存"概念。即在供应链环境下,各节点企业的库存应等于某一库存节点现有库存加上转移到或正在转移给后续节点的库存。这样检查库存状态则不但要检查本库存节点的库存数据,而且还要检查下游需求方的库存数据,因此可以避免信息扭曲现象。

2. 多级库存控制的方法

(1)中心化策略。中心化库存控制策略是将库存中心放在核心企业上,由核心企业对供应链系统进行控制,协调上游企业与下游企业的库存活动,这样,核心企业也同时成了供应链上的数据交换中心,担负着数据的集成与协调功能。在多级库存控制策略中,可采用"级库存"取代"点库存"来解决需求放大现象这个问题。在一个销售系统中,每一阶段或层次称为一级。系统每一阶段或层次的库存等于该级本库存加上所有下游库存。采用级库存控制策略后,每个库存点不但要检查本级库存点的库存数据,而且还要检查其下游需求方的库存数据。级库存控制策略的库存决策,是基于对其下游企业的库存状态掌握的基础上的,因此完全避免了信息扭曲现象。

(2)非中心化策略。非中心化控制策略是各个库存点独立地采取各自的库存策略。它把供应链的库存控制分为三个成本归结中心,即制造商成本中心、分销商成本中心和零售商成本中心。各个中心根据自己的库存成本最优化原则做出库存控制策略,订货点的确定可完全按照单点库存的订货策略进行。非中心化库存控制策略在管理上比较简单,能够使企业根据自己的情况独立地作出决策,有利于发挥企业的自主性和灵活性。

3. 供应链的多级库存控制应考虑的问题

(1)库存优化的目标是什么?是成本还是时间?

传统的库存优化问题无不例外地进行库存成本优化,在强调敏捷制造、基于时间的竞争的条件下,这种成本优化策略是否适宜?供应链管理的两个基本策略,即 ECR 和 QR,都集中体现了顾客响应能力的基本要求,因此在实施供应链库存优化时要明确库存优化的目标是什么,是成本还是时间?成本是库存控制中必须考虑的因素,但是,在现代市场竞争的环境下,仅优化成本这样一个参数显然是不够的,应该把时间(库存周转时间)的优化也作为库存优化的主要目标来考虑。

(2)明确库存优化的边界。

供应链库存管理的边界即供应链的范围。在库存优化中,一定要明确所优化的库存范围是什么。供应链的结构有各种各样的形式,有全局的供应链,包括供应商、制造商、分销商和零售商各个部门;有局部的供应链,其中又分为上游供应链和下游供应链。在传统的所谓多级库存优化模型中,绝大多数的库存优化模型是下游供应链,即关于制造商(产品供应商)—分销中心(批发商)—零售商的三级库存优化。很少有关于零部件供应商—制造商之间的库存优化模型,在上游供应链中,主要考虑的问题是关于供应商的选择问题。

(3)多级库存优化的效率问题。

理论上讲,如果所有的相关信息都是可获得的,并把所有的管理策略都考虑到目标函数中去,中心化的多级库存优化要比基于单级库存优化的策略(非中心化策略)要好。但是,现实情况未必如此,当把组织与管理问题考虑进去时,现实的情况是,管理控制的幅度常常是下放给各个供应链的部门独立进行,因此多级库存控制策略的好处也许会被组织与管理的考虑所抵消。因此简单的多级库存优化并不能真正产生优化的效果,需要对供应链的组织、管理进行优化,否则,多级库存优化策略效率是低下的。

练习与思考

1. 名词解释:库存;供应链库存管理;牛鞭效应。

2. 库存有哪些类型?

3. 供应链环境下的库存问题有哪些?

4. 供应链环境下的库存管理策略有哪几种?

实训任务

快时尚品牌 ZARA 的运营奥秘:它为什么这么快?

在服装领域,以快时尚为定位的企业近年来发展迅猛,ZARA、H&M 等为这个行业的标杆,国内的西遇、热风也是佼佼者。ZARA 在这个领域构建了很多破坏性的创新,从原料、设计、生产、销售等环节,建构了高效的供应链体系,在短短几年取得领导地位。

1. 高速度——紧随"时尚"的脉动

时尚最大的特点就是多变,一部电影、一张专辑都可能改变人们对时尚的看法,而时装最动人处正是紧随时尚。当电影或电视媒体中出现新的流行元素,ZARA 只需几天的时间就可以完成对歌星的装束或顶级服装大师创意作品的模仿。从流行趋势的识别到将迎合流行趋势的新款时装摆到店内,ZARA 只需两周的时间,而传统生产方式下这个周期要长达 4~12 个月。ZARA 与顾客追求时尚的心态保持同步,能够更快地抓住每一个跃动的时尚讯号,以此来打动顾客。

2. 小批量——"饥饿"疗法的实施

与其他服装零售商相比,ZARA 每一款服装的生产数量都非常小,这就人为地创造了一种稀缺。越是不容易得到的,就越能激发人的购买欲望。ZARA 执行永远"缺货"的策略,对于同一种款式的服装,零售店的库存一般只有几件,或许由于你的一时犹豫,从而错失了最终拥有它的机会,因为你明天看到的也许是摆放一新的货架。这最初的懊恼,换来的是顾客再次光顾时果断的购买速度。

3. 多款式——让审美不再"疲劳"

ZARA 并不讲求每种款式生产更多的数量,而是注重款式的多样性。ZARA 每年生产的服装款式超过 12000 种,比起它的许多竞争对手,ZARA 能在流行时装上提供更多的选择。ZARA 商店每周供货两次,因为很少有对售完款式的再订购,商店每隔 3～4 天架上货品会全部更新,总能给人以新鲜感。紧跟时尚趋势、频繁的更新和更多的选择,造就了 ZARA 对顾客的独特吸引力,从而大大增加了顾客对 ZARA 的偏好与忠诚度。

在如此短的前导时间内完成"小批量、多款式"的服装生产,对大多数企业而言几乎是"天方夜谭",但 ZARA 却做到了,并形成了其独特的商业模式。以信息和通信技术为核心的 IT 系统是 ZARA 独特的商业模式得以实现的关键。

4. 信息收集的及时化

ZARA 的资讯来源于大量分布在酒吧、秀场等时尚场所的时尚买手,他们搜集最新的时尚信息,及时向总部汇报;同时 ZARA 专卖店也会及时反馈当日的销售报告及顾客需求的相关信息。关于时尚潮流趋势及顾客意见的各种信息每天源源不断地从世界各地进入 ZARA 总部的数据库。设计师们可以一边核对当天的发货数量和每天的销售数量,一边利用新信息来产生新的想法以及改进现有的服装款式。通过访问数据库中的实时信息,设计师与生产、运营团队一起决定,一个具体的款式用什么布料、如何剪裁以及如何定价。

5. 服装信息的标准化

对一个典型的服装零售商来讲,不同的或不完全的尺寸规格,不同产品的有效信息通常需要几个星期,才能被添加到他们的产品设计和批准程序中。但是在 ZARA 的仓库中,产品信息都是通用的、标准化的,这使得 ZARA 能快速、准确地准备设计,对裁剪给出清晰的生产指令。ZARA 的裁剪系统也是在数字化信息系统的干预下完成的,准确而快捷。

6. 库存管理的清晰化

卓越的产品信息和库存管理数据系统,使得 ZARA 的团队能够管理数以千计的布料、各种规格的装饰品以及设计清单和库存商品。ZARA 的团队也能通过这个系统提供的信息,以现存的库存来设计服装,而不必去订购原料再等待它的到来。

7. 生产模式的整合化

ZARA 公司自己在西班牙拥有 22 家工厂,其所有产品的 50％通过自己的工厂来完成,以保证绝对的快速。其余 50％的产品 ZARA 外包给 400 家小加工厂,它们负责大量繁琐的缝制工作。而且,一个工厂只生产一种款式,这就绝对保证了生产的专业化水平和非常快的速度。这 400 家企业其中 70％在欧洲,而且主要是在西班牙和葡萄牙,地理位置的便利让这些工厂能对 ZARA 的订单快速作出反应,尤其是异常时尚的款式。而剩下的 30％则主要在亚洲生产,ZARA 向这些地方订"基础型"产品或者当地有明显优势的产品。这也是 ZARA 取得成功的关键之处。

8.物流配送的高效化

ZARA 的物流配送系统十分发达,通过地下传送带将 ZARA 的产品运送到西班牙拉科鲁尼亚的货物配送中心,该中心拥有非常成熟的自动化管理软件系统。为了确保每一笔订单准时到达目的地,ZARA 借用光学读取工具进行产品分拣,每小时能挑选并分拣超过 6 万件的服装。物流中心的运输卡车依据固定的发车时刻表,不断开往欧洲各地。ZARA 还有两个空运基地,通常欧洲的连锁店可以在 24 小时之内收到货物,美国的连锁店需要 48 小时,日本在 48~72 小时之间。在信息化手段的干预下,ZARA 出货的正确率高达 98.9%,而出错率不足 0.5%。

"速度"虽然是 ZARA 占领市场的法宝,但"速度"的背后却是 ZARA 集约式的高效管理与有力的 IT 支撑。高科技支持下的信息手段对企业突破传统商业模式的壁垒起到巨大的推动作用。除了西班牙的 ZARA,瑞典的 H&M 也在以信息化的管理手段演绎着另一段传奇。对于 ZARA 和 H&M 而言,速度快、款式多、批量少、迅速而准确地占有信息资源,有效地减少库存是它们取得成功的共同特征。

资料来源:快时尚品牌 ZARA 的运营奥秘:它为什么这么快? [EB/OL]. http://www.chinahrd.net/article/2014/09 - 10/199848 - 1.html.

1.思考和训练

(1)通过上述案例说明 ZARA 是如何成功的?

(2)你对 ZARA 运营还有哪些好的建议?

2.技能训练

以小组为单位,分析我国零售业供应链的优点与缺点,然后在老师的指导下给出零售业供应链改进的相关建议,并且与其他小组成员进行交流。

项目 8　供应链管理环境下的
生产计划与控制

教学目标

1. 知识目标

(1) 理解传统生产计划和控制模式与供应链管理思想的差距。

(2) 理解供应链管理环境下的企业生产计划与控制的特点。

2. 技能目标

(1) 理解生产计划与控制总体模型及其特点。

(2) 掌握供应链环境下生产系统的协调机制。

案例导入

通用和丰田的供应链模式对比

供应链管理的成功，首先必须认识到所有的参与者都有共同的利益。除了"零和博弈"，完全可以通过变革以帮助所有公司都增加利润率。汽车业的丰田已经走在了前列。

丰田确立了一个和通用汽车完全相反的供应链管理战略。丰田不是努力地压榨供应商的利润空间，而是和所有合作伙伴协作，寻找成本削减机会，在整个生产流程中实施削减举措。它同时让供应商至少在一定时间内能够保留部分剩下的利润。通过这种方式，供应商的激励目标和丰田保持一致。所有供应链上的企业有机会从协作中获利。

但是丰田模式的内涵远远不止激励目标的协调。丰田花费大量的时间在评估很多潜在供应商，考虑除了价格外的很多其他因素；目标是建立长期的相互信任的协作关系。评估后，丰田和关键部件的关键供应商建立长期的供货协议（至少持续该型号汽车的整个周期，大约4年）。这并不意味着供应商就可以高枕无忧。恰恰相反，丰田从很多维度持续地评估每个供应商的绩效，包括质量、可靠性、创意的提出、和其他供应商的协作等，当然，也包括成本。同时设立了30%全供应链成本削减的目标要求。丰田的生产专家和生产商合作，寻找达到目标的方法。一旦达到后，就开始盈利共享；供应商保留半数盈利，同时设立新的成本水平作为下一阶段的成本削减目标。如果绩效无法达到，丰田会在合同期末把更多的采购额分配给竞争供应商。最终，实现奖优罚劣的目标。

供应链管理的实践：通用和丰田的对比

通用汽车：许多不同的供应商；交易型供应商关系；以价格作为供应商首选指标；通用享有全部的成本削减收益；信息私有；可能撤销现有合同。

丰田：相对较少的供应商；长期的供应商关系；基于相互协作的多个方面来选择供应商；供应商达到预先设定的成本目标后可以参与收益分享；信息和供应商分享（预测；新产品设计

等);持续的正式绩效评估,奖惩反映在下一合同中。

因为丰田给绩效卓越的供应商提供长期的协议,因此他们也愿意投入大量资金满足丰田的特殊需要。丰田会提前把它的新产品计划和规格通知供应商;供应商也会为丰田的设计工作提供帮助。丰田没有为了寻求短期利益而把供应商的设计提供给其竞争对手以获取更低的采购价格,因为这种短期利益弥补不了对长期利益合作关系造成的损害。而且,其他的供应商也会知道丰田的行动,从而危害到这些重要的合作关系。

丰田所采取的供应链模式与通用和福特的供应链模式另外一个不同点就是通过与供应商签订长期合同,保持所要监控和管理的供应商数量的稳定。把较大的订单下给有限的几个生产商可以让供应商获得规模经济,而由此获得的成本削减就由供应商和丰田共享。

资料来源:通用和丰田供应链对比[EB/OL]. http://www.chinawuliu.com.cn/xsyj/201506/04/302071.shtml.

案例分析

比较丰田和美国的生产商的经验,可以很清楚地发现供应链的改革措施主要集中在三个关键领域:协作规划、协作设计、透明度。丰田的供应商在新产品规划的时候就参与进来,这样就能确保尽早解决工程问题,缩短更新和引入设备的时间。供应商也可以了解丰田的生产调度计划,从而使他们调整生产计划。这样减少了整个供应链的过多库存也给双方带来回报。

丰田还提供及时的全面的绩效反馈给供应商。每个月都会给主要供应商一份根据预先制定的质量和成本基准,以及期望的改进指标来评定他们绩效和进度的报告。这些绩效评定报告提供的数据决定了下一份合同奖罚标准。

思考·讨论·训练

(1)供应链管理给企业带来哪些好处?

(2)你认为如何可以有效地开展供应链管理?

知识链接

供应链管理思想对企业的最直接和最深刻的影响是企业家决策思维方式的转变:从传统、封闭的纵向思维方式向横向、开放思维方式转变。生产计划与控制是企业管理的主要内容之一,供应链管理思想无疑会对此带来很大的影响。与传统的企业生产计划与控制方法相比,在信息来源、信息的集成方法、计划的决策模式、计划的运行环境、生产控制的手段等许多方面,供应链管理模式下的生产计划与控制方法都有显著不同。

一、现行生产计划和控制与供应链管理思想的差距

(一)概述

供应链管理思想对企业管理的最大影响是对现行生产计划与控制模式的挑战,因为企业的经营活动是以顾客需求驱动的、以生产计划与控制活动为中心而展开的,只有通过建立面向供应链管理的生产计划与控制系统,企业才能真正从传统的管理模式转向供应链管理模式。

传统的企业生产计划是以某个企业的物料需求为中心展开的,缺乏和供应商的协调,企业计划的制订没有考虑供应商以及分销商的实际情况,不确定性对库存和服务水平影响较大,库

存控制策略也难以发挥作用。供应链上任何一个企业的生产和库存决策都会影响供应链上其他企业的决策，或者说，一个企业的生产计划与库存优化控制不但要考虑某企业内部的业务流程，更要从供应链的整体出发，进行全面的优化控制，跳出以某个企业物料需求为中心的生产管理界限，充分了解用户需求并与供应商在经营上协调一致，实现信息的共享与集成，以顾客化的需求驱动顾客化的生产计划，获得柔性敏捷的市场响应能力。

（二）传统生产计划和控制模式与供应链管理思想的差距

传统生产计划和控制模式与供应链管理思想的差距主要表现在如下几个方面：

1. 决策信息来源的差距（多源信息）

生产计划的制订要依据一定的决策信息，即基础数据。在传统的生产计划决策模式中，计划决策的信息来自两个方面，一方面是需求信息，另一方面是资源信息。需求信息又来自两个方面，一个是用户订单，另一个是需求预测。通过对这两方面信息的综合，得到制订生产计划所需要的需求信息。资源信息则是指生产计划决策的约束条件。供应链管理环境下需求信息和企业资源的概念与传统概念是不同的。信息多源化是供应链管理环境下的主要特征，多源信息是供应链环境下生产计划的特点。另外，在供应链环境下资源信息不仅仅来自企业内部，还来自供应商、分销商和用户。约束条件放宽了，资源的扩展使生产计划的优化空间扩大了。

2. 决策模式的差距（决策群体性、分布性）

传统的生产计划决策模式是一种集中式决策，而供应链管理环境下的决策模式是分布式的群体决策过程。基于多代理的供应链系统是立体的网络，各个节点企业具有相同的地位，有本地数据库和领域知识库，在形成供应链时，各节点企业拥有暂时性的监视权和决策权，每个节点企业的生产计划决策都受到其他企业生产计划决策的影响，需要一种协调机制和冲突解决机制。当一个企业的生产计划发生改变时需要其他企业的计划也作出相应的改变，这样供应链才能获得同步化的响应。

3. 信息反馈机制的差距（递阶、链式反馈与并行、网络反馈）

企业的计划能否得到很好的贯彻执行，需要有效的监督控制机制作为保证。要进行有效的监督控制必须建立一种信息反馈机制。传统的企业生产计划的信息反馈机制是一种链式反馈机制，形成和组织结构平行的信息递阶的传递模式。供应链管理环境下企业信息的传递模式和传统企业的信息传递模式不同。以团队工作为特征的多代理组织模式使供应链具有网络化结构特征，因此供应链管理模式是网络化管理。生产计划信息的传递不是沿着企业内部的递阶结构（权力结构），而是沿着供应链不同的节点方向（网络结构）传递。为了做到供应链的同步化运作，供应链企业之间信息的交互频率也比传统企业信息传递的频率大得多，因此应采用并行化信息传递模式。

4. 计划运行环境的差异（不确定性、动态性）

供应链管理的目的是使企业能够适应剧烈多变的市场环境需要。复杂多变的环境，增加了企业生产计划运行的不确定性和动态性因素。供应链管理环境下的生产计划是在不稳定的运行环境下进行的，而且生产计划涉及的多是订单化生产，这种生产模式动态性更强。因此生产计划与控制要更多地考虑不确定性和动态性因素，使生产计划具有更高的柔性和敏捷性，使企业能对市场变化作出快速反应。

二、供应链管理环境下的企业生产计划与控制的特点

(一)供应链企业计划概述

供应链是一个跨越多厂家、多部门的网络化组织,一个有效的供应链企业计划系统必须保证企业能快速响应市场需求。有效的供应链计划系统集成企业所有的计划和决策业务,包括需求预测、库存计划、资源配置、设备管理、渠道优化、生产作业计划、物料需求与采购计划等。作为供应链的整体,以核心企业为龙头,把各个参与供应链的企业有效地组织起来,优化整个供应链的资源,以最低的成本和最快的速度生产最好的产品,最快地满足用户需求,以达到快速响应市场和用户需求的目的,这是供应链企业计划的最根本的目的和要求。

(二)同步化供应链企业计划的提出

在当今顾客驱动的环境下,制造商必须具有面对不确定性的事件不断修改计划的能力,要做到这一点,企业的制造加工过程、数据模型、信息系统和通信基础设施必须无缝地连接且实时地运作,因而供应链同步化计划的提出是企业最终实现敏捷供应链管理的必然选择。

供应链企业的同步化计划使计划的修改或执行中的问题能在整个供应链上获得共享与支持,物料和其他资源的管理是在实时的牵引方式下进行而不是无限能力的推动过程。

供应链企业的同步化计划的提出是为挑战供应链运行中的约束。供应链运行的约束有来自于采购的约束,有来自于生产的约束,也有来自于销售的约束,这些约束的不良后果会导致"组合约束爆炸"。因此要实现供应链企业的同步化计划,一方面要建立起不同的供应链系统之间的有效通信标准;另一方面要建立起协调机制和冲突管理服务。供应链系统各个代理之间既有同步的协作功能,也有独立的自主功能,当供应链的整体利益和各个代理的个体利益相冲突时,必须快速地协商解决,供应链的同步化才能得以实现。因此建立分布的协调机制对供应链同步化计划的实现是非常重要的。

要实现供应链的同步化计划,必须建立起代理之间透明的合作机制。供应链企业之间的合作方式主要有同时同地、同时异地、异时同地和异时异地等四种情形。因此供应链企业的合作模式表现为四种模式:同步模式、异步模式、分布式同步模式、分布式异步模式。基于多代理的供应链组织管理模式,由传统的递阶控制组织模式向扁平化网络组织过渡,实现了网络化管理。

(三)供应链管理环境下的生产计划

供应链管理环境下的生产计划与传统生产计划有显著不同,是因为在供应链管理下,与企业具有战略伙伴关系的企业的资源通过物资流、信息流和资金流的紧密合作而成为企业制造资源的拓展。在制订生产计划的过程中,主要面临以下三方面的问题:

1.柔性约束

柔性实际上是对承诺的一种完善。承诺是企业对合作伙伴的保证,只有在这基础上企业间才能具有基本的信任,合作伙伴也因此获得了相对稳定的需求信息。承诺与柔性是供应合同签订的关键要素。

对生产计划而言,柔性具有多重含义:①显而易见,如果仅仅根据承诺的数量来制订计划是容易的。但是,柔性的存在使这一过程变得复杂了。柔性是双方共同制定的一个合同要素,对于需方而言,它代表着对未来变化的预期;而对供方而言,它是对自身所能承受的需求波动

的估计。本质上供应合同使用有限的可预知的需求波动代替了可以预测但不可控制的需求波动。②下游企业的柔性对企业的计划产量造成的影响在于：企业必须选择一个在已知的需求波动下最为合理的产量。企业的产量不可能覆盖整个需求的变化区域，否则会造成不可避免的库存费用。在库存费用与缺货费用之间取得一个均衡点是确定产量的一个标准。③供应链是首尾相通的，企业在确定生产计划时还必须考虑上游企业的利益。在与上游企业的供应合同之中，上游企业表达的含义除了对自身所能承受的需求波动的估计外，还表达了对自身生产能力的权衡。可以认为，上游企业合同中反映的是相对于该下游企业的最优产量。之所以提出是相对于该下游企业，上游企业可能同时为多家企业提供产品。因此，下游企业在制订生产计划时应该尽量使需求与合同的承诺量接近，帮助供应企业达到最优产量。

2. 生产进度

生产进度信息是企业检查生产计划执行状况的重要依据，也是滚动制订生产计划过程中用于修正原有计划和制订新计划的重要信息。在供应链管理环境下，生产进度计划属于可共享的信息。这一信息的作用在于：

（1）供应链上游企业通过了解对方的生产进度情况实现准时供应。供应链企业可以借助现代网络技术，使实时的生产进度信息能为合作方所共享。上游企业可以通过网络和双方通用的软件了解下游企业真实需求信息，并准时提供物资。这种情况下，下游企业可以避免不必要的库存，而上游企业可以灵活主动地安排生产和调拨物资。

（2）原材料和零部件的供应是企业进行生产的首要条件之一，供应链上游企业修正原有计划时应该考虑到下游企业的生产状况。在供应链管理下，企业可以了解到上游企业的生产进度，然后适当调节生产计划，使供应链上的各个环节紧密地衔接在一起。其意义在于可以避免企业与企业之间出现供需脱节的现象，从而保证了供应链上的整体利益。

3. 生产能力

企业完成一份订单不能脱离上游企业的支持，因此，在编制生产计划时要尽可能借助外部资源，有必要考虑如何利用上游企业的生产能力。在上下游企业间稳定的供应关系形成后，上游企业从自身利益出发，更希望所有与之相关的下游企业在同一时期的总需求与自身的生产能力相匹配。

（四）供应链管理环境下生产计划的制订

在供应链管理下，企业的生产计划编制过程有了较大的变动，在原有的生产计划制订过程的基础上增添了新的特点。

1. 具有纵向和横向的信息集成过程

这里的纵向指供应链由下游向上游的信息集成，而横向指生产相同或类似产品的企业之间的信息共享。

在生产计划过程中上游企业的生产能力信息在生产计划的能力分析中独立发挥作用。通过在主生产计划和投入出产计划中分别进行的粗、细能力平衡，上游企业承接订单的能力和意愿都反映到了下游企业的生产计划中。同时，上游企业的生产进度信息也和下游企业的生产进度信息一道作为滚动编制计划的依据，其目的在于保持上下游企业间生产活动的同步。

外包决策和外包生产进度分析是集中体现供应链横向集成的环节。企业在编制主生产计划时所面临的订单，在两种情况下可能转向外包：一是企业本身或其上游企业的生产能力无法承受需求波动所带来的负荷；二是所承接的订单通过外包所获得利润大于企业自己进行生产的利润。同时,由于企业对该订单的客户有着直接的责任,因此也需要承接外包的企业的生产进度信息来确保对客户的供应。

2. 丰富了能力平衡在计划中的作用

在通常的概念中,能力平衡只是一种分析生产任务与生产能力之间差距的手段,再根据能力平衡的结果对计划进行修正。在供应链管理下制订生产计划过程中,能力平衡发挥了以下作用:①为修正主生产计划和投入出产计划提供依据,这也是能力平衡的传统作用;②能力平衡是进行外包决策和零部件(原材料)急件外购的决策依据;③在主生产计划和投入出产计划中所使用的上游企业能力数据,反映了其在合作中所愿意承担的生产负荷,可以为供应链管理的高效运作提供保证;④在信息技术的支持下,对本企业和上游企业的能力状态的实时更新使生产计划具有较高的可行性。

3. 计划的循环过程突破了企业的限制

在企业独立运行生产计划系统时,一般有三个信息流的闭环,而且都在企业内部:

(1)主生产计划—粗能力平衡—主生产计划;

(2)投入出产计划—能力需求分析(细能力平衡)—投入出产计划;

(3)投入出产计划—车间作业计划—生产进度状态—投入出产计划。

在供应链管理下生产计划的信息流跨越了企业,从而增添了新的内容:

(1)主生产计划—供应链企业粗能力平衡—主生产计划;

(2)主生产计划—外包工程计划—外包工程进度—主生产计划;

(3)外包工程计划—主生产计划—供应链企业生产能力平衡—外包工程计划;

(4)投入出产计划—供应链企业能力需求分析(细能力平衡)—投入出产计划;

(5)投入出产计划—上游企业生产进度分析—投入出产计划;

(6)投入出产计划—车间作业计划—生产进度状态—投入出产计划。

需要说明的是,以上各循环中的信息流都只是各自循环所必需的信息流的一部分,但可对计划的某个方面起决定性的作用。

(五)供应链管理环境下的生产控制新特点

供应链环境下的企业生产控制和传统的企业生产控制模式不同。前者需要更多的协调机制(企业内部和企业之间的协调),体现了供应链的战略伙伴关系原则。供应链环境下的生产协调控制包括如下几个方面的内容:

1. 生产进度控制

生产进度控制的目的在于依据生产作业计划,检查零部件的投入和出产数量、出产时间和配套性,保证产品能准时装配出厂。供应链环境下的进度控制与传统生产模式的进度控制不同,因为许多产品是协作生产的和转包的业务,与传统的企业内部的进度控制比较来说,其控制的难度更大,必须建立一种有效的跟踪机制进行生产进度信息的跟踪和反馈。生产进度控制在供应链管理中有重要作用,因此必须研究解决供应链企业之间的信息跟踪机制和快速反应机制。

2. 供应链的生产节奏控制

供应链的同步化计划需要解决供应链企业之间的生产同步化问题,只有各供应链企业之间以及企业内部各部门之间保持步调一致时,供应链的同步化才能实现。供应链形成的准时生产系统,要求上游企业准时为下游企业提供必需的零部件。如果供应链中任何一个企业不能准时交货,都会导致供应链不稳定或中断,导致供应链对用户的响应性下降,因此严格控制供应链的生产节奏对供应链的敏捷性是十分重要的。

3. 提前期管理

基于时间的竞争是 20 世纪 90 年代一种新的竞争策略,具体到企业的运作层,主要体现为提前期的管理,这是实现 QR、ECR 策略的重要内容。供应链环境下的生产控制中,提前期管理是实现快速响应用户需求的有效途径。缩小提前期、提高交货期的准时性是保证供应链获得柔性和敏捷性的关键。缺乏对供应商不确定性的有效控制是供应链提前期管理中一大难点,因此,建立有效的供应提前期的管理模式和交货期的设置系统是供应链提前期管理中值得研究的问题。

4. 库存控制和在制品管理

库存在应付需求不确定性时有其积极的作用,但是库存又是一种资源浪费。在供应链管理模式下,实施多级、多点、多方管理库存的策略,对提高供应链环境下的库存管理水平、降低制造成本有着重要意义。这种库存管理模式涉及的部门不仅仅是企业内部。基于 JIT 的供应与采购、供应商管理库存、联合库存管理等是供应链库存管理的新方法,对降低库存都有重要作用。因此,建立供应链管理环境下的库存控制体系和运作模式对提高供应链的库存管理水平有重要作用,是供应链企业生产控制的重要手段。

三、供应链管理环境下的集成生产计划与控制系统的总体构想

在生产计划与控制系统的集成研究中,到目前为止,较完善的理论模型是马士华教授于1995 年提出的一个三级集成计划与控制系统模型,即把生产计划(MPS)、物料需求计划(MRP)和作业计划三级计划与订单控制、生产控制和作业控制三级控制系统集成于一体。该模型的核心在于提出了制造资源网络和能力状态集的概念,并对制造资源网络的建立和生产计划提前期的设置提出了相应模型和算法,并在 MRP Ⅱ 软件开发中运用了这一模型。

1. 供应链管理环境下的生产计划与控制系统中几个概念的新拓展

(1)供应链管理对资源(resource)概念内涵的拓展。

传统的制造资源计划 MRP Ⅱ 对企业资源这一概念的界定是局限于企业内部的,并统称为物料(materials),因此 MRP Ⅱ 的核心是物料需求计划(MRP)。在供应链管理环境下,资源分为内部资源(in-source)和外部资源(out-source)。因此在供应链环境下,资源优化的空间由企业内部扩展到企业外部,即从供应链整体系统的角度进行资源的优化。

(2)供应链管理对能力(capacity)概念内涵的拓展。

生产能力是企业资源的一种,在 MRP Ⅱ 系统中,常把资源问题归结为能力需求问题,或能力平衡问题。但正如对资源概念一样,MRP Ⅱ 对能力的利用也是局限于企业内部的。供应链管理把资源的范围扩展到供应链系统,其能力的利用范围也因此扩展到了供应链系统全过程。

(3)供应链管理对提前(lead time)概念内涵的扩展。

提前期是生产计划中一个重要的变量,在 MRP Ⅱ 系统中这是一个重要的设置参数。但MRP Ⅱ 系统中一般把它作为一个静态的固定值来对待(为了反映不确定性,后来人们又提出了动态提前期的概念)。在供应链管理环境下,并不强调提前期的固定与否,重要的是交货期(delivery time),准时交货,即供应链管理强调准时:准时采购、准时生产、准时配送。

2. 供应链管理环境下生产管理组织模式

在供应链管理环境下,生产管理组织模式和现行生产管理组织模式一个显著的不同就是,供应链管理环境下生产管理是开放性的、以团队工作为组织单元的多代理制。在供应链联盟中,企业之间以合作生产的方式进行,企业生产决策信息通过 EDI/Internet 实时地在供应链联盟中由企业代理通过协商决定,企业建立一个合作公告栏(在 Internet 上),实时地和合作企业进行信息交流。在供应链中要实现委托代理机制,对企业应建立一些行为规则:①自勉规则;②鼓励规则;③激励规则;④信托规则;⑤最佳伙伴规则。

企业内部也是基于多代理制的团队工作模式,团队有一主管负责团队与团队之间的协调。协调是供应链管理的核心内容之一,供应链管理的协调主要有三种形式,即供应—生产协调、生产—分销协调、库存—销售协调。

3. 供应链管理环境下生产计划的信息组织与决策特征

供应链管理环境下的生产计划信息组织与决策过程具有如下几个方面的特征:

(1)开放性。

经济全球化使企业进入全球开放市场,不管是基于虚拟企业的供应链还是基于供应链的虚拟企业,开放性是当今企业组织发展的趋势。供应链是一种网络化组织,供应链管理环境下的企业生产计划信息已跨越了组织的界限,形成开放性的信息系统。决策的信息资源来自企业的内部与外部,并与其他组织进行共享。

(2)动态性。

供应链环境下的生产计划信息具有动态的特性,是市场经济发展的必然。为了适应不断变化的顾客需求,使企业具有敏捷性和柔性,生产计划的信息随市场需求的更新而变化,模糊的提前期和模糊的需求量,要求生产计划具有更多的柔性和敏捷性。

(3)集成性。

供应链是集成的企业,是扩展的企业模型,因此供应链环境下的企业生产计划信息是不同信息源的信息集成,集成了供应商、分销商的信息,甚至消费者和竞争对手的信息。

(4)群体性。

供应链环境下的生产计划决策过程具有群体特征,是因为供应链是分布式的网络化组织,具有网络化管理的特征。供应链企业的生产计划决策过程是一种群体协商过程,企业在制订生产计划时不但要考虑企业本身的能力和利益,同时还要考虑合作企业的需求与利益,是群体协商决策过程。

(5)分布性。

供应链企业的信息来源从地理上是分布的,信息资源跨越部门和企业,甚至全球化,通过Internet/Intranet、EDI 等信息通信和交流工具,企业能够把分布在不同区域和不同组织的信息进行有机的集成与协调,使供应链活动同步进行。

四、供应链环境下生产系统的协调机制

(一)供应链的协调控制机制

要实现供应链的同步化运作,需要建立一种供应链的协调机制。协调供应链的目的在于使信息能无缝地、顺畅地在供应链中传递,减少因信息失真而导致过量生产、过量库存现象的发生,使整个供应链能根据顾客的需求而步调一致,也就是使供应链获得同步化响应市场需求

的变化。

供应链的协调机制有两种划分方法。根据协调的职能可划分为两类：一是不同职能活动之间的协调与集成，如生产—供应协调、生产—销售协调、库存—销售协调等协调关系；另一类是根据同一职能不同层次活动的协调，如多个工厂之间的生产协调。根据协调的内容划分，供应链的协调可划分为信息协调和非信息协调。

（二）供应链的协调控制模式

供应链的协调控制模式分为中心化协调、非中心化协调和混合式协调三种。中心化协调控制模式把供应链作为一个整体纳入一个系统，采用集中方式决策，因而忽视了代理的自主性，也容易导致"组合约束爆炸"，对不确定性的反应比较迟缓，很难适应市场需求的变化。分散协调控制过分强调代理模块的独立性，对资源的共享程度低，缺乏通信与交流，很难做到供应链的同步化。比较好的控制模式是分散与集中相结合的混合模式。各个代理一方面保持各自的独立性运作，另一方面参与整个供应链的同步化运作体系，保持了独立性与协调性的统一。

（三）供应链的信息跟踪机制

供应链各个企业之间的关系是服务与被服务的关系，服务信号的跟踪和反馈机制可使企业生产与供应关系同步进行，消除不确定性对供应链的影响。因此应该在供应链系统中建立服务跟踪机制以降低不确定性对供应链同步化的影响。

供应链的服务跟踪机制提供供应链两方面的协调辅助：信息协调和非信息协调。非信息协调主要指完善供应链运作的实物供需条件，采用 JIT 生产与采购、运输调度等；信息协调主要通过企业之间的生产进度的跟踪与反馈来协调各个企业的生产进度，保证按时完成用户的订单，及时交货。

供应链企业在生产系统中使用跟踪机制的根本目的是保证对下游企业的服务质量。在企业集成化管理的条件下，跟踪机制才能够发挥其最大的作用。跟踪机制在企业内部表现为客户（上游企业）的相关信息在企业生产系统中的渗透。其中，客户的需求信息（订单）成为贯穿企业生产系统的一条线索，成为生产计划、生产控制、物资供应相互衔接、协调的手段。

1. 跟踪机制的外部运行环境

供应链管理下企业间的信息集成从以下三个部门展开：

（1）采购部门与销售部门。

采购部门与销售部门是企业间传递需求信息的接口。需求信息总是沿着供应链从下游传至上游，从一个企业的采购部门传向另一个企业的销售部门。由于我们讨论的是供应链管理下的销售与采购环节，稳定而长期的供应关系是必备的前提，所以可将注意力集中在需求信息的传递上。

销售部门在供应链上下游企业间的作用仅仅是一个信息的接口。它负责接收和管理有关下游企业需求的一切信息。除了单纯意义上的订单外，还有下游企业对产品的个性化要求，如质量、规格、交货渠道、交货方式等。这些信息是企业其他部门的工作所必需的。

在供应链管理下，采购部门的主要工作是将生产计划系统的采购计划转换为需求信息，以电子订单的形式传达给上游企业。同时，它还要从销售部门获取与所采购的零部件和原材料相关的客户个性化要求，并传达给上游企业。

（2）制造部门。

制造部门的任务不仅仅是生产，还包括对采购物资的接收以及按计划对下游企业配套件的供应。在这里，制造部门实际上兼具运输服务和仓储管理两项辅助功能。制造部门能够完成如此复杂的工作，原因在于生产计划部门对上下游企业的信息集成，同时也依赖于战略伙伴关系中的质量保证体系。此外，制造部门还担负着在制造过程中实时收集订单的生产进度信息，经过分析后提供给生产计划部门。

（3）生产计划部门。

在集成化管理中企业的生产计划部门肩负着大量的工作，集成了来自上下游生产计划部门、企业自身的销售部门和制造部门的信息。其主要功能有：

①滚动编制生产计划。来自销售部门的新增订单信息、来自企业制造部门的订单生产进度信息和来自上游企业的外购物资的生产计划信息，以及来自上游企业的需求变动信息，这四部分信息共同构成了企业滚动编制生产计划的信息支柱。

②保证对下游企业的产品供应。下游企业的订单并非一成不变，从订单到达时起，供方和需方的内外环境就一直不断变化着，最终的供应时间实际上是双方不断协调的结果，其协调的工具就是双方不断滚动更新的生产计划。生产计划部门按照最终的协议指示制造部门对下游企业进行供应。这种供应是与下游企业生产计划相匹配的准时供应。由于生产出来的产品不断发往下游企业，制造部门不会有过多的在制品和成品库存压力。

③保证上游企业对本企业的供应。生产计划部门在制造部门提供的实时生产进度分析的基础上结合上游企业传来的生产计划（生产进度分析）信息，与上游企业协商确定各批订单的准确供货时间。上游企业将按照约定的时间将物资发送到本企业。采购零部件和原材料的准时供应降低了制造部门的库存压力。

2. 生产计划中的跟踪机制

（1）在接到下游企业的订单后，建立针对上游企业的订单档案，其中包含了用户对产品的个性化要求，如对规格、质量、交货期、交货方式等具体内容。

（2）主生产计划进行外包分析，将订单分解为外包子订单和自制件子订单。

订单与子订单的关系在于：订单通常是一个用户提出的订货要求，在同一个用户提出的要求中，可能有多个订货项，我们可以将同一订单中不同的订货项定义为子订单。

（3）主生产计划对子订单进行规划，改变子订单在期限与数量上的设定，但保持了子订单与订单的对应关系。

（4）投入出产计划中涉及跟踪机制的步骤如下：

①子订单的分解：结合产品结构文件和工艺文件以及提前期数据，倒排编制生产计划。对不同的子订单独立计算，即不允许进行跨子订单的计划记录合并。

②库存的分配：本步骤与步骤①是同时进行的，将计划期内可利用的库存分配给不同的子订单。在库存分配记录上注明子订单信息，保证专货专用。

③能力占用：结合工艺文件和设备组文件计算各子订单计划周期内的能力占用。这一步骤使单独评价子订单对生产负荷的影响成为可能。在调整子订单时也无需重新计算整个计划所有记录的能力占用数据，仅需调整子订单的相关能力数据。

④调整：结合历史数据对整个计划周期内的能力占用状况进行评价和分析，找出可能的瓶颈。

（5）车间作业计划。

车间作业计划用于指导具体的生产活动，具有高度的复杂性，一般难以严格按子订单的划分来调度生产，但可要求在加工路线单上注明本批生产任务的相关子订单信息和相关度信息。在整个生产过程中实时地收集和反馈子订单的生产数据，为跟踪机制的运行提供来自基层的数据。

（6）采购计划。

采购部门接收的是按子订单下达的采购信息，他们可以使用不同的采购策略来完成采购计划。子订单的作用主要体现在以下两个方面：

①将采购部门与销售部门联系起来。下游企业在需求上的个性化要求可能涉及原材料和零部件的采购，采购部门可以利用子订单查询这一信息，并提供给各上游企业。

②建立需求与生产间的联系。采购部门的重要任务之一就是建立上游企业的生产过程与本企业子订单的对应关系。在这一条件下，企业可以了解到子订单生产所需要的物资在上游企业中的生产情况，还可以提供给上游企业准确的供货时间。

3. 生产进度控制中的跟踪机制

生产控制是生产管理的重要职能，是实现生产计划和生产作业管理的重要手段。虽然生产计划和生产作业计划对生产活动已作了比较周密而具体的安排，但随着时间的推移，市场需求往往会发生变化。此外，由于各种生产准备工作不周全或生产现场偶然因素的影响，也会使计划产量和实际产量之间产生差异。因此，必须及时对生产过程进行监督和检查，发现偏差，进行调节和校正工作，以保证计划目标的实现。

生产进度控制的主要任务是依照预先制订的作业计划，检查各种零部件的投入和产出时间、数量以及配套性，保证产品能准时产出，按照订单上承诺的交货期将产品准时送到用户手中。

使用跟踪机制的作用在于对子订单的生产实施控制，保证对客户的服务质量。

（1）按优先级保证对客户的产品供应。子订单是订单的细化，只有保证子订单的准时完工才能保证订单的准时完工，这也就意味着对客户服务质量的保证。在一个企业中不同的子订单总是有着大量的相同或类似的零部件同时进行加工。在车间生产的复杂情况下，由于生产实际与生产计划的偏差，在制品未能按时到位的情况经常发生。在产品结构树中低层的零部件的缺件破坏了生产的成套性，必将导致高层零部件的生产计划无法执行，这是一个逐层向上的恶性循环。

较好的办法是将这种可能生产的混乱限制在优先级较低的子订单内，保证高优先级的子订单的生产成套性。在发生意外情况时，总是认为意外发生在低优先级别的子订单内，高优先级的子订单能够获得物资上的保证。在低优先级订单的优先级不断上升的情况下，总是优先保证高优先级的订单，必然能够保证对客户的服务质量。相反，在不能区分子订单的条件下无法实现这种办法。"拆东墙补西墙"式的生产调度，会导致在同一时间加工却在不同时间使用的零部件互相挤占，为后续生产造成隐患。

（2）保证在企业间集成化管理的条件下下游企业所需要的实时计划信息。对于本企业而言，这一要求就意味着使用精确实时的生产进度数据修正预订单项对应的每一个子订单的相关计划记录，保持生产计划的有效性。在没有相应的跟踪机制的情况下，同一个生产计划、同一批半成品都可能对应着多份订单，实际上无法度量具体订单的生产进度。可见，生产控制系统必须建立跟踪机制才能实现面向订单的数据搜集,生产计划系统才能够获得必要的信息以实现面向用户的实时计划修正。

练习与思考

1. 名词解释:生产计划;生产进度。
2. 供应链管理环境下的生产计划信息组织与决策过程具有哪些特征?
3. 简述供应链环境下生产系统的协调机制。

实训任务

解析三星独特的供应链模式

相关行业数据显示,2014 年第一季三星在中国智能手机市场占据 18%,排名第一。2013 年,三星共销售出高达 3.198 亿部智能手机,拿下 32.2% 的全球市场份额,份额同比增长 1.8%,稳坐智能手机领域的第一宝座。另外整个 2013 年智能手机出货量为 9.9 亿台,同比增长 41%。三星超越苹果,其供应链体系功不可没,实际上苹果供应链上留给供应商的利润空间其实并不多,而三星产业链是全球最为完善的产业链,连苹果的一些硬件也需要从三星旗下采购,凭借其强大的产业链,三星在市场上显得更为灵活,利润空间的伸缩范围也有所扩大。

下面我们一起来看看三星的供应链模式。

三星手机虽起于世界手机列强的夹缝之中,但仍凭其出色且富有创新性的供应链体系而占稳市场。韩国人的经验也许可以给中国同行一些启示。面对全球手机市场的激烈竞争,从 2004 年上半年开始,三星手机的竞争对手诺基亚使出了自己的最后一招,发动了大规模的价格攻势,使得其他厂商都明显感受到了压力,一向坚持高端的三星也迅速进行了大规模的降价,及时保住了市场份额,并且利润没有明显的下降。业内人士认为,这一切无不与其出色的供应链系统息息相关。

分析人士指出,三星一年生产和销售的手机占全球手机总量的比例正在逐年攀升,但是,细心的人们会发现,就其原材料采购量和生产成本控制技术而言,它的生产成本和原料成本都是最低的之一,并令人惊讶地维持了较高的利润率,这就意味着,三星并没有因同行的价格打压而受到挫折。

一、"三星模式"工业园

三星对供应链管理的重视可以追溯到其手机部成立伊始,当时,由于一些部件紧缺,三星无法及时供货,令网络运营商和其他客户大光其火,并且还错过了圣诞节促销的大好机会,损失惨重。这件事刺痛了三星的掌权者,此后相当长一段时间里,三星都把供应链管理作为重中之重,确保供应链的顺畅和强健。现在,三星强大的供应链管理能力,正因为其独特的"三星模式"而广为人知。

"三星模式"的思路成型于 2003 年,当时,正是全球电信市场的黄金季节,国际及国内手机市场需求旺盛,而此时也正是全球各大手机制造厂商们奋力一搏的时候,虽然三星已鼓足了劲,但老牌劲旅诺基亚、摩托罗拉与当时的爱立信、西门子等显然都十分抢眼,大家都铆足了力气扩大着自己的生产份额。

"市场情况简直好极了,我们每一款手机都在市场上畅销,记得当时最发愁的是生产供不应求,尤其是手机元器件的供应,那些配套供应商们总是不能满足我们的要求。"一位三星的员工这样形容当时的市场现状。

一部手机,用到的零配件有几千个,模块则有数百个,对于三星这样实现大规模批量生产的企业,一年要生产数千万部手机,所需零配件量之大可以想象。虽然当时的三星已经拥有众多全球优秀的原材料、零部件供应商,但在世界许多国家,却缺乏一家成规模的供应商,时常不得不从国外直接进口相关零部件。于是,三星产生了成立一个工业园,把遍布全球、相对分散的供应商聚集在这个园区周边的想法。

随后的一年中,三星模式的工业园分别在世界7个国家建立了起来,其中包括中国的北京。三星主动召集供应商和自己毗邻而居,把原来需要空运、海运等方式才能实现的原料和零部件的采购变得简易,节省了以前耗费很多的高端运输成本,库存成本几乎降至为零,从而能最高效地保证生产,提高自己的产能。一位三星的高层表示:"将你的库存转移到供应商那里并没有什么意义,因为你会发现他们库存的费用将体现在上涨的零部件价格上,但如果你能把整个产品链上的库存都减少,那就会非常有竞争力。"

二、与最优秀的合作

继"三星模式"工业园大规模建立后,2004年7月,三星又在中国东莞建立了自己的物流中心。并于3个月后正式投入运营,成为三星在中国一个极为重要的物流中心。"'三星模式'工业园是为整个工业园内的多家企业服务的,而东莞项目则是为三星一家企业服务。"三星手机部一位负责人如实说。

这个物流中心的运营管理,同样是由为"三星模式"工业园提供服务的跨国物流公司 Rugel 来实施。Rugel 和三星已合作多年,而且一直是三星在全球的物流服务提供商,Rugel 为三星提供全程服务,三星从物料采购,仓库管理到制成品分拨,全部由其一手操办,Rugel 的核心能力在于库存控制、分销及供应链管理。

据悉,最初,园区内客户选择 Rugel 作为"三星模式"项目的物流服务提供商是希望与其交流工业园运作理念,Rugel 继而将其在全球的类似操作中得到的最佳模式引入,包括在巴西为大众运作的供应链管理模式。

"三星模式"园区的最大特色在于超强的供应链快速反应能力。三星在接到订单后,立即组织生产,24小时内就要由物流中心发出成品。目前,在"三星模式"工业园已有超过26家三星配套供应厂商,围绕三星提供其所需的零配件,以保证及时生产、供货。为配合生产企业的需要,三星物流中心也实行7天24小时运作。

Rugel 使用目前世界最先进物流派送模式,由在园区内循环运转的电瓶拖车完成对所有园区企业的送货和收货手续,园区内货物的流转也将通过可循环使用的包装进行运送,这样可以减少车辆闲置费用、包装费用。为了实现全园"零"库存的目标,园内各相关企业之间都设有网络联线,以保证物流和信息流的即时连接和直接沟通,有的配套厂商甚至准备专门建造直接通向三星组装厂厂房的超大型传送带。据悉,在中国东莞三星的这个项目,供应商便可以直接把零配件自己送到生产线上,这样便可把车存压缩到最小。

三、做到处处监控

其实,"三星模式"工业园成功运作的关键在于有先进的信息系统作支撑。中央物流管理系 CSMS(The Central Services Management System)既是工业园的物流监管系统,也是中央管理平台,是支配园区内各项活动的"神经中枢",对工业园中的生产企业、物流中心等成员,通过先进的计算机网络有机地结合在一起,从而大大简化相关环节的交流程序,同时也带给园区企业更强的竞争力。

简单来讲,就是通过 CSMS,工业园变成了非保税区里的小保税区,整个工业园变成了一家"超级保税工厂",物流企业变成了企业的物流部,物流中心则成为保税仓库。当地政府、企业都从这一先进管理模式中获益匪浅。

一方面,对当地政府部门而言,通过 CSMS 平台,其可以随时登录到这个系统中,对工业园进行实时监督管理。这样实现了政府对企业的网络化管理,减少了政府对企业行为的介入,提高了政府的办事效率。对园区内企业来说,借助 CSMS,进出口业务从纸面报关变为网上报关,不需申请进出口手册,而生产计划登记、报关、清关等工作都可以在网上完成,办事手续从原来的 11 个减少到 6 个,大大提高了办事效率,降低了成本,而且,园区内企业实现了信息共享,整条供应链的可视性大大增强,总库存下降,供应链总体成本降低,竞争力提高。

另外,在信息系统的支持下,把所有的供应商经过供应链整合系统进行整合之后,把供应商全部都集成在一起,在统一品牌的领导下,采用自动补货系统,供应商可以直接地了解到他的货品目前在生产企业的库存,可随时跟据生产的情况进行补货,整个流程变得更加透明。

不过,在谈到如何保持最优库存水平时,三星手机部那位负责人强调说:"对库存来说,我们的目标是越低越好,但是也要保持一个合理的水平,三星全球的目标都是要尽力降低库存,为了能够保证市场的需要。我们会和供应商共同确定一个合理的库存水平,特别是对一些突发性的订单,保持一定的库存水平,才能保证生产的顺利进行。供应商可以通过这个物流中心看到原材料,配件的库存。"

据了解,三星东莞物流中心在"三星模式"工业园不足的基础上又进行了一些改进,比如除了流程更加顺畅了之外,还进行成本的进一步优化,在物流中心里面温度控制要求要在正负22 摄氏度之间,一年光电费就要一千多万元人民币,后来设计方便把整个物流中心分为两个仓,把那些需要恒温的电子产品和不需要恒温的电子板、包装物等物料分开储存,做到了科学、合理的成本控制。

四、尝试直供模式

因为有了先进供应链管理思想下的成本控制,三星近年才能在全球手机市场上逐渐占稳脚跟。现在,除了发挥其传统的多层次、多渠道的分销体系的优势之外,三星更多地采用为零售终端直供产品来获取利润率。

与分销模式相比,厂家直接供货给连锁渠道的直供模式在销售渠道上更加扁平,中间环节更少,但对于厂商的推广能力和售后水平要求更高。通过直供模式,厂商可以把自身对渠道的控制力直接延伸到销售终端,从而在一定程度上摆脱对代理商的依赖。

资料来源:解析三星独特的供应链模式[EB/OL].(2014-08-07).http://www.soo56.com/article/921.html.

1. **思考和训练**

(1)通过上述案例说明三星供应链管理是如何成功的?

(2)你对三星供应链的运营还有哪些好的建议?

2. **技能训练**

以小组为单位,分析生产制造业供应链的优点与缺点,然后在老师的指导下给出生产制造业供应链改进的相关建议,并且与其他小组成员进行交流。

项目 9　供应链成本管理

教学目标

1. 知识目标

(1)理解成本控制在供应链管理中的作用。

(2)掌握供应链管理中常用的几种成本管理与控制的策略与方法。

2. 技能目标

(1)分析供应链管理中成本控制存在的问题。

(2)运用成本管理与控制的基本策略与方法。

案例导入

马士基:中国物流成本占 GDP 的 18% 高于发达国家

　　航运巨头马士基集团于 2014 年 5 月 28 日发布的《马士基集团在中国影响力报告》显示,尽管中国的集装箱航运连接度已经达到世界领先的水平,但面临的挑战是物流成本仍高昂,总物流成本占中国国内生产总值的 18%,这一数据不仅高于众多发达国家,也高于亚太和南美国家的平均值。

　　报告指出,在发达国家,物流成本平均占成品最终成本的 10%～15%,在发展中国家,各种低效现象导致物流成本显著增高,占成品成本的 15%～25%,甚至更高,而对中国的制造商而言,物流成本可高达生产成本的 30%～40%。

　　根据马士基的统计数据,自 2007 年以来,物流成本在国内生产总值中所占份额仅从 18.4% 降至 17.8%,而物流成本高带来的问题是产品价格更加昂贵,这不但会削弱中国的竞争力,而且日用消费品价格上涨,也导致中国人民生活成本的提高。

　　报告分析,中国物流成本高企的一大原因是行业过于分散,缺乏统一管理。对自身缺少物流管理部门的公司而言,在全国运送货物相当缓慢,通常需要成千上万的低利润运营商间转来转去,这样不仅难以追踪货运,还会给盗窃、破损或疏忽等提供可乘之机,造成浪费。此外,第三方物流的市场渗透率低、物流服务的外包率低也是导致中国物流成本高企的主要原因。

　　不过,马士基认为,市场渗透率低,也意味着未来的潜力巨大。报告预计,未来十年,中国的物流市场将以 12%～16% 的幅度增长,至 2016 年,达 1820 亿美元,进而成为全球最大的第三方物流市场。

　　为此,除了 DHL 等快递巨头在向第三方物流开拓,传统的航运巨头马士基,也在加大在第三方物流领域的投入和扩张,公司旗下的丹马士通过近年来的一系列收购,成为提供一体化规模服务的第三方物流公司,客户主要包括时装、运动、时尚、科技及化学等行业的全球零售商及其他大型跨国公司。

　　丹马士北亚区供应链管理产品总监顾青告诉记者,近年来马士基在物流领域的布局区域,中国等新兴市场国家多于发展中国家，北亚区的收入占全球的收入也超过了五成，今年，公司将加大在北亚区的拓展，计划在北亚区成立八个新的分公司及办事处，其中三个在中国。

资料来源：陈姗姗. 马士基：中国物流成本占比高昂［EB/OL］.（2014 - 05 - 29）. http://finance. ifeng. com/a/20140529/12434117_0. shtml.

案例分析

目前物流业主要存在这几方面问题：经过多级批发、多级零售，每一个环节均至少加价5％～10％，这些最终都会转嫁到零售价格中；物流效率偏低，专业化物流供给能力不足，电子商务企业自建物流的现象较为普遍，但在物流车辆空载率较高的情况下，资源浪费相当惊人；物流属于劳动密集型行业，企业负担较重；城市建设与发展物流之间的矛盾突出，有些大城市限制货车进城，物流成本增加。

如何使物流成本降下来？有专家建议构建公路物流网络化运营体系。"建设'公路港'物流平台，通过实体平台与信息平台的联动，打通上游货源信息、中游物流服务信息和下游车源信息的物流价值链，实现车、货信息快速高效匹配，从而大大提升传统公路物流运营效率。"

"应该借电子商务发展之机，大力发展物流体系基础设施建设，建立电商物流流通体系，既可培育网购新的消费增长点、扩大内需，又可平抑物价，提高民众生活水平。"应积极发展现代化的物流手段，提升行业数据运用和信息系统管理水平。大力发展社会化物流，鼓励具有汇聚效应的电子商务平台开展物流业务，提高资源利用率。

思考·讨论·训练

（1）供应链成本由哪些部分构成？
（2）如何有效降低供应链成本？

知识链接

供应链的优化整合对成本的优化作用已经被更多的企业所接受。但目前中国的供应链研究多数仍处于定性的范畴，并没有提供更多可供运用的模式。但是作为一个原则，无论是供应链的选择和构筑，供应链流程的整合，还是供应链信息共享化的建立，都首先要建立在需求分析的前提之下。成本优化的观念应该摆脱传统意义上的采购价格降低和费用降低的层面，积极探索提高供应链整体性价比，从而提高具体竞争力的成本优化。中国企业正处于成本不断提高，而销售价格不断下滑的相对困难时期。越是如此就更应该摆脱以往规模经济和相对廉价劳动力所带来的成本考核的思维定势，以供应链的角度分析成本和价值的关系，使得企业获得新的突破。

一、供应链成本管理认知

（一）供应链成本管理的背景

进入 21 世纪，竞争日益加剧，降价现象也许不是普遍趋势，但有一点是毫无疑问的，现在的市场比十年前面临着更激烈的价格竞争。在许多西方国家，商业街和购物城都在持续降价，不仅如此，包括上游的供货商，原材料和工业产品也都在降价。全球竞争加剧已经使得价格达到有史以来的最低点，形成目前这种市场环境的因素主要有以下几方面：

第一,国外竞争者涌入市场,参与竞争,而他们的生产成本比较低。作为主要生产商中国的迅速崛起就是一个很好的例子。

第二,贸易壁垒的撤除,市场自由度的增加都使得新的竞争者更加易于进入市场,这一现象使得许多行业的企业过剩,导致供给过剩,增加了降价的压力。

第三,Internet 技术的应用使得价格信息的对比十分便捷。Internet 技术同时使得拍卖和交易在整个行业范围内进行,这也助长了降价的趋势。

第四,顾客和消费者越来越看重产品的价值。曾经一度,品牌和供应商具有一定的价格号召力,因为当时市场认为不可能以较低的价格生产出高质量的产品。

为了缓解不断的降价压力,保证一定的利润水平,企业必须寻求降低成本的方法,以度过降价的危机。由于企业已经实施了许多降低成本的方法与策略,所以想寻找到新的成本降低方法将是一个很大的挑战。我们认为,降低成本最后的机会就存在于供应链而非企业自身的运作中。因此,加强供应链成本管理,降低包括物流成本在内的供应链总成本已经成为企业提高效益的重要途径。

在市场全球化和外包策略被广泛用来提升企业核心竞争能力的今天,许多企业都选择了以供应链作为获取竞争优势所必须采取的战略步骤。利益由成本驱动并产生,供应链成本将成为这些企业之间优势差异的新的突破潜力,由其产生的有效性不仅能导致更好的消费者价值实现,而且将大大消除企业一体化快速反应过程中的资源浪费。当前,供应链管理中面临的诸如对客户价值方面的担忧、风险分担与利益共享、忠诚与信用等问题都可以通过供应链成本的有效实施加以解决。

根据国际著名咨询公司 Mercer 管理顾问公司的报告,有近一半接受调查的公司经理将供应链成本管理作为公司的 10 项大事之首。美国 Kearney 咨询公司同时指出,供应链可以耗费整个公司高达 25% 的运营成本,而对于一个利润率仅为 3%～4% 的企业而言,哪怕降低 5% 的供应链成本,也足以使企业的利润翻番,由此可见其影响程度非同一般。可以说,把握住供应链成本就是把握了真正的核心竞争能力。

(二)基本概念

1. 供应链成本

供应链成本是指供应链在全运作流程和周期内的成本,主要包括物料成本、劳动成本、运输成本、设备成本和其他变动成本等。

2. 供应链成本管理

供应链成本管理包括企业在采购、生产、销售过程中为支撑供应链运转所发生的一切物料成本、劳动成本、运输成本、设备成本等。供应链成本管理可以说是以成本为手段的供应链管理方法,也是有效管理供应链的一种新思路。供应链成本管理是一种跨企业的成本管理,其视野超越了企业内部,而是将成本的含义延伸到了整个供应链上企业的作业成本和企业之间的交易成本,其目标是优化、降低整个供应链上的总成本。

(三)供应链成本管理的目标

供应链成本管理的总体目标是为企业的整体经营目标服务,包括为企业内外相关利益者提供所需的各种成本信息以供其决策和控制。该种管理方法的最终目标就是通过加强供应链上各节点企业之间的合作与配合,降低最终产品的成本。供应链成本管理的具体目标可以总结为以下几方面：

（1）为消费者提供质量更高的产品以及更完善的服务。传统的成本管理并不在乎消费者的意思，而是以追求较低的成本为目标。消费者在进行消费时根本就没有选择的余地。而供应链成本管理是以消费者的意愿为导向，制造企业会根据消费者的需求来安排生产。这种方法力争将提供高质量的产品和完善的售后服务两个方面同时实现。

（2）供应链成本管理的目标就是通过管理供应链上的所有活动，降低供应链上所有企业的成本，这样就可以提高整个供应链的核心竞争力。为了实现供应链成本的有效管理，企业必须将供应链上下游企业作为一个整体来控制和管理。为了整体能够达到最大效益，要努力配合及协调供应链上其他企业的工作，在自己发挥优势的同时，使它们也能够充分发挥其优势。

（四）供应链成本的影响因素

1. 缺乏透明度

供应链成本一般都必须满足财务报告的需要，因此通常许多细节都没有被清晰地描述。在供应链环节中，成本涉及许多企业，这些企业都采用相同的会计法则，但对于降低成本却有着各自不同的要求。

相应的，有些公司投入大量的时间和金钱于基于事件计算成本（ABC）的软件。这造成对事件成本跟踪的程序复杂化，因为每一项任务的成本都需要在日常报表中体现，这就导致不能突出有助于改进流程的主要事件。尽管如此，ABC 法仍然是值得推崇的。执行 ABC 法则应当是流程分析和企业进行投资及股利分配政策等用于内部协同决策的一个重要环节。然而，偶然性的分析对于挖掘供应链成本是远远不够的，CIO 们必须进行持续性的分析。

对于这一方法的阻碍首先来自于交易中的用户，他们认为采用 ABC 法收集成本太浪费时间。令人惊讶的是，CFO 对这一方法也持反对态度，他们认为旧的财务报告已经足够作出判断。事实上，不采用 ABC 法根本无法实现透明化，而 IT 将由于没有表现出相应的作用而成为遭受谴责的对象。

2. 多变性

对于多变性问题，通常的方法是通过 IT 方案提高供应链的可视化。几乎所有的 ERP、供应链、运输和仓库管理系统等都声称具有可视化的功能，但仅仅是提供了对结果的可视化——症状而非原因。

导致多变性的根本原因主要有两种，一是流程中固有的，二是管理行为导致的。前者可以通过工艺学解决，例如以流程的数字化为基础的六西格玛技术，通用电气和霍尼韦尔等公司都是采用这一方法。其他的方法包括采用更可靠的机械工具、流程控制、员工培训等。概括地说，有效的方法就是采用全方位的流程分析。由于工作的艰巨性，企业通常寻求 IT 解决方案。

管理行为导致的变化更是难以控制。例如，许多企业在最后一个季度想方设法增加财务报表上的财政收入。这导致供应链的扭曲，不能反映真实状况。正常的计划和安排都被打乱。

这种类似"曲棍球杆"的行为非常普遍，但这都不是 IT 可以解决的。这需要对管理理念的改变。作为执行团队的一员，当与多变性相关的技术方案被提出之后，CIO 有权力指引团队成员对一些问题引起重视。必须指出的是变化所导致的费用和技术风险问题。日本的丰田公司通过采用 JIT 等工具克服了这些不确定因素。管理中另一误区是对预测的过分信任。由于供应链设计的缺陷导致周期的延长。解决这一问题的方案是在供应链设计方面努力，而不是对预测工具进行投资。

3. 产品设计

产品设计对供应链成本起到相当重要的作用。设计不合理的产品将会大大增加供应链的复杂程度——同时必须具备一个更为精细复杂的系统用于跟踪。产品设计的不合理还会导致产品的多余和更多的不确定因素：使用不需要的零部件，生产的难度和装配的难度都大大增加，存在缺陷的产品由此也大为增加，导致复杂的退货流程。解决这一问题的方案是采用好的应用软件用于产品开发，而且必须强调的是，在新技术应用之前就采用。

4. 信息共享

从合作而非技术和挑战的角度说服供应链伙伴共享信息：你和你的供应链伙伴合作的次数和程度如何？联系是否广泛——是否延伸到买方和卖方以外的其他角色？传统的过于狭窄的供应链将会对未来的信息共享造成阻碍。

供应链信息共享，或者说是供应链协同正在快速发展：共享将逐步建立双方良好的合作关系。通常这是一种从上而下的程序，如从 CEO 和 CTO 之间开始。这里要说的是，一些较低技术层面的解决方案往往比那些较高层次的方案具有更为重要的意义。较好的方法是联合进行产品开发，共享预测和实际销售数据，并且致力于降低整个供应链的成本。

例如，假设需要你的供应商将 EDI 用于处理日常事务，供应商需要对此进行大规模的投资，比较经济、先进的技术是通过 Internet 实现，目前你的企业采用的是 EDI 方式，你会转而发展基于 Internet 的方案吗？你会将你的决定和供应商共享吗？对于你和你的供应商、投资回报率如何呢？他们是否会采用一项新的技术，如 RFID，如果你对他们提出这方面的要求？这些问题的答案不仅是通过技术可以解决的，更是涉及双方在供应链中的关系和信任程度。

(五)供应链成本管理的基础理论

供应链成本管理虽然是 20 世纪 90 年代提出的一种新的成本管理模式，但追求其理论渊源，与前人关于成本管理的各种研究理论是分不开的。供应链成本管理理论基础主要包括价值链理论、委托代理理论、交易成本理论和组织间成本管理理论等。

1. 价值链理论

价值链概念由迈克尔·波特于 1985 年在其《竞争优势》一书中首先提出，倡导运用价值链进行战略规划和管理，以帮助企业获取并维持竞争优势。价值链分析思想认为，每一个企业所从事的在经济上和技术上有明确界限的各项活动都是价值活动，这些相互联系的价值活动共同作用为企业创造价值，从而形成企业的价值链。比如，每一种产品从最初的原材料投入至到达最终消费者手中，要经历无数个相互联系的作业环节——作业链。这种作业链既是一种产品的生产过程，也是价值创造和增值的过程，从而形成竞争战略上的价值链。

价值链分为三种：企业内部价值链、行业价值链和竞争对手价值链。企业内部在运作过程中可以分解为多个单元价值链，每个单元价值链既会产生价值，也会消耗成本。某一个价值链单元是否创造价值，关键是看它是否提供了后续价值链单元的所需，是否降低了后续价值链单元的成本。同时，任何一个企业均处于某行业价值链的某一段，价值链的上游是它的原材料或产品的供应商，下游是其分销商或最终顾客。这种价值链的相互联系成为降低价值链单元的成本及最终成本的重要因素，而价值链中各个环节的成本降低则是企业竞争优势的来源。价值链分析对于成本管理理论的最大贡献就在于它拓展了成本管理的视角，将成本管理的重心延伸到了组织边界，不只是局限于企业内部，而是包括了价值链伙伴。

供应链描述了一种联盟结构,采购企业联盟—生产企业联盟—销售企业联盟,这是一种增值能力更强的价值链。

2. 委托代理理论

委托代理理论的核心是解决在利益相冲突和信息不对称情况下,委托人对代理人的激励问题,即代理问题,包括提高代理效果和降低代理成本。从广义上说,存在合作的地方就存在委托代理关系,而供应链成本管理强调的就是关系管理,也就是合作与协调,因此委托代理理论为其提供了分析的理论基础和方法框架。

根据委托代理理论来分析处于供应链中的企业,处于上游的企业所扮演的是代理方的角色,而下游企业是委托方角色。存在委托代理关系就必然要发生代理成本,包括激励成本、协调成本和代理人问题成本等。供应链成本管理中就需要对这些成本进行分析,以期降低代理成本,优化代理效果,使链条间企业的关系成本最低的同时达到良好的合作效果。

3. 交易成本理论

交易成本,又称交易费用,最早由罗纳德·哈里·科斯在研究企业性质时提出,是指交易过程中产生的成本。交易成本包括"发现相对价格的工作"、谈判、签约、激励、监督履约等的费用。毫无疑问,利用外部资源将带来大量的交易成本。这就需要一种"围绕核心企业,通过信息流、物流、资金流的控制,从采购原材料开始,制成中间产品以及最终产品,最后由销售网络把产品送到消费者手中的,将供应商、分销商、零销商,直到最终用户连成一个整体的功能性网链结构模式",这就是供应链。

根据交易成本理论对供应链成本进行分析,可以发现供应链企业之间的交易成本大致包括:①寻找价格的费用;②识别产品部件的信息费用;③考核费用;④贡献测度费用。

另外,供应链企业之间的长期合作建立在利益共享的基础上,利益共享的一个重要依据是各企业在供应链整体运作中的贡献。由于分解和考核各企业的贡献是困难的,这时会存在索取价格超过应得价格的情况,以至于代理人的仲裁必不可少,这也是供应链交易成本的内容之一。因此,为了降低整个供应链的交易成本,企业之间应该建立紧密的合作伙伴关系,彼此信任,通过信息网络技术实现信息共享。

4. 组织间成本管理理论

组织间成本管理(interorganizational cost management,ICM)是对供应链中有合作关系的相关企业进行的一种成本管理方法。目标是通过共同的努力来降低成本。为了完成这个目标,所有参与的企业应该认同这个观点:"我们同坐一条船",并且要鼓励他们增加整个供应链的效率而不是他们自身的效率。如果整个供应链变得更加效率,那么他们分得的利润也就更多。因此,组织间成本管理是一种增加整个供应链利润的方法。由于它在很大程度上依赖于协调,所以它只适用于精细型供应链,因为在精细型供应链中,买卖双方互相影响,信息共享程度也很高。为了使组织间成本管理行之有效,任何改进措施取得的超额利润应该让所有参与的企业共享。这种共享可以刺激到所有参与企业可以更好地共同合作。在供应链中,企业可以有三种途径来应用组织间成本管理以协调降低成本的活动。

第一,它可以帮助企业、它的顾客和它的供应商寻求到新的方法来设计产品,以使得它可以在较低的成本下生产产品。

第二,它可以帮助企业和它的供应商寻求方法在生产的过程中更进一步地降低产品成本。

第三,它可以帮助企业寻求方法使得企业间的交接得更有效率。

当然,供应链成本管理理论基础除了上述的理论之外,还包括博弈论、约束理论、生命周期成本理论等。

二、供应链成本控制的方法

(一)目标成本法(target costing)

1.目标成本法的含义

目标成本法是日本制造业创立的成本管理方法。目标成本法以给定的竞争价格为基础决定产品的成本,以保证实现预期的利润,即首先确定客户会为产品/服务付多少钱,然后再回过头来设计能够产生期望利润水平的产品/服务和运营流程。

目标成本法使成本管理模式从"客户收入=成本价格+平均利润贡献"转变到"客户收入-目标利润贡献=目标成本"。在日本,目标成本计算与准时生产系统密切相关,它包括成本企划和成本改善两个阶段。

目标成本法是一种以市场导向(market-driven)对有独立的制造过程的产品进行利润计划和成本管理的方法。目标成本法的目的是在产品生命周期的研发及设计阶段设计好产品的成本,而不是试图在制造过程降低成本。

2.目标成本法的实施程序

(1)以市场为导向设定目标成本。

根据新品计划和目标售价编制新品开发提案。一般新品上市前就要正式开始目标成本规划,每种新品设一名负责产品开发的经理,以产品开发经理为中心,对产品计划构想加以推敲。编制新品开发提案,内容包括新品样式规格、开发计划、目标售价及预计销量等。

其中,目标售价及预计销量是与业务部门充分讨论(考虑市场变化趋势、竞争产品情况、新品所增加新机能的价值等)后加以确定的。开发提案经高级主管所组成的产品规划委员会核准后,即进入制定目标成本阶段。

采用超部门团队方式,利用价值工程寻求最佳产品设计组合。进入开发设计阶段,为实现产品规划的目标,以产品开发经理为中心,结合各部门一些人员加入,组成跨职能的成本规划委员会,成员包括来自设计、生产技术、采购、业务、管理、会计等部门的人员,是一个超越职能领域的横向组织,开展具体的成本规划活动,共同合作以达到目标。成本规划活动目标分解到各设计部后,各设计部就可以从事产品价值和价值工程分析。根据产品规划书,设计出产品原型。结合原型,把成本降低的目标分解到各个产品构件上。在分析各构件是否能满足性能的基础上,运用价值工程降低成本。如果成本的降低能够达到目标成本的要求,就可以转入基本设计阶段,否则还需要运用价值工程重新加以调整,以达到要求。

进入基本设计阶段,运用同样的方法,挤压成本,转入详细设计,最后进入工序设计。在工序设计阶段,成本降低额达到后,挤压成本暂时告一段落,可以转入试生产。试生产阶段是对前期成本规划与管理工作的分析与评价,致力于解决可能存在的潜在问题。一旦在试生产阶段发现产品成本超过目标成本要求,就得重新返回设计阶段,运用价值工程进行再次改进。只有在目标成本达到的前提下,才能进入最后的生产。

(2)在设计阶段实现目标成本,计算成本差距。

目标成本与公司目前相关估计产品成本(即在现有技术条件下,不积极从事降低成本活动下产生的成本)相比较,可以确定成本差距。由于新品开发往往很多都是借用件,并非全部零部件都会变更,通常变更需要重估的只是一部分,所以目前相关产品成本可以用现有产品加减其变更部分成本差额算出。目标成本与估计成本的差额为成本差距(成本规划目标),它是需要通过设计活动降低的成本目标值。

(3)在生产阶段运用持续改善成本法以达到设定的目标成本。

新品进入生产阶段三个月后,检查目标成本的实际达成情况,进行成本规划实绩的评估,确认责任归属,以评价目标成本规划活动的成果。至此,新品目标成本规划活动正式告一段落。进入生产阶段,成本管理即转向成本维持和持续改善,使之能够对成本对象耗费企业资源的状况更适当地加以计量和核算,使目标成本处于正常控制状态。

3. 目标成本法的原理

为了更有效地实现供应链管理的目标,使客户需求得到最大程度的满足,成本管理应从战略的高度分析,与战略目标相结合,使成本管理与企业经营管理全过程的资源消耗和资源配置协调起来,因而产生了适应供应链管理的目标成本法。

目标成本法是一种全过程、全方位、全人员的成本管理方法。全过程是指供应链产品生产到售后服务的一切活动,包括供应商、制造商、分销商在内的各个环节;全方位是指从生产过程管理到后勤保障、质量控制、企业战略、员工培训、财务监督等企业内部各职能部门各方面的工作以及企业竞争环境的评估、内外部价值链、供应链管理、知识管理等;全人员是指从高层经理人员到中层管理人员、基层服务人员、一线生产员工。目标成本法在作业成本法的基础上来考察作业的效率、人员的业绩、产品的成本,弄清楚每一项资源的来龙去脉,每一项作业对整体目标的贡献。总之,传统成本法局限于事后的成本反映,而没有对成本形成的全过程进行监控;作业成本法局限于对现有作业的成本监控,没有将供应链的作业环节与客户的需求紧密结合;而目标成本法则保证供应链成员企业的产品以特定的功能、成本及质量生产,然后以特定的价格销售,并获得令人满意的利润。

目标成本法是由三大环节形成的一个紧密联系的闭环成本管理体系:①确定目标,层层分解;②实施目标,监控考绩;③评定目标,奖惩兑现。

与传统成本管理方法的明显差异在于,目标成本法不是局限于供应链企业内部来计算成本。因此,它需要更多的信息,如企业的竞争战略、产品战略以及供应链战略。一旦有了这些信息,企业就可以从产品开发、设计阶段到制造阶段,以及整个供应链物流的各环节进行成本管理。在目标成本法引用的早期,通常企业首先通过市场调查来收集信息,了解客户愿意为这种产品所支付的价格,以及期望的功能、质量,同时还应掌握竞争对手所能提供的产品状况。公司根据市场调查得到的价格,扣除所需要得到的利润以及为继续开发产品所需的研究经费,这样计算出来的结果就是产品在制造、分销和产品加工处理过程中所允许的最大成本,即目标成本,用公式表示是:

$$产品目标成本 = 售价 - 利润$$

一旦建立了目标成本,供应链企业就应想方设法来实现目标成本。为此,要应用价值工程等方法,重新设计产品及其制造工艺与分销物流服务体系。一旦供应链企业寻找到在目标成本点满足客户需求的方法,或者企业产品被淘汰以后,目标成本法的工作流程也就宣告结束。

目标成本法将客户需求置于供应链企业制定和实施产品战略的中心地位,将满足和超越在产品品质、功能和价格等方面的客户需求作为实现和保持产品竞争优势的关键。

4. 目标成本法的三种形式

供应链成员企业间的合作关系不同,所选择的目标成本法也不一样。一般说来,目标成本法主要有三种形式,即基于价格的目标成本法、基于价值的目标成本法、基于作业成本管理的目标成本法。

(1)基于价格的目标成本法。

这种方法最适用于契约型供应链关系,而且供应链客户的需求相对稳定。在这种情况下,供应链企业所提供的产品或服务变化较少,也就很少引入新产品。目标成本法的主要任务就是在获取准确的市场信息的基础上,明确产品的市场接受价格和所能得到的利润,并且为供应链成员的利益分配提供较为合理的方案。

在基于价格的目标成本法的实施过程中,供应链成员企业之间达成利益水平和分配时间的一致是最具成效和最关键的步骤:应该使所有的供应链成员都获得利益,但利益总和不得超过最大许可的产品成本;而且,达成的价格应能充分保障供应链成员企业的长期利益和可持续发展。

(2)基于价值的目标成本法。

通常,市场需求变化较快,需要供应链有相当的柔性和灵活性,特别是在交易型供应链关系的情况下,往往采用这种方法。为了满足客户的需要,要求供应链企业向市场提供具有差异性的高价值的产品,这些产品的生命周期也多半不长,这就增大了供应链运作的风险。因此,必须重构供应链,以使其供应链成员企业的核心能力与客户的现实需求完全匹配。有效地实施基于价值的目标成本法,通过对客户需求的快速反应,能够实质性地增强供应链的整体竞争能力。然而,为了实现供应链成员企业冲突的最小化以及减少参与供应链合作的阻力,链上成员企业必须始终保持公平的合作关系。

基于价值的目标成本法以所能实现的价值为导向,进行目标成本管理,即按照供应链上各种作业活动创造价值的比例分摊目标成本。这种按比例分摊的成本成为支付给供应链成员企业的价格。一旦确定了供应链作业活动的价格或成本,就可以运用这种目标成本法来识别能够在许可成本水平完成供应链作业活动的成员企业,并由最有能力完成作业活动的成员企业构建供应链,共同运作,直到客户需求发生进一步的变化需要重构供应链为止。

许多供应链成员企业发现它们始终处于客户需求不断变化的环境中,变换供应链成员的成本非常高。要使供应链存续与发展,成员企业必须找到满足总在变化的客户需求的方法。在这样的环境条件下,基于价值的目标成本法仍可按照价值比例分摊法在供应链作业活动间分配成本。但是,供应链成员企业必须共同参与重构活动,以保证每个成员的价值贡献正好与许可的目标成本相一致。

(3)基于作业成本管理的目标成本法。

这种方法适用于紧密型或一体化型供应链关系,要求供应链客户的需求是一致的、稳定的和已知的,通过协同安排实现供应链关系的长期稳定。为有效运用这种方法,要求供应链能够控制和减少总成本,并使得成员企业都能由此而获益。因此,供应链成员企业必须尽最大的努力以建立跨企业的供应链作业成本模型,并通过对整体供应链的作业分析,找出其中不增值部分,进而从供应链作业成本模型中扣除不增值作业,以设计联合改善成本管理的作业方案,实现供应链总成本的合理化。

目标成本法的作用在于激发和整合成员企业的努力,以连续提升供应链的成本竞争力。

因此,基于作业成本管理的目标成本法实质上是以成本加成定价法的方式运作,供应链成员企业之间的价格由去除浪费后的完成供应链作业活动的成本加市场利润构成。这种定价方法促使供应链成员企业剔除基于自身利益的无效作业活动。诚然,供应链成员企业通过"利益共享"获得的利益必须足以使它们致力于供应链关系的完善与发展,而不为优化局部成本的力量所左右。

(二)ABC 成本法(activity based costing)

1. ABC 成本法的含义

ABC 成本法又称作业成本分析法、作业成本计算法、作业成本核算法,是基于活动的成本核算系统。

作业成本法以作业为成本核算对象,基于这样的理念:作业消耗资源,产品和服务耗费作业。其目标是将成本动因引起的资源消耗更合理地分配到产品或服务中去。企业可以通过作业成本法识别出那些与最终顾客的效用无关的作业,并通过减少或完全剔除这类无增值作业来降低成本,这样企业就可以更好地对市场需求作出反应并增强自身的竞争力。

供应链成本主要包括企业内部发生的直接成本、间接成本以及企业间的交易成本。因此,供应链作业成本法应该站在供应链的视角上,以作业和交易为基础分析间接费用来优化产品或服务的总成本。企业内部的间接成本以作业为成本动因进行分析,而企业间的间接成本(交易成本)就需要以企业间发生的各种交易行为,如谈判、买卖等,为基础进行分析。

作业成本法引入了许多新概念,图9-1显示了作业成本计算中各概念之间的关系。资源按资源动因分配到作业或作业中心,作业成本按作业动因分配到产品。分配到作业的资源构成该作业的成本要素(图中的黑点),多个成本要素构成作业成本池(中间的小方框),多个作业构成作业中心(中间的椭圆)。成本动因包括资源动因和作业动因,分别是将资源和作业成本进行分配的依据。

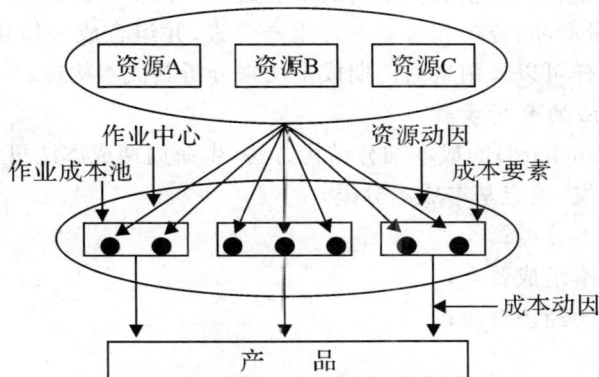

图 9-1　作业成本计算各概念之间的关系

2. ABC 成本法的过程

(1)定义业务和成本核算对象(通常是产品,有时也可能是顾客、产品市场等)。这一过程很耗时间。如果两种产品满足的是顾客的同一种需求,那么在定义业务时,选择顾客要比选择单个产品更为恰当。

(2)确定每种业务的成本动因(即成本的决定因素,如订单的数量)。

(3)将成本分配给每一成本核算对象,对各对象的成本和价格进行比较,从而确定其盈利能力的高低。

3. ABC 成本法的实施步骤

(1)设定作业成本法实施的目标、范围,组成实施小组;

(2)了解企业的运作流程,收集相关信息;

(3)建立企业的作业成本核算模型;

(4)选择/开发作业成本实施工具系统;

(5)作业成本运行;

(6)分析解释作业成本运行结果;

(7)采取行动。

企业是一个变化的实体,在作业成本正常运行后,还需要对作业成本核算模型进行维护,以使其能够反映企业的发展变化。伴随企业的运行,作业成本的运行、解释和行动是一个循环的过程。

(三)生命周期成本法(life cycle costing,LCC)

1. 生命周期成本法的含义

生命周期成本是指产品在整个生命周期中所有支出费用的总和,包括原料的获取、产品的使用费用等,即是指企业生产成本与用户使用成本之和。

生命周期成本法源于 20 世纪 60 年代美国国防部对军工产品的成本计算。随着价值工程、成本企划等先进管理模式的诞生,生命周期成本法在成本管理中越来越多地被运用,它可以满足企业定价决策、新产品开发决策、战略成本管理、业绩评价等的需要。

生命周期成本法是一种计算发生在生命周期内的全部成本的方法,通常被理解为产品生产周期成本法,以此来量化产品生命周期内的所有成本。值得一提的是,企业生产体系设计的中心环节是系统地衡量产品、资产和劳动力等生产要素,并组合成一体化的功能单元。因此,对于资产和劳动力,同样可以采用生命周期成本法来分析其成本构成。

2. 生命周期成本法的分析步骤

按照布兰查德(Blanchard)的成本细分结构方法,生命周期成本法可以按以下步骤分析:

(1)从生产特点出发,确定基本成本分类;

(2)细分基本的成本分类;

(3)定义和量化成本组成要素;

(4)估计生产体系的经济寿命;

(5)加总成本。

简单地说,生命周期成本法的关键就是确定生命周期和成本分类。

3. 生命周期成本法的具体应用

(1)产品生命周期成本法。

产品生命周期成本法在成本企划、价值工程乃至成本工程中得到了很好的运用。例如,价值工程的核心就是以最低的成本来可靠地实现产品或服务的必要功能。这里所说的成本特指产品生命周期成本,包括产品从设计到淘汰整个生命周期的成本。通俗地讲,产品生命周期成本法的计算内容涉及产品生产前、生产中、生产后三个阶段。

具体来说,产品生命周期会历经三个阶段:生产—使用—报废。从生产者的角度看,一个产品经历研究与开发、设计、试制、小批量生产、大批量生产直到停止生产的整个过程,这个过程可称为产品生命周期过程。从顾客的角度看,自产品购入经过使用直至报废的过程,是产品的使用和报废期,也是生产者售后服务的过程。

以产品生命周期跨度为基础,按照成本细分结构模式,产品生命周期成本的结构划分如下:

①生产者成本。生产者成本包括研究开发成本、制造成本和营销成本。研究开发成本是企业研究开发新产品、新技术、新工艺所发生的产品设计费、工艺规程制定费、原材料和半成品试验费等。产品研制的结果具有不确定性,其开发设计成本能否得到补偿不易确定,所以在会计上将其在当期列为支出是合乎情理的,但在成本管理中必须对其进行单独归集以供有关决策之用。制造成本是产品在制造过程中发生的料、工、费等成本。营销成本是为推销产品和提高顾客满意度而发生的成本。

②消费者成本。消费者成本是从顾客的角度来确认产品进入消费领域后发生的各种成本,包括产品的运行成本、维修成本和养护成本等。

③社会责任成本。社会责任成本是立足于产品生命周期终了时的成本。企业必须对产品生命周期终了时的废弃处置成本进行确认和分配,以保证产品在使用期满后得到适当的处置。例如,德国要求在其境内销售产品的公司回收其包装物。这种做法把处置产品和元件的成本转移到生产商身上,扩大了成本计量的会计主体范围和会计期间,对于实现整体的竞争优势具有重要意义。

(2)资产生命周期成本法。

资产生命周期成本法以项目投资为对象,从时间价值的角度拓展生命周期成本法的应用。在资产投资决策中,不能简单地选择初始购买成本最低的方案,而应该从资产获得直到最终报废整个生命周期的角度来进行投资决策。因此,以生命周期的长期观点来进行投资决策,资产生命周期成本法就应该从时间价值的角度全面分析其成本构成要素,以便将生命周期不同时期内的成本还原到项目投资的源头,为投资决策服务。

从时间价值的角度分析资产生命周期成本,不仅要考虑不同时期成本的构成和周期的跨度,还要考虑折现。决策者首要先要确定所有的未来成本和效益,并通过折现方法将其还原为现值,这样才能评价投资项目的经济价值。所以,在资产生命周期成本法下应确定周期成本、周期跨度和贴现率。资产生命周期成本划分如下:

①初始投资成本。初始投资成本包括购买成本、融资成本、其他成本。购买成本是对土地、厂房、设备等的估价,该成本可以根据供应商的报价确定。融资成本是指为筹集资金所发生的成本。其他成本主要有机器设备的安装成本和操作人员的培训成本。

②运行维护成本。运行维护成本的控制对于整个资产生命周期成本的降低是至关重要的,其控制的重点是对运行维护成本与停工维修成本的权衡。有计划和预防性的维护措施可以降低停工维修成本,但同时又消耗了企业的资源。另外,如果减少了运行维护成本,又会增加停工维修成本。可见,最关键的是寻找运行维护的最佳成本水平,追求资产生命周期成本最小化。

③处置成本。计算资产生命周期终了时的处置成本,并将其从资产的剩余价值中扣除。

周期跨度和贴现率的确定是资产生命周期成本法的关键,因项目和投资环境而异。周期的含义可以理解为功能周期、物理周期、技术周期、经济周期和社会周期等。而贴现率不仅反映投资获利能力，也反映通货膨胀的影响。关于贴现率的选择存在着不同的观点，主要有：借入资金的当前利率或预期利率；期望的投资报酬率；财务状况稳定的企业借款的最低利率；长期国库券的利率减去预期的通货膨胀率。

（3）劳动力生命周期成本法。

类似于产品和资产，对于企业生产体系中的另一要素——劳动力，也可以运用生命周期成本法分析其成本构成。劳动力生命周期成本法计算的是员工从应聘到离职整个雇佣期间的全部成本。这个雇佣期间同样可以划分为三个阶段：招聘—工作—离职。按照成本细分结构模式，劳动力生命周期成本的结构划分如下：

①雇佣成本。劳动力生命周期初期的成本相对较高，其中包括招聘成本和新员工的培训成本。雇佣成本好比资产投资项目的初始购买、安装成本。

②操作成本。新员工掌握生产技能后就可以进入实际操作阶段，这时的劳动力成本逐渐下降，趋向平均工资水平。该阶段的劳动力成本主要是员工工资和奖金，还有一般的管理费用。操作成本好比资产的运行维护成本。

③工作环境成本。如果工作非常繁重且单调乏味，员工就会很快疲惫不堪以致离开工作岗位。这样的工作环境会给企业带来额外的并且可能会随时间推移而递增的成本，如旷工成本、医疗开支、伤残抚恤金等。工作环境成本好比资产的维修成本和最终的处置成本。

（四）改善成本法（kaizen costing）

1. 改善成本法的含义

改善成本法是供应链上各企业在产品生产阶段的最主要的成本约束机制。改善成本法也是一种前馈型的成本管理方法，它是通过预期的成本降低需要来制定产品成本的降低目标，而不是当成本超标已经发生后才作出反应。并且，通过改善成本法的实施，可以使成本降低压力持续于整个的产品生命周期。

将改善成本法局限于某个企业内部，将忽视供应链上游和下游企业进一步节约成本的潜力。改善成本法在供应链上各企业间的跨组织应用是通过大量的信息共享和合作机制，挖掘所有的成本降低机会。改善成本法可以看做是目标成本法在产品生产阶段的延伸，在跨组织成本管理中改善成本法的应用与目标成本法有一些相似之处。

首先，改善成本法同样是一种需要购货商和供应商共同合作的成本管理方法。在产品生产过程中，供应链上的所有成员企业都将共同实施改善成本法。这种合作使得企业可以实现在单独进行成本管理时所不能达到的成本节约。改善成本法的跨组织应用既可以由购货商发起，也可以由供应商发起。例如，购货商可以向供应商委派设计工程师或提供技术支持；供应商可以在购货商的配合下寻求新的部件设计方法。

其次，"价格传递机制"在改善成本法中依然有效。购货商的改善成本管理体系同样可以通过确定供应商的改善成本降低目标，将市场压力传递给它的供应商。所以，制定合理的改善成本降低目标是至关重要的，否则"价格传递机制"将失去效用。但是，在改善成本法中，购货商并不是针对于降低某一特定产品的成本，而是对所有的外包部件规定一个统一的成本降低比率。所以，供应链的改善成本管理在企业之间是相关联的，而不是像目标成本管理那样在相关企业间实现首尾连接。

2.改善成本法的影响因素

（1）全面质量管理（total quality management，TQM）。

全面质量管理是由全面质量控制（TQC）演变而来的，早期的 TQC 只强调各工艺过程中的质量控制享有优先权，即全面的质量控制；而现在的 TQM 则把企业的各个方面都包括了进来。

人们不应仅仅把 TQC/TQM 看做是控制质量的活动，它还可以通过不断改善各个方面的工作，而被作为企业提升竞争力和赢利潜能的发展战略。TQC/TQM 中的"Q"意味着质量——优先权，同时也包含了成本和交货期的控制目标。"T"代表"全面、全员"，也就是说企业内的全部员工包括从企业最高领导到中层领导，直至生产线操作工人都要参与进来。另外，供应商、代理商和销售商也都加入。"T"还表示高质量的管理（top-management），它要求企业的高层领导对企业内实施 TQC/TQM 的成功负有管理的责任和义务。"C"代表控制（control），也就是对过程的控制。借助于 TQC/TQM 人们可以弄清过程的本质，监控并不断完善它，这样以取得成功的改善。企业领导在 TQC/TQM 活动中的任务就是借助于结果对过程进行评估，这个评估的结果是对过程进行完善的基础，而不是批评员工的理由。TQC/TQM 理论包含了以下工作方法或工具：企业战略重组、质量保证体系、标准化、培训、成本管理和质量小组活动等。

（2）全员生产维修（total productive maintenance，TPM）。

推行全员生产维修模式现已渐成风尚。全面质量管理的重点从总体上来说是改进企业的效率，具体来说是改善产品质量；而全员生产维修（TPM）则着重于改善设备的效率，它的目标就是通过全员的努力，建立以预防为主的设备管理及维护体制，以延长设备寿命并使设备整体效率达到最大化。TQM 要求整个企业全体员工的参与，而 TPM 则需要与生产有关的全体员工包括生产人员和维修人员等的参与。关于清洁和次序的 5S 活动（即整顿、整理、清洁、检查、素养）是 TPM 的基础，单单执行 5S 就可以给企业带来令人惊喜的效果。

（3）准时生产体制（丰田生产体制）。

准时制源自日本丰田汽车公司，它的目的是通过消除企业内部每项不能增值的活动而创造一种能够随市场需求变化而灵活应对的一种扁平化的生产体制。建立准时生产体制所用到的方法或策略如下：节拍时间和周期时间的调整、单件流动、"拉"型生产、消除使设备停机的隐患、"U"型生产结构、"看板"以及减少装备时间等。

为了实现这种理想的准时生产体制，需要连续不断地推动持续改善并由此消除生产线上所有不能产生增值的工作过程。准时生产体制对企业降低成本成效显著，同时还能保证产品的交货期，并提高企业的盈利水准。

（4）企业战略规划（policy deployment，PD）。

尽管持续改善的目标着重于完善，但如果不对持续改善确定目标而任其发展，那么它的作用也就很有限。在进行持续改善活动的过程中，企业领导应积极制定明确目标并承担领导责任，来保证达到预定的目标。在持续改善的导入期应进行周密的准备以及控制。企业的最高领导层必须首先规划出一个长期的发展战略，然后再将其细化为中期和年度目标。

企业的最高领导层还必须根据其长期发展战略制度出相应的实施计划，然后将其通过组织结构自上而下层层细化分解，而逐渐形成行动计划。比如说一个企业的目标如果是"为了保持竞争力，我们必须将成本降低 10%"，那么可以通过提高生产能力，降低库存和废品率或改善生产流程等实现。没有制定目标的持续改善就像没有目的地的旅行一样。如果大家都向共同的目标努力,而这个目标又受到企业领导的支持,那么持续改善才是最高效的。

(5)合理化建议(proposal)。

合理化建议是持续改善战略的组成部分,它可以通过员工的积极参与来提高其职业道德。日本企业界看重合理化建议的原因是它能够提高员工参与持续改善的兴趣,他们鼓励员工尽可能多地提出合理化建议,尽管有时有些建议看起来几乎没有作用。企业领导也不期望每个建议会给企业带来巨大的利益。对他们重要的是由此培养出积极参与持续改善并有自律性的员工。西方企业界对合理化建议的看法则主要着重于它们所能带来的经济利益。

(6)小组活动(activities of groups)。

小组一般是指在企业内部为实现一定的目标而由某种具体的工作联系起来的非正式组织。其中最著名的形式是质量圈(小组)。

质量小组不仅仅致力于质量,还有成本、安全以及生产能力。

企业领导的首要任务就是保证产品质量——通过建立质量保证体系,员工培训,企业战略目标的规划、制定和执行,各系统互联等,使整个企业达到预定的质量、成本和交货期的目标。

如果企业质量小组的活动取得成功,则可以说明企业领导对这种小组活动的支持。

总之,改善成本法的最终目标就是通过跨部门的计划来同时实现企业质量、成本和交货期等方面要求的控制目标。

3. 改善成本法的实施目标

(1)标准化。

为了达到质量、成本和交货期的控制目标,企业必须合理利用一切可用资源,对人员、信息、设备和原材料的使用,每天都需作出计划,利用关于使用这些资源的标准有助于提高计划的效率,如果在计划的执行中出现问题或偏差,企业领导就应及时找出问题的真正原因,并将现有标准修改或完善以避免问题的再次出现,标准是持续改善的固定组成部分,它为进一步完善提供基础。工作领域标准化的含义就是指将工程师的工艺或设计要求转换成工人们每天必须遵守的工作指令。

(2)5S。

①seiri:整顿,即把不必要的东西清除出现场;

②seiton:整理,即把留下的东西归类;

③seiso:清洁,即对设备及周围环境进行彻底清洁;

④seiketsu:检查,即运用上述三项原则并注重自身行为;

⑤shitsuke:素养,即自觉性。

(3)消除浪费(muda)。

①过量生产引起的浪费;

②库存引起的浪费;

③次品/返工引起的浪费;

④动作(行动)的浪费;

⑤生产中的浪费;

⑥等待所产生的浪费;

⑦运输过程中的浪费。

（4）五条"黄金"法则。

①如果发生问题，首先去现场；

②检查发生问题的对象；

③立刻采取暂时性的措施；

④查找问题产生的真正原因；

⑤使应对措施标准化，以避免类似问题再次发生。

练习与思考

1. 名词解释：供应链成本；作业成本法；生命周期成本法。

2. 什么是目标成本法？

3. 供应链成本控制的方法有哪些？

实训任务

以永辉为例：生鲜商超如何打造供应链

实体零售业不管如何定位，不管未来技术如何更新，降低价值全链条的总成本，扩大末端消费者价值，应当是零售业永恒不变的追求。回归零售本质要去关注顾客和商品，末端类似的情况下，核心是供应链的打造。为什么很少有企业能类同永辉、大润发这样？企业的生态系统有很大的差别，驱动系统也有很大的差别。今天要寻找新的溢价和价值增量，需要更多的针对性。永辉超市，除了 Bravo YH、微店、上蔬永辉、与中百合作、电商之外，最令人印象深刻的还是其垂直供应链打造动作。

一、生鲜供应链

生鲜的供应链有生类和熟类，大多数企业重心还在生这一类，永辉其实也在这一阶段，大润发算是国内较好的。

许多超市将未来立足于社区生鲜，但事实上很难找到盈利点，是因为未解决高毛利熟类的问题，当一家门店生鲜占比 50％ 以上时，生鲜再怎么火旺，门店综合毛利也会偏低，而永辉恰恰只是因为做起了生类的规模，不解决熟的问题，永辉早晚也要走下神坛，但目前我们看到永辉在品质化方面的巨大进步。

1. 生鲜生类

核心是要保持商品鲜活，要在商品最佳保质期内实现规模采购，本质核心是效率。这其中涉及两个问题：

一是企业现有的条件。你没有冷链系统，也没有足够多的门店终端出口，从市场上拉来一车货很快卖掉就是效率和效益；你有冷链和分销终端，从山东蔬菜基地拉来十车可能更有价值。从这个角度，不同的规模，效率是不同的。从单品上说，分摊采购费用之后的售价，仍能有足够的毛利空间并建立完全价格优势，采购即可实施。

二是运营能力。一个商品最大鲜度是一天，你两小时能陈列在店里，新鲜和价值一定惊人，一个商品最大鲜度是一个月，你两三天就能到店，那也一定很有竞争力；其次是鲜度保持能力,需要有措施,冷链到店了,卖场温度过高,鲜度也会失得更快!运营能力不足,企业会举步维艰。

大单或源头采购的核心是除了创造比竞争对手更好的品质和价格口碑外,关键是毛利,多少的量足够支持大单,企业可以用单品进行倒算。

在这两个问题的基础上,供应链核心需要围绕商品的保值时效分类推进:

一是超短保质期鲜货,更加适合近地采购,向源头投放标准化管理器具。如绿叶菜类、活水,本地市场乃至源头散户直送效率可能更高,在品质管理的基础上,门店自采可以开放大门。因为远了,鲜度受损,反复搬运,商品受不起折腾。

另一方面,鲜活商品目前总体而言源头生产处于低端、粗放式管理模式,并且种植户更多为应对市场考虑,因而此类商品更适合于向源头投放标准管理器具,并且也可为未来的冷链整合提供接口。

二是中度保质期商品,如核果等,适合真正运作大单。这类商品,核心是要管理源头的分拣分级。

许多超市的直采工作,有赖于在源头寻找代理人,事实上由代理人进行当地资源整合,商品、市场不同,表现水平不同,有些是公司,有些是合伙合作社,有些甚至是村支书等个人。这本也无可厚非,但企业核心要破解伪支持及伪源头。

生鲜的伪源头,一是表现为并未找到最大、最有价的产区;二是许多产区找一个代理人或者包工头,做甩手采购,不管过程、不管等级、不管包装、不管品质,到时商品成本附加过高或次品过多,真正的效率,还是需要深入的源头细节管理。为此:

①提前的源头行情调研及规划,不是等到采购前,可以结合产品的关键生长阶段进行调研;

②确定品质标准,美化包装水平;

③开发多源头调研及合作;

④采购直采期间的行为管理,合理控制成本;

⑤严格的等级验收标准;

⑥通过系统进行源采单品管理。

中国的市场很大,没有一家超市可以完全消化市场产量,但对优质货源的争夺还是存在的。当所有企业都开始源头直采时,事实上比较的是超市间的口碑价值,所以鲜活品有些超市与永辉相比,感觉出样量、价格硬生生地被比下去了。

三是相对长保质期单品。如干杂南北货、米粮,可以升级再设计和进行品牌打造。金龙鱼、福临门、恒大、香满园、北大荒等,都是企业包装出来的。分拣和品牌影响有差别。

四是技术实现延长的保质期。如冰鲜,企业供应链的核心是技术和冷链系统。

从趋势上看,海产品只会越来越稀有。产地越少、生产能力下滑的品种,结合消费趋势判断,企业需要为此建立自身的冷链存储能力。就冰冻海产品来说,封鱼季你有大库放量,对销售明显是一种优势。但此种投入会大些,企业完全可走市场化之路。

要实现生鲜的激发放大价值,变革采购组织,深耕源头还是核心;另一方面,卖的能力也需要进一步进行激发。永辉与农户推进类合伙人制度、为采购提供了股权激励、与员工开展的合伙人制度(灵活确定合伙范围、每月沟通目标责任后实施超额分成),从价值链角度,是打通了全环节。我们的许多企业,还有很大的空间,要学成永辉,更多要从自身的组织人员配置、人员激励、采卖全链条效率进行设计和积累,定价上,放权民生品,抓住价值品,提供更高品质,可以在经营中实现结构平衡。对于生鲜,高品质下的性价比是关键,顾客并不完全在乎价格。

2. 生鲜的熟类关键是技术控制

这方面没有捷径可走,如要自营,需要踏踏实实地积累和培养人才,像大润发的面包大师傅、面点大师傅,这些人为什么愿意在超市干而不去专业品牌店,待遇足够,激励足够。

但很少有企业愿意这样做,在卖场之中,这些课别相对劳效非常低下,但在生鲜系统中却是结构性的补充作用,今天这种挑战更大,小众风格化的面包、面点和熟食店在社区大量涌现,它们口味独特、包装诱人、环境温馨,顾客对超市单一工业化表现的商品选择必然减少,超市也需要应势而变。

如果是联营,设计好的激励机制很有必要。永辉用类技术合伙的机制操作,无疑会激发工艺人的积极性;只不过这些课别本身需要卖场综合人气的互动,要做好确实需要魄力。

二、食品供应链

就近年超市实际经营的结果,标准食品、百货和家纺应该受到的冲击最大,电商虽然因为假货备受诟病,但实体店并不值得在这一过程中有所庆幸,很多时候顾客已经分好了自己的购物渠道,并且相当多的顾客在乎的是否物有所值。

让超市食品业绩下滑的,除了电商的便利,更核心的是供应链效率的差异,当广告、促销员、物流费、零售商收费通通叠加在食品单品上时,标准食品的渠道成本必然高居不下,另一方面因中间沟通效率过低,商品从生产到达终端的时间必然较长。

1. 实体零售业需要设计机制,让新品在终端更快地流转

但大多数情况是,供应商很有激情铺放新货,而缺乏热情去移走滞销品。更好的展示、更好的价格、更多样的品种、更时尚的包装应当是工业品供应链追求的效果。

2. 真正提高渠道效率

一是尽快推动以销售为主要合作方式的供应商激励计划,应将大部分通道费用转化到销售实现和差价收益为主的方式中,打造真正的交易公平;

二是放开供应链信息,让供应商直接连接实体店的终端库存;

三是畅通商品进出机制,大幅降低或放弃新品费,实施滞销品淘汰降低;

四是通过技术手段控制渠道内的总库存,精准物流,高速周转:只有供应商渠道的总成本得以降低,在传统渠道中能赚到钱,标准食品的供应商才有为这一渠道努力的可能。

对实体店来说,标准食品及工业品的采购可以减少,而把合作机制优化作为主要的供应链打造方向,就像百货的二房东,你只掌控收费,就得给付费方自由。

3. 高效管控营运端

此外,让供应商很痛苦的除了与采购签订好的一纸合同,物流链和营运链巨大的协调成本往往也会令供应商苦不堪言。实体店总部与门店隐形争权也会给供应商带来巨大的支出。门店急工式协作、不专业的操作也会令供应商无言以对。

总部规定的新品、陈列、执行的价格、做好的促销规划,门店执行度千差万别,不见得所有的系统都能非常强大。食品更需要从全价值链角度进行管理。

①营采需要树立良好的营运规则,明晰责任,令行禁止;

②保障采购的工作规划专业度,这是门店执行力的前提;

③与供应商约法三章,给予工作协调的唯一对口,不能让供应商投诉无门;

④关键是建立总部的终端资源管理能力;

⑤约定门店营运灵活度的范围;

⑥通过系统数据管控诸如陈列、价格、周转、订货量等关键要素。

三、百货供应链

百货有生鲜一样拓展源头缩减供应链成本的空间,也有长保质期的、可设计的特性,因此,快周转的品类成为自有品牌选择的核心。百货必须用更为急迫的方式实现供应链变革,既要强调生鲜一样的发现能力,也要强调食品一样的去库存能力,否则展厅现象将会越来越明显。

百货的供应链事实上是一体化运营的问题。

1. 把流行百货和风格百货作为主题业务导向

所谓流行,眼光和鉴赏能力非常重要。把握得好,吃饱喝足,把握不好,惨不忍睹。所谓流行,还要承担风险,变化快是突出特征,需要反应机制。所以很多服装直采很难操作,去库存的问题太过痛苦。

2. 源头开发时基本选择

过去很多超市尝试过 OEM,自有品牌。过去由于缺乏设计能力、品质管控能力、终端消化规模及去库存能力,与品类原有品牌冲突,并且员工也缺乏售卖积极性,很多企业尝试过,但失败了。

正因如此,先要把商品的发现能力放入供应链管理的第一条。但源头开发仍可以作为首要选择,要了解商品的工艺、流程、成本,也可在源头采购的过程中补充专业知识。

3. 先从供应商拿货开始

自有品牌是方向,但没有能力,没有人才,还是先别玩。对传统超市来说,暂时还是慎重一些,和供应商一起拿货,改善供应商合作条件,快速地去库存在当前阶段更为适合。

为此,采购需要多关注商品的周转效率,多从流行、风格、功能角度提出单品建议,而联合供应商多从工艺、成本、质感方面进行商品组织。

总结而言,超市的供应链事实上分三类:

一是超市有能力源头的,如生鲜及百货,靠的是采购人员的专业、激励机制;

二是依赖社会品牌的,如日化中的大牌,靠的是企业的终端规模和合作机制;

三是中间层,如众多的食品品牌,靠的是企业合作机制及规划组合能力。

今天,其实我们的一切探索应该是围绕效率展开的,最有效的方式,最大的效率,最适合自身的机制,一切都要回归到更好地让顾客开心的本质,为此,全供应链条上利益应当是一致的。

零售业把供应商当做鱼肉的时代已经渐渐走远,今天的零售渠道平台需要升级自身的平台角色,特别是要把服务能力做强,提高自己业务信息化的水平,在网络、开放、整合的今天,畅通供应链的实物流和信息流,降低渠道总成本,以最为高效的方式实现消费满足,将始终是商业的王道!

资料来源:以永辉为例:生鲜商超如何打造供应链?〔EB/OL〕. http://b2b. toocle. com/detail - 6330988. html.

1. 思考和训练

(1)通过上述案例说明永辉物流成本是如何控制的?

（2）你对供应链物流成本的控制还有哪些好的建议？

2. 技能训练

以小组为单位，分析供应链企业成本控制的优点与缺点，然后给出改进的相关建议，并且与其他小组成员进行交流。

项目 10　供应链合作伙伴选择

教学目标

1. 知识目标

(1) 理解供应链合作伙伴关系的概念级特征。

(2) 掌握供应链合作伙伴选择的原则及方法。

2. 技能目标

(1) 运用供应链合作伙伴选择的方法。

(2) 对供应链合作伙伴进行评价。

案例导入

投百亿重构供应链 苏宁与阿里深度融合

2016 年 6 月 1 日,苏宁与阿里联合宣布,双方的战略合作正式从内部交融转向对外辐射,将向合作伙伴开放用户资源、流量资源、大数据资源,推出"万亿智造计划"。未来三年,双方将共同投入 100 亿资金,用于品牌供应链的重构以及赋能中小企业。

双重"结盟"

2015 年 8 月,阿里巴巴集团与苏宁云商宣布达成全面战略合作。2016 年 6 月 1 日中午,苏宁云商发布公告,宣告两家公司战略合作完成实质性的交割环节。按照公告披露的最新进展,本次定增价格由 15.23 元/股调整为 15.17 元/股,截至 2016 年 5 月 20 日,淘宝(中国)软件、安信-苏宁 2 号已支付款项,其中淘宝(中国)软件现金出资约 282.33 亿元,占发行后公司总股本的 19.99%。

而在战略合作达成后的 10 个月间,苏宁与阿里已经完成了系列整合。据苏宁云商 COO 侯恩龙介绍,2016 年 3 月,苏宁已经与阿里实现了库存、仓储等的全面打通。

根据公布的进展,在电商方面,双方先后完成了苏宁易购、红孩子入驻天猫,苏宁云商控股的日本最大免税店集团 Laox 入驻天猫国际;在物流和服务方面,苏宁的 1600 多家线下门店和 5500 多家售后服务网点已与阿里巴巴的线上体系和菜鸟物流实现无缝对接。苏宁物流拥有的 455 万平方米仓储面积,正逐步成为菜鸟合作伙伴和有效补充,并开始服务淘宝、天猫消费者和品牌商家。目前,双方已经在北京、上海、广州、深圳、杭州、南京等六城市实现半日达,并实现了门店自提、最近门店送货等多项服务。

阿里巴巴首席执行官张勇指出,接下来,整个线上与线下融合的新商业生态体系将开放给所有品牌商,成为帮助品牌商完成数字化商业转型的"水电煤",将真正打破存在于线上线下之间,横亘于品牌商和消费者之间的那堵"墙"。

重构供应链

具体如何操作？随着双方交叉入股实质性交割的完成，双方的战略合作从内部交融转向对外辐射。侯恩龙透露，未来三年，阿里和苏宁将至少拿出100亿元投入该计划，用于品牌供应链的重构以及赋能中小企业。具体表现为：向合作伙伴开放用户资源、流量资源、大数据资源，与品牌巨头结成"王者联盟"，并联合推出围绕品牌的"万亿智造计划"。

双方抛出的具体目标是：在三年内，阿里巴巴和苏宁将联合"王者联盟"进行品牌激能及供应链重构，使目前在两平台上具有百亿规模的品牌，如美的、海尔、三星、海信、华为、小米等，三年内年销售额达到500亿元；使目前在两平台上具有50亿规模的品牌，如联想、西门子、索尼、创维、佳能等，三年内达到年销售额200亿元的规模。

值得一提的是，当天的战略发布吸引了TCL集团董事长李东生、美的集团董事长方洪波、联想集团董事长杨元庆等供应商高层的现场助阵。

据介绍，针对"王者联盟"的数码家电手机品牌，天猫与苏宁已启动北京、上海、武汉、广州、成都等核心城市的仓配一体业务；未来三年，阿里、苏宁将把成熟化的配送体系以及千万平方米的仓储面向品牌方共享开放，将整体物流配送成本降低30%。

此外，阿里和苏宁将基于渠道数据积累和用户消费预测，进行面向消费者定制产品的尝试，而这也将在接下来的"6·18"大促中推出，而双方在此领域已经各有积累。

供应链的重构是品牌孵化计划的核心。天猫电器城总裁印井认为，大数据的应用正在重构家电产业链，大数据量级的增大将倒逼企业进行技术创新。阿里巴巴和苏宁均沉淀了海量用户购买行为数据，品牌商不仅可以依靠数据了解不同用户群体的消费轨迹和消费习惯，还可以通过数据算法推导用户的后续购买需求。"当大数据量级达到一定程度，会推动技术创新，让产品以更快的速度迭代。"

资料来源：温婷.投百亿重构供应链 苏宁与阿里深度融合[N].上海证券报，2016-06-02.

案例分析

苏宁云商和阿里巴巴的合作，首先，对于消费者而言，双方将打破场景限制、提升配送效率、完善售后服务，更好地服务于用户，提升消费体验。其次，对于合作双方来说，改变的不仅仅是零售平台，而且将形成包括大数据、云计算等在内的更加丰富的商业生态，展现数字时代商业的全新面貌，大幅提升竞争力。最后，对于平台商户、供应商而言，通过全球化平台的打造及信息技术的推动，实现供应链上的伙伴共赢，促进以满足消费者需求为目的的整个生产制造业的转型。

思考·讨论·训练

你认为苏宁与阿里的深度融合将带来哪些影响？

知识链接

一、供应链合作伙伴关系概述

（一）供应链合作伙伴关系的概念

供应链合作伙伴关系（supply chain partnership，SCP）一般是指在供应链内部两个或两个以上独立的成员之间形成的一种协调关系,以保证实现某个特定的目标或效益。建立供应链合作伙伴关系的目的,在于通过提高信息共享水平,减少整个供应链产品的库存总量、降低成本和提高整个供应链的运作绩效。供应链合作关系可以定义为供应商与制造商之间、制造商与销售商之间在一定时期内的共享信息、共担风险、共同获利的协作关系。

随着市场需求不确定性的增强,合作各方要尽可能削弱需求不确定性的影响和风险。供应链合作伙伴关系绝不应该仅考虑企业之间的交易价格本身,还有很多方面值得双方关注。比如,制造商总是期望他的供应商完善服务,搞好技术创新,实现产品的优化设计,等等。供应链合作伙伴关系的潜在效益,往往在合作伙伴关系建立后三年左右甚至于更长的时间,才能转化成实际利润或效益。企业只有着眼于供应链管理的整体竞争优势的提高和长期的市场战略并能忍耐一定时间,才能从供应链的合作伙伴关系中获得更大效益。

(二)供应链合作伙伴关系的产生

从传统的企业关系过渡到创新的合作企业关系模式,经历了从以生产物流相结合为特征的物流关系,到以战略协作为特征的合作伙伴关系这样的过程(见图 10-1)。

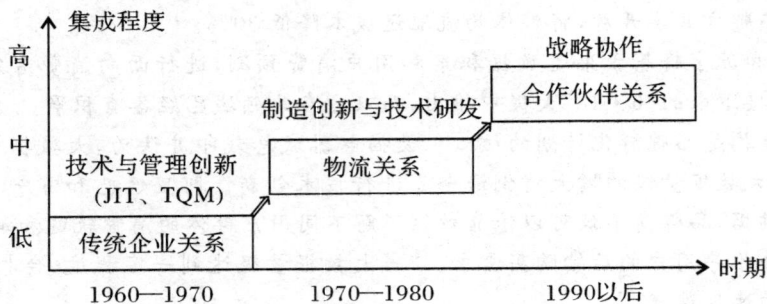

图 10-1　企业关系演变过程

(1)传统关系:以传统的产品买卖为特征的短期合同关系。

(2)物流关系:以加强基于产品质量和服务的物流关系为特征,物料从供应链上游到下游的转换过程进行集成,注重服务的质量和可靠性,供应商在产品组、柔性、准时等方面的要求较高。

(3)合作伙伴关系:企业与其合作伙伴在信息共享、服务支持、并行工程、群体决策等方面合作,强调基于时间和基于价值的供应链管理。

(三)供应链合作关系的特征及与传统关系的比较

1. 供应链合作关系的特征

供应链合作伙伴关系具有以下几个鲜明的特征:

(1)双方高度的信任机制;

(2)双方有效的信息共享,信息交换包括成本、进程与质量控制等信息更为自由的关系;

(3)需方直接参与供方的产品研制等,共同寻求解决问题和分歧的途径,并判断是否需要寻找新的合作伙伴;

(4)长期稳定的共赢合同;

(5)以实现系统双赢为目标。

2. 供应链合作关系与传统供应商关系的比较

供应链合作关系与传统的关系模式有很大的区别(见表10-1)。

表10-1 供应链合作关系与传统供应商关系的比较

比较内容	传统供应商关系	供应链合作伙伴
相互交换的主体	物料	物料、服务
供应商选择标准	强调价格	多标准并行考虑(交货的质量和可靠性等)
稳定性	变化频繁	长期、稳定、紧密合作
合同性质	单一	开放合同(长期)
供应批量	小	大
供应商数量	大量	少(少而精,可以长期紧密合作)
供应商规模	小	大
供应商的定位	当地	国内和国外
信息交流	信息专有	信息共享(电子化连接、共享各种信息)
技术支持	提供	不提供
质量控制	输入检查控制	质量保证(供应商对产品质量负全责)
选择范围	投标评估	广泛评估可增值的供应商

(四)建立供应链合作伙伴关系的重要意义

1. 对抗激烈的市场竞争的需要

随着市场全球化进程的快速推进和竞争压力的增加,供应商、零售商、中介商等开始纷纷建立战略合作伙伴关系以面对日趋激烈的市场竞争。通过战略合作伙伴关系的建立,供应链各方可以采用协作管理的方法来进行双优或多方最优博弈,以追求更多的利润。比如现在的民用飞机制造业中,机头、机身、电子与导航系统及机翼等在不同的国家生产,那么他们之间的协调及最后的装配都必须依靠有效的供应链管理来完成。

2. 可以提高企业的核心竞争力

传统"纵向一体化"的管理模式已经不能适应目前技术更新、更快、投资成本高、竞争全球化的制造环境,现代企业应更注重于高价值生产模式,更强调速度、专门知识、灵活性和革新。与传统的"纵向一体化"控制和完成所有业务的做法相比,实行业务外包的企业更强调集中企业资源与经过仔细挑选的少数具有竞争力的核心业务,也就是集中在那些使他们真正区别于竞争对手的技能和知识上,即核心竞争力上,以便获取最大的投资回报。而把其他一些重要的但不是核心的业务职能外包给世界范围内的专家企业,并与这些企业保持紧密合作的关系。这些企业就可以把自己企业的整个运作提高到世界级水平,获取最大的竞争优势。

3. 可以降低交易成本,加大供应链的整体长期利润

一个供应链想要在激烈的商业竞争中生存,就必须不断地降低成本,提高利润,否则此供应链就将被市场所淘汰。而发展供应链合作伙伴关系,能使整个供应链的交易成本显著降低,利润增加。可见,降低交易成本,加大供应链的整体长期利润是供应链发展战略合作伙伴关系的内在原因。

合作伙伴关系对普遍降低交易成本所作的贡献可以从交易过程和交易主体行为的考察中得到进一步证实。一方面,从交易的全过程看,供应链合作伙伴之间的交易能大大减少相关交易费用。由于供应链合作伙伴之间经常沟通与合作,可使搜索交易对象信息方面的费用大为降低,提供个性化的服务建立起来的相互信任和承诺,可以减少各种履约风险;即便在服务过程中产生冲突,也因为合同时效的长期性而通过协商加以解决,从而避免仲裁、法律诉讼等行为所产生的费用。另一方面,从交易主体行为来看,合作伙伴之间的互通性,提高了双方对不确定性环境的认识能力,减少因交易主体的"有限理性"而产生的交易费用。供应链合作伙伴之间的长期合作将会很大程度上抑制交易双方之间的机会主义行为,这使得交易双方机会主义交易费用,有望控制在最低限度(见图10-2)。

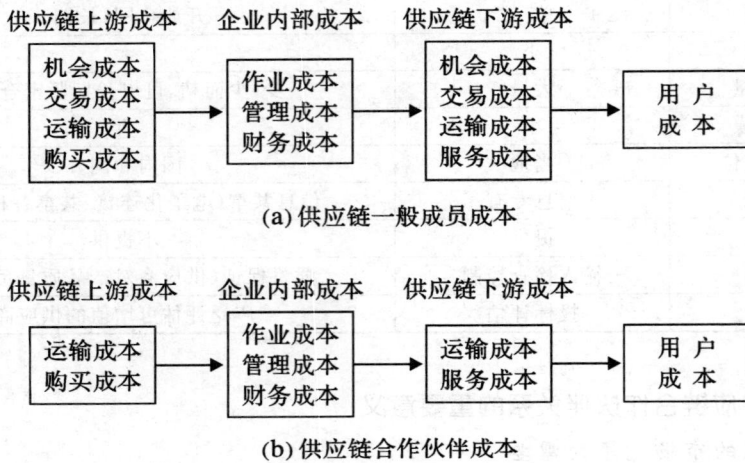

(a) 供应链一般成员成本

(b) 供应链合作伙伴成本

图10-2 供应链合作伙伴成本与一般成员成本比较

4. 能够给制造商/买主、供应商/卖主及双方带来利益

(1)对于制造商/买主。

①降低成本;

②实现数量折扣、稳定而有竞争力的价格;

③提高产品质量和降低库存水平;

④改善时间管理;

⑤交货提前期的缩短和可靠性的提高;

⑥提高面向公益的企业规划;

⑦更好的产品设计和对产品变化更快的反应速度;

⑧强化数据信息的获取和管理控制。

(2)对于供应商/卖主。

①保证有稳定的市场需求;

②对用户需求有更好的了解和理解;

③提高运作质量;

④提高零部件生产质量;

⑤降低生产成本;

⑥提高对买主交货期改变的反应速度和柔性;

⑦获得更高的利润。

（3）对于双方。

①改善相互之间的交流；

②实现共同的期望和目标；

③共担风险和共享利益；

④共同参与产品和工艺开发，实现相互之间的工艺集成、技术和物理集成；

⑤减少外在因素的影响及其造成的风险；

⑥降低投机思想和投机概率；

⑦增强矛盾冲突解决能力；

⑧在订单、生产、运输上实现规模效益以降低成本；

⑨减少管理成本；

⑩提高资产利用率。

可以看出供应链合作伙伴能够以较低的成本，给用户提供同样的服务和产品，或者同样的成本能够提供更好的服务和产品，此供应链就能在激烈的竞争中取得优势。

二、供应链合作伙伴的选择与评价

（一）供应链合作伙伴选择的方法

1. 直观判断法

直观判断法是根据征询和调查所得的资料，并结合人的分析判断，对合作伙伴进行分析评价的一种方法。这种方法主要是倾听和采纳有经验的采购人员意见，或者直接由采购人员凭经验作出判断，常用于选择企业非主要原材料的合作伙伴。

2. 招标法

当订购数量大、合作伙伴竞争激烈时，可以采用招标法来选择适当的合作伙伴。它是由企业提出招标条件，各招标合作伙伴进行竞标，然后由企业决标，与提出最有利条件的合作伙伴签订合同或协议。招标法可以是公开招标，也可以是指定竞标。

3. 协商选择法

在供货方较多、企业难以抉择时，也可以采用协商选择的方法，即由企业先选出供应条件较为有利的几个合作伙伴，同他们分别进行协商，再确定适当的合作伙伴。与招标法相比，协商方法由于供需双方能充分协商，在物资质量、交货日期和售后服务等方面较有保证。

4. 采购成本比较法

对质量和交货期都能满足要求的合作伙伴，则需要通过计算采购成本来进行比较分析。采购成本一般包括售价、采购费用、运输费月等各项支出的总和。采购成本比较法，是通过计算分析针对各个不同合作伙伴的采购成本，选择采购成本比较低的合作伙伴的一种方法。

5. ABC 成本法

通过计算合作伙伴的总成本来选择合作伙伴。这个成本模型用于分析企业因采购活动而产生的直接和间接的成本的大小。

6. 层次分析法

它的基本原理是根据具有递阶结构的目标、子目标、约束条件、部门等来评价方案，采用两两比较的方法确定判断矩阵，然后把判断矩阵的最大特征相对应的特征向量的分量作为相应的系数，最后综合给出各方案的权重。

(二)供应链合作伙伴选择的原则

1. 基本考虑

(1)合作伙伴必须拥有各自的核心竞争力。

(2)拥有相同的价值观和战略思想。

2. 原则

(1)工艺与技术的连贯性。

(2)企业的业绩和经营状况。

(3)有效的交流和信息共享。

(4)合作伙伴不要求过多,而在于少而精。

(三)合作伙伴的综合评价

1. 合作伙伴综合评价步骤

(1)分析市场竞争环境。

市场需求是企业一切活动的驱动源。建立供应链长期合作关系,必须首先分析市场环境和竞争环境,确认是否有建立供应链合作关系的必要;如已建立供应链合作关系,则要研究市场环境和竞争环境的变化,确认供应链合作关系调整变化的必要性,从而确认合作伙伴评价选择的必要性。

(2)确立合作伙伴选择目标。

企业必须确定合作伙伴评价程序如何实施,信息流程如何运作,谁负责,而且必须建立实质性、实际的目标。其中,降低成本,提高核心竞争能力,是主要目标之一。合作伙伴评价和选择不仅仅只是一个简单的评价、选择过程,它本身也是企业自身和企业与企业之间的一次业务流程重构过程,这个过程的实施会带来一系列的利益。

(3)制定合作伙伴评价标准。

合作伙伴综合评价的指标体系是企业对合作伙伴进行综合评价的依据和标准,是反映企业本身和环境所构成的复杂系统不同属性的指标按隶属关系层次结构有序组成的集合。根据系统全面性、简明科学性、稳定可比性、灵活可操作性的原则,建立集成化供应链管理环境下合作伙伴的综合评价指标体系。

(4)成立评价小组。

小组成员以来自采购、质量控制、生产管理、工程设计等与供应链合作关系密切的部门为主,组员必须有团队合作精神,具有一定的专业技能。同时,必须得到核心企业和合作伙伴企业最高领导层的支持,以控制和实施合作伙伴评价。

(5)合作伙伴参与。

一旦决定进行合作伙伴评价,评价小组必须与初步选定的合作伙伴取得联系,以确认他们是否愿意与企业建立供应合作关系,是否有获得更高业绩水平的愿望。企业应尽可能早让合作伙伴参与到评价的设计过程中来。然而因为企业的力量和资源是有限的,企业只能与少数的、关键的合作伙伴保持紧密合作,所以参与的合作伙伴不能太多。

(6)评价合作伙伴。

评价合作伙伴的一个主要工作是调查、收集有关合作伙伴的生产运作等全方位的信息。在收集合作伙伴信息的基础上,就可以利用一定的工具和技术方法进行合作伙伴的评价。在评价的过程中有一个决策点,根据一定的技术方法选择合作伙伴,如果选择成功,则可开始实施供应链合作关系,如果没有合适的合作伙伴可选,择返回步骤(2),重新开始评价选择。

(7)实施供应链合作关系。

在实施供应链合作关系的过程中,市场需求将不断变化,可以根据实际情况的需要及时修改合作伙伴评价标准,或重新开始合作伙伴评价选择。在重新选择合作伙伴的时候,应给予旧合作伙伴足够的时间适应变化。

2. 综合评价指标体系的设置原则

(1)系统全面性原则。

评价指标体系必须全面反映供应商企业目前的综合水平,并包括企业发展前景的各方面指标。

(2)简明科学性原则。

评价指标体系的大小也必须适宜,亦即指标体系的设置应有一定的科学性。如果指标体系过大,指标层次过多、指标过细,势必将评价者的注意力吸引到细小的问题上;而指标体系过小,指标层次过少、指标过粗,又不能充分反映供应商的水平。

(3)稳定可比性原则。

评价指标体系的设置还应考虑到易与国内其他指标体系相比。

(4)灵活可操作性原则。

评价指标体系应具有足够的灵活性,以便企业能根据自己的特点以及实际情况,对指标灵活运用。

3. 综合评价指标体系结构

根据企业调查研究,影响合作伙伴选择的主要因素可以归纳为四类:企业业绩、业务结构与生产能力、质量系统和企业环境。我们可以框架性地构建三个层次的综合评价指标体系,对合作伙伴进行有效的评价、选择。将影响合作伙伴选择的四个主要因素,建立在指标体系的第一层次,影响合作伙伴选择的具体因素建立在指标体系的第二层,与其相关的细分因素建立在指标体系的第三层(见图 10-3)。

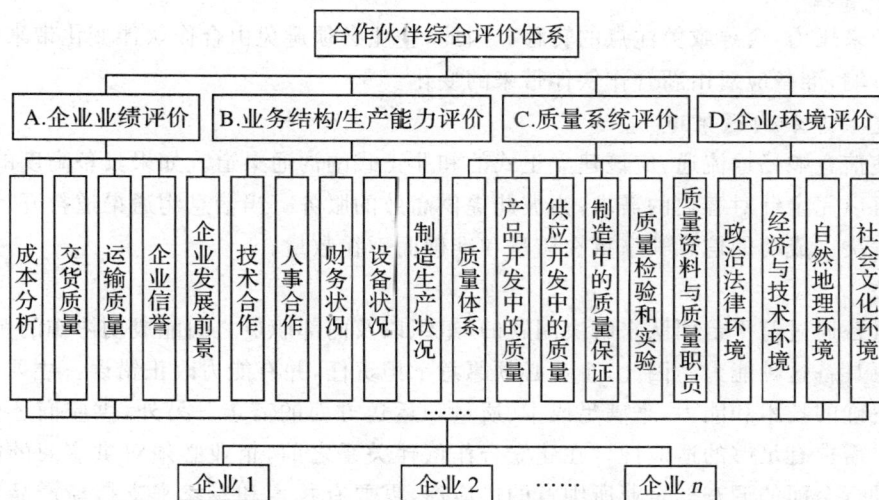

图 10-3　合作伙伴综合评价指标体系结构图

(四)建立供应链合作伙伴关系需要注意的问题

1. 建立信任

信任对任何合作伙伴和联盟都是至关重要的,信任能够使组织之间互换有价值的信息,投入时间和资源去理解相互的业务,获得超过个体所能实现的结果。拥有信任,合作双方就更愿意在一起工作,找到解决问题的折中办法,从长期来讲,愿意达到互惠互利的结局,从短期来讲,愿意做任何帮助别人的事情。

2. 分享企业愿景和目标

所有的合作伙伴都应该明确各自的预期和目标,并将它们分解到合作当中。合作双方必须分享,并接受对方的愿景和目标。许多联盟和合作伙伴关系的破裂,是因为他们各自的目标没有很好地统一在一起,或者过于乐观。双方的关注点必须越过现实的问题,而多从战略合作的角度去考虑。如果合作伙伴双方具备平等的决策权,那么合作成功的概率就会更高。

3. 个人关系

在买家—供应商合作伙伴关系中,人与人之间的关系非常重要,因为联络和执行都需要人去做。

4. 共同的利益和需求

当企业之间有一致的需求时,双方的合作导致双赢的结局。共同的需求不仅会产生有利于协作的环境,还为创新提供了机会。当合作双方分享利益时,他们的合作就会积极和长久。

5. 承诺和高层管理支持

首先,找到一个合适的合作伙伴需要大量的时间和艰苦的工作,找到以后,双方都需要投入时间、人员和精力去建设成功的合作伙伴关系。承诺必须从高层开始,当高层管理人员支持合作伙伴关系时,这种关系就可以成功。由企业高层所表现出来的合作和参与程度,就相当于为复杂问题的解决定了基调。成功的合作会使双方不断发现一些业务发展的机会。为了联盟的成功,高级管理层需要在公司内部确立正确的态度。在合作的道路上双方会发生一些碰撞,高层对此应采取协作的方式来解决冲突,而不是指责对方。

6. 变革管理

变化带来压力,会导致关注点的转移。因此,企业必须避免由合作伙伴变化带来的偏离核心业务的影响,准备应对由新合作伙伴带来的变化。

7. 信息共享和沟通渠道

为了使信息顺畅地流通,应该建立正式的和非正式的沟通渠道。如果具备高度的信任,信息系统就可以完全针对客户的需求,为彼此提供高效的服务。当信息沟通渠道打开后,许多冲突都可以解决。成功的信息共享重在质量和准确而不在数量。

8. 能力

长期具备通过跨平台团队来解决问题的,组织以及内部职员之间能成功协作的企业,在对外合作中也具备这种能力。因此,企业必须愿意承担责任,并有能力改正错误。主要的供应商必须具备正确的技术和能力,来满足成本、质量和运送方面的需求。另外,供应商还要对快速变化的客户需求有足够的适应性。在建立合作伙伴关系之前,企业必须对供应商的能力和核心竞争力进行全面的调查。企业所中意的供应商,需要有技术和专家来支持新产品和服务的开发,培育企业在市场中的竞争优势。

9. 绩效标准

有关质量、运送和机动性这些指标一般用来考察供应商的运作情况,在整个供应链过程中,供应商绩效用来提高效率。因此一个好的运营评估体系会提供可以理解的评测指标,容易衡量,并关注供应商共同的价值实现。

10. 持续改进

对供应商的运营评估建立在相互认可的评估体系之上,这为持续改进提供了机会。买家和供应商都必须持续地改进他们的能力,以满足客户在成本、质量、运送和技术方面的要求。合作伙伴不仅要改正错误,更应该事先准备从而彻底消灭错误。

练习与思考

1. 供应链合作伙伴关系有哪些特征?
2. 建立供应链合作伙伴有什么意义?
3. 简述供应链合作伙伴选择的方法。
4. 简述供应链合作伙伴的综合评价。

实训任务

通过阿里与苏宁合作的案例,根据本章的基本知识,通过查找资料,试分析京东与永辉超市的合作。

项目 11　供应链风险管理

教学目标

1. 知识目标

(1) 理解供应链风险的含义及分类。

(2) 掌握供应链的风险管理与防范。

2. 能力目标

(1) 分析供应链产生的来源。

(2) 防范供应链风险的产生。

案例导入

从中兴黑天鹅事件看供应链风险管理

背景：2016 年 3 月 7 日，美国商务部发令限制本国公司向中兴销售产品，包括美国软件和半导体供应商高通、英特尔、博通都在评估判断禁令带来的影响；该事件造成部分美国光通信器件公司股价下跌，日本供应商也接到通知禁止和中兴合作。随后该事件引发中国电子产业核心技术受制于人的讨论，可以说是今年供应链第一案。

供应链管理专家王福寿博士对此发表的看法：

前段时间有个重大新闻想必很多朋友都留意到了，那就是 3 月 7 日美国商务部突然宣布对中兴实施出口限制，理由是他们认为中兴违反了美国政府对伊朗施加的出口禁令。当时看到这个新闻，我一下子就愣住了。这个事影响太大了，远远超过当年日本 3·11 地震对高科技行业的冲击。毕竟 3·11 的时候是全球的高科技企业都受影响，天塌下来也不是砸一个人，这次却是被人家精准打击了。

这个事出来后我就想写点东西，但是当时公司股票已经停牌，国家商务部也在出面争取，估计公司内部各部门更是紧张应对中。在事情没解决之前，也怕有些东西写了不太好，就一直没动笔。到 3 月 24 号的时候，美国商务部正式发布公告，临时解除对中兴的贸易出口限制，这事算是基本得到解决了。

说起来这个事的起因，那还是 2012 年的事。当时就整的很紧张，不过奇怪的是美国方面说调查调查，结果一直没出来，时间一长大家也就以为事情过去了。没想到美国只是引而不发，就像斗地主的时候有人拿着大小王一样，非要等到最后一把甩出来。到了 2016 年，美国自己都解除了对伊朗的制裁，却又把这个事拎出来。这背后难免有美国国内大选、中美大国博弈、对朝鲜制裁等大的政治因素在起作用。

不管是什么原因触发的，归根结底还是咱们自己没做到位，让人逮住把柄了。由此也说明咱们在供应链风险管理上存在很大的问题。在国内公司走向国际化的过程中，尤其高科技企业，因为两头在外，核心零部件的采购来源在欧美日，销售市场也遍布全球各国，这就造成供应链体系面临各种各样的挑战。我在给企业辅导的过程中,也多次提到几个典型案例,2011年日本3·11大地震和福岛核电站泄露冲击全球半导体行业、2011年10月泰国曼谷水灾造成全球硬盘价格暴涨,还有台湾高雄今年年初的大地震,这些都是典型的供应链风险事件。对科技产品来说,知识产权IPR方面更是容易出问题,去年国内跨境电商出口最火的一款商品电动平衡车(俗名"扭扭车")突然被亚马逊全线下架就是IPR纠纷造成的。此外还有战争、港口罢工、反倾销、供应商突然倒闭等。

有风险并不可怕,最可怕的是不知道有风险,或者说不知道有哪些风险。对小公司来说,因为资源有限,即使知道有风险也没办法去应对,只能见招拆招。但是对于大公司来说,风险管理做不到位就很麻烦了,一旦出事影响的可能是几千人甚至数万人的就业,产值损失动辄上亿甚至更高。

遗憾的是,就我们平常看到的情况是,很多公司都是在出了事之后才明白应该做风险预防,尤其一些高速成长的科技公司,这样交学费的代价太高了。个人觉得上规模的企业还是要平时就做好风险预防,提前梳理一下公司面临的主要风险点,条件具备的可以做个供应链风险地图出来。只有用成熟的供应链风险管理体系,才能避免事情发生的时候手忙脚乱。因为在这类事件中,黄金反应时间也就是24小时或者48小时。搭建风险管控体系可能会有一些成本投入,不过比起出事后花的冤枉钱,还是非常划算的。而且每一次重大风险事件爆发,就是一次行业洗牌的机会,有准备的人就能抢得先机。

资料来源:从中兴黑天鹅事件看供应链风险管理[EB/OL]. http://www.chinabidding.org.cn/NewsDetails_nid_4729.html.

案例分析

供应链管理中存在着很多不稳定性,而这些不稳定性也可能会导致供应链必然存在风险。供应链上的各环节是相互影响相互作用的,任何的一个环节出问题都会波及整个供应链的正常运作。不论是由内因还是外因所引起的风险,企业只有规避风险,平时对风险做好预防,在重大事件爆发时才能抢得先机,在行业中稳定向前。

思考·讨论·训练

(1)从中兴事件谈谈供应链存在哪些风险?

(2)如何规避和预防供应链风险?

知识链接

一、供应链风险的含义与来源

(一)供应链风险的含义

面对21世纪经济全球化的今天,任何企业单凭自身实力生存发展日趋困难,所以紧密的联系相关的上下游企业,成为企业提高竞争力的必要手段。通过供应链管理,可以为企业创造更大的利润空间,这样,企业之间的竞争就成为了供应链之间的竞争。

供应链的管理本质上是基于价值链的业务流程重构,它围绕业务流程组织节点企业,通过对流程的整体控制与协调获得流程的综合经济效应。尽管供应链能给当中的企业带来诸多好处,供应链整体环节中的企业仍是市场中的独立经济实体,彼此之间仍存有潜在利益冲突和信息的不对称。在这种不稳定的供应链系统内,各个节点是通过不完全契约方式来实现企业之间的协调,这种协调有时候是基于松散,依赖于诚信的合作关系,因而供应链管理中必然存在着风险。

供应链风险概念的提出,最初是基于对供应风险概念的研究。至于供应链风险的定义,相关的说法很多,目前没有统一的认识,一些专家、学者从不同的角度对供应链风险进行了界定。

根据 Deloitte 咨询公司 2004 年发布的一项供应链研究报告,供应链风险是指对一个或多个供应链成员产生不利影响或破坏供应链运行,使其达不到预期目标甚至导致供应链失败的不确定性因素或意外事件。

我国著名供应链管理专家马士华教授侧重从供应链外在环境和内在结构的不确定性出发,认为在供应链企业之间的协调与合作过程中,存在着各种产生内生不确定和外生不确定性的因素,并认为只要存在不确定性,就存在一定的风险,不确定性总是和风险联系在一起。丁伟东等指出供应链风险是一种供应链潜在的威胁,会导致供应链系统的脆弱性,对供应链系统造成破坏,给上下游企业以及整个供应链带来损失和损害。供应链上的各环节是环环相扣的,彼此依赖,相互影响,任何一个环节出现问题,都可能波及其他环节,影响整个供应链的正常运作。马林总结性地提出,供应链风险是影响和破坏供应链安全运行,达不到供应链管理预期目标,造成供应链效率下降,成本增加,导致供应链网络失败和解体的不确定因素和意外事件。

(二)供应链风险的来源

供应链风险来源主要是对未来事物的不确定性,然后又由传递性导致的一系列后果。根据国内外学者对供应链风险的诸多研究,可将供应链风险形成的原因概括为两大方面:外生原因和内生原因。

1. 外生原因

所谓外生原因,即外界的不确定性因素,主要存在于供应链之外,这些因素常常具有不可预测和抗拒性。

(1)自然灾害。

自然灾害,包括地震、火山爆发、火灾、洪水等,或者导致供应源中断,整条供应链因缺乏原料而无法正常运行;或者使交通系统瘫痪,致使原材料、成品物资难以调运,不能及时送达;或者破坏生产,引起生产中断,无力供应产品;或者直接摧毁产品,使链上的企业无力履约。

(2)政治动荡、意外的战争和恐怖主义。

政治动荡和战争每年在全球范围内都会不定期地发生,尤其是近几年的恐怖主义活动猖獗,给货物和商品的流通造成了很大的危害。现代战争强调打击敌人后勤,往往通过轰炸道路、机场、铁路、仓库、输油管线等基础设施类物流载体,车辆、飞机、搬运机械设备类物流载体,以及炼油厂、发电厂、机械厂等生产基地,致使敌方无法得到急需的物资等,进而达到不战而胜的目的。这无疑导致了更多供应链的中断。

(3)政策的不确定性。

一方面,宏观政策和金融危机存在着一定的偏差,导致了经济危机的发生,造成众多企业破产,给供应链带来致命的打击。另一方面,对政府经济政策的预期会影响供应链中上下游实体之间的策略行为。

(4)市场的不确定性。

企业目标的实现最终取决于其产品市场价值的实现。面对日益激烈的竞争,供应链如何识别并及时以合理的成本满足最终顾客的需求是整个供应链管理成功的关键。然而由于供应链自身的种种缺陷,最终产品与最终顾客需求之间总会出现偏差,产品不为市场接受的局面经常出现,这就是市场的不确定性。由于市场不确定性的存在,一旦出现不可预料的不利因素就可能导致市场出现逆转,销售下滑,货物积压,资金短缺,企业间的正常运营就会受到影响。

(5)社会信用机制的缺失。

近年来,某些企业见利忘义、恶意违约的也不在少数,对市场经济秩序的负面影响不断增加。尽管大家普遍把失信行为看做是企业的个体行为,但实际上失信更是一种社会行为,是一个社会问题,是与当前社会环境息息相关的。从根本上讲,目前我国企业恶意违约的主要原因就是违约成本太低。当节点企业违约带来的收益大于违约成本时,就有违约倾向。信息不对称问题使恶意违约更加肆无忌惮,从声誉方面大大降低违约成本。而完善信用机制将会减少信息不对称现象,从声誉上大大增加违约成本;同时,健全的法律法规也将会大大增加违约成本。

2. 内生原因

所谓内生原因,即存在于供应链内部的因素,这些因素增加了供应链的风险。

(1)信息方面的不确定性。

在供应链中,从上游到下游节点企业数目众多,结构繁杂,要使供应链能够担负起对最终用户需求的快速反应,建立起一条贯穿所有节点企业的信息高速通道是必需的。由于供应链上的企业都是理性的,为了保证自己的利益最大化,他们会隐藏一些商业信息,将相关信息当做商业秘密加以封闭,不愿意与上下游企业共享,结果导致整个供应链的信息不能顺畅流通。另外,链中企业多依据毗邻企业的需求进行独立决策,并不和其他成员进行协商,这就会产生所谓的牛鞭效应。牛鞭效应的需求信息偏差增加了供应链的库存,占用企业资金,降低反应能力,增加风险发生的可能。

(2)经营方面的不确定。

供应链是动态的,节点企业所拥有的核心能力不会永远占有优势。现今,随着科技的进步,技术的更新加快,当竞争对手采用新技术或新方法使效率大大提高时,若某些企业仍满足于维持原状,能力未及时更新,原先的优势可能不再突出,也存在无法按照客户需求进行快速反应的可能。另外,供应链中的企业在长时间的合作中形成了大量的专用性投资,限制了供应链对市场需求变换的反应速度。这都增加了供应链风险特别是供应商风险发生的可能,最终制约了供应链发展。

(3)制度方面的不确定。

一系列健全的管理制度是企业成功的重要因素,因为制度上的缺陷也会增加企业风险发生的概率。比如,库存控制制度不规范,造成无法按时按量供货;需求预测不可靠,造成货物积压,资金回笼困难,导致还款滞后;采购过程控制不科学,造成供货企业有时会出现无法按量按质供货;财税和财务制度有缺陷,企业财务状况恶化,无法按约供货或还款等。

(4)运输方面的不确定。

现在经济环境具有全球化的鲜明时代特征,许多供应链都是跨越区界与国界的,实施全球采购、全球生产和全球销售的战略,这为供应链各环节上的商品运输带来了很大挑战。链上企业可能会因为交通条件不好、运输距离较远或运输技术水平不高、运输工具不当而造成货物破损率高或供货延迟等问题,提高了运行风险。

(5)利益分配方面的不确定。

供应链系统是一个利益共同体,节点企业为了获得利益而走到一起,他们都有各自不同的背景与不同的利益要求,都有追求自身利益最大化的本能;各企业在技术水平、管理水平、人员素质等方面难免存在着差异,这些差异不同程度影响着各个合作企业应该获利多少,其间的平衡决定着供应链的稳定与否。另外,节点企业之间的协调主要是通过战略联盟这种暂时性安排来实现的,成员之间也许有协议,但这种协议往往不具备法律约束力,联盟也缺乏监督与惩罚机制,合作的成功主要依赖于相互之间的信任。在如今的微利时代,创造有效利润空间难度的加大导致了风险更为突出。

(6)企业文化差异方面的不确定性。

供应链为了获取高利润,一般不会局限于某一区域经营,供应链中各环节在地理位置跨度上是很大的,尤其是经济日趋全球化的今天,这些不同的企业特别是不同地域的企业文化差别很大,它既表现在企业经营理念和文化制度上,也表现在员工的职业素养和敬业精神等方面。不同的企业文化会导致对相同问题的不同看法,从而采取有差异的处理手法,最后产生不同的结果。

(7)通信网络技术方面的不确定性。

供应链的实施是建立在现代通信网络技术的基础上的,网络技术以及先进的通信技术给供应链管理的成功实施带来了极大的便利,但其安全隐患也在一定的程度上给供应链管理的有效运作蒙上了一层阴影。因此,通信网络技术的缺陷会制约供应链作用的发挥。如网络传输速度、服务器的稳定性和运行速度、软件设计中的缺陷、病毒等。另外,使用跨组织的信息系统也会带来技术风险。对于应用主体来说,开发跨组织的信息系统的应用程序软件的技术风险是很大的。因为技术风险会随着区域的扩大和成员的增多而增大。特别是多个国家间的这种信息系统必须要适应不同国家的电信基础设施,这将会导致不同的网络可靠性。

无论外生还是内生的因素,都提高了供应链风险,影响着供应链整体竞争能力和获利能力,并决定着供应链的稳定与否。

二、供应链风险的类型与特点

(一)供应链风险的类型

供应链风险的分类从不同的角度、按照不同的标准,对供应链风险有不同的分类结果。

1. 按照供应链风险的起因来划分

按照供应链风险的起因来划分,可以将供应链风险分为外部风险和内部风险。

(1)外部风险。

外部风险是指由外界的不确定性因素导致的风险,这些风险一般是难以控制和预测的,也可以称为环境风险。外部风险包括:①自然界风险。主要包括源于地震、火山爆发、洪水等以及其他各种不可抗拒的自然灾害原因,给供应链成员带来的风险。②社会冲突、恐怖事件和社会动荡风险。主要指由于社会冲突、恐怖事件和社会动荡的存在,给货物和商品的流通造成了很大的危害,增加了许多供应链企业的风险,导致了更多供应链的中断。③社会环境风险。主要包括工厂水污染、电力供应中断供应、火灾风险、类似于 SARS 疾病而中断产生的风险。

④政策风险。主要包括：一是由于宏观政策和金融危机存在着一定的偏差,会导致经济危机的发生,企业破产,造成企业违约。二是对政府经济政策的预期会影响供应链中上下游实体之间的策略行为,也有增加节点企业风险的可能。⑤市场风险。主要包括源于顾客核心需求识别不足和市场不稳定所导致的风险。⑥社会信用风险。主要包括由于社会信用机制的缺失,导致社会信息流通不畅,企业恶意违约的成本不大而带来的风险。

(2)内部风险。

内部风险包括:①信息风险。主要包括源于信息不完全或信息阻塞的风险。②经营风险。主要包括源于合作伙伴经营过程中的不确定导致的风险。③制度风险。主要包括源于制度方面的不确定导致的风险。④运输风险。主要包括源于运输方面的不确定导致的风险。⑤利益分配风险。主要包括源于利益分配不均导致的风险。⑥企业文化风险。主要包括源于企业经营理念、文化制度、员工的职业素养和敬业精神等方面的差异导致的风险。⑦信息技术风险。主要源于数据传输过程中被竞争者窃取、信息基础设施故障导致的风险。

2.按照风险结果带给供应链的影响程度来划分

按照风险结果带给供应链的影响程度来划分,可以将供应链风险分为偏离风险、中断风险和灾难风险。

(1)偏离风险。

偏离风险是由一个或更多个参数变化所引起的,这些参数有成本、需求、提前期等。当这些参数偏离它们的预期值或者均值的时候,供应链的根本结构没有什么改变。这样的风险有需求波动、供应波动、采购成本和产品成本等成本的波动、提前期和运输时间的波动等。

(2)中断风险。

人为因素或自然因素产生的不可预料事件引起了某种产品、仓库和运输的不可获得时,会导致供应链系统根本的改变,这时中断风险就产生了。中断风险有:产品的中断,比如台湾地区地震造成了IC芯片的中断,丰田在墨西哥的一个工厂发生的火灾导致了某个部件的中断;供应的中断,比如在英格兰传播的口蹄疫导致的肉类供应的中断;运输中断,比如美国港口的停工造成了从亚洲运往美国的部件运输的中断。

(3)灾难风险。

它是指不可预计的灾难性的系统性中断导致了暂时的不可挽回的供应链网络的停滞。比如,9·11恐怖主义袭击事件后,美国消费低迷,很多工厂停工,所有这些造成了美国整体经济的暂时停滞。通常,供应链可以设计得足够强健以应对偏离风险和中断风险,但是依靠设计一个足够强健的供应链来应对灾难风险则是不可能的。

3.按照行为主体来划分

按照行为主体来划分,供应链风险又可划分为供应商风险、生产商风险、批发商风险、零售商风险、物流服务商风险等。

供应链是一个多参与主体、多环节的复杂系统,参与供应链活动的行为主体,包括提供原辅材料和服务的供应商、生产商、批发商、零售商以及物流服务商等。

另外,根据供应链管理的目标,供应链风险可以分为时间风险、质量风险和成本风险。以上对供应链风险的分类是从不同的角度来考虑的,同一风险从不同的角度考虑属于不同的类别,比如库存风险从产生的风险因素划分,属于信息因素产生的风险,但它同时也是偏离风险。

(二)供应链风险的特点

1. 客观性与必然性

自然界中的地震、洪涝灾害等自然灾害与社会环境中出现的战争、冲突等,都是一种不以人们的主观意志为转移的客观存在,因而它们决定了供应链风险的产生具有客观性。尽管供应链能带来诸多好处,但供应链中的各节点企业毕竟是市场中的独立存在的经济实体,所以彼此之间必然存有潜在利益冲突和信息不对称。在这种不稳定的系统内,各节点企业需要通过不完全契约方式和无形的道德约束来实现协调顺畅,因而导致供应链风险存在的必然性,且这种风险与单个企业的风险有很大不同。

2. 传递性

传递性是供应链风险最显著的特征,也是由供应链自身组织结构所决定的。由于从产品开发、原材料采购、生产加工到仓储配送整个过程,都是由多个供应链节点企业共同参与完成,根据流程的顺序,各节点企业的工作形成了一个交错的混合网络结构,其中某一项工作既可能由一个企业完成也可能由多个企业共同完成,某一个企业既可能参与一个环节也可能参与多个环节。因此各节点环环相扣,彼此依赖和相互影响,任何一个节点出现问题,都可能波及其他节点,进而影响整个供应链的正常运作。这种风险在供应链节点企业之间进行传递,给上下游企业以及整个供应链带来危害和损失。如最具代表性的牛鞭效应。一般来说供应链越长,中间的非价值因素越多,牛鞭效应越严重,供应链效率越低下。

3. 偶然性和不确定性

尽管供应链风险的产生具有客观性与必然性,但我们并不能确切地知道,风险在何时、何地,以何种形式出现,其危害程度、范围如何。这是因为风险所引起的损失后果往往是以偶然和不确定的形式呈现在人们面前的。供应链风险是作为一种具有发生和不发生两种可能的随机现象而存在的。在一定条件下,人们可以根据经验数据的统计发现,某一风险存在或发生的可能性具有较规则的变化趋势,这就为人们预测风险提供了可能。

4. 多样性与复杂性

供应链从诞生之日起就面对许多风险,它不仅要面对普通单个企业所要面对的系统风险与非系统风险、财务资产风险、人力资产风险、危害性风险与财务性风险,还要面对由于供应链的特有结构而决定的企业之间的合作风险、技术与信息资源传递风险、合作利润在不同企业中分配的风险、市场风险等。这些风险产生的原因也是很复杂的,有时很难对其进行分析与预防。

5. 放大性

由于供应链从产品开发、生产到流通过程是由多个节点企业共同参与,因此风险因素可以通过供应链流程在各个企业间传递和累积,不只是影响到当事企业,而是利用供应链系统的脆弱性,对供应链系统造成破坏,给上下游企业带来损害和损失,影响整个供应链的正常运作。这是由于供应链作为一个系统而产生的特点。因此,对供应链风险的传递和控制是供应链风险管理的关键之一。

6. 实际运作性

供应链的外部风险是客观存在的,很多也是不可控制和预测的。但由系统内部因素引起的一些风险,如合作风险、信用风险、企业文化风险、利润分配风险等,从本质上来说是实际运作风险。只有企业之间以供应链方式存在实际运作时,才有这些风险发生。

7. 此消彼长性

供应链中的很多风险是此消彼长的，一种风险的减少会引起另一种风险的增加，即一个企业风险的减少可能会导致相关的企业风险的增加。如制造厂商为了减少自身的库存风险，要求上游供应商采用 JIT 方式送货，在保证整条供应链顺畅运行的条件下必然导致上游供应商送货成本、库存的增加，即制造商库存风险减少某种程度上是以供应商库存风险的增加为代价的。从整体来讲，把供应链看做一个虚拟企业群，企业内一种风险的减少会导致另一种风险的增加，如营运风险和中断风险，库存营运风险减少，但中断风险随之而增加。所以在制定风险防范措施时一定要考虑到风险之间的联系。

三、供应链的风险管理与防范

(一)供应链风险管理

风险管理能预防风险的发生，或把风险造成的损失尽可能地降低。就供应链而言，其风险管理产生的效益是巨大的，有时甚至是关键性的。供应链风险具有不确定性和传递性，这也决定了风险具有突发性，一旦发生，就具有很严重的危害，可能会波及自身以及供应链上成员企业的存亡。所以通过供应链风险管理，找出一些应对措施，建立应对机制，将风险降到最小或者避免。

供应链风险管理是通过识别、度量供应链风险，并在此基础上有效控制供应链风险，用最经济合理的方法来综合处理供应链风险，并对供应链风险的处理建立监控与反馈机制的一整套系统而科学的管理方法。其目标包括损失前的管理目标和损失后的管理目标。损失前的管理目标是避免或减少损失的发生，损失后的管理目标则是尽快恢复到损失前的状态，两者结合在一起，就构成了供应链风险管理的完整目标。

1. 供应链风险管理的目标

一般而言，供应链风险管理要达到的目标应与企业的总目标一致。这些目标是：企业利润；遵守合同，保持信用；减少恐惧和忧虑；保证生产经营活动迅速恢复正常；实现持续增长。事实上，以上这些目标有的是相互矛盾的。但一般而言，不同企业，或者同一企业在不同时期对这些目标的优先排列是不同的，也就是说，供应链风险管理所要达到目标是有差别的。因此，供应链风险管理对策的制定和执行，应充分考虑其主要目标的实现。

2. 供应链风险管理的基本环节

(1)供应链风险识别。

风险识别是供应链风险管理的首要步骤，它是指供应链风险管理主体在各类风险事件发生之前运用各种方法系统地认识所面临的各种风险以及分析风险事件发生的潜在原因。通过调查与分析来识别供应链面临风险的存在；通过归类，掌握风险产生的原因和条件，以及风险具有的性质。

供应链风险因素识别是供应链风险管理的前提，具有非常重要的建设意义。由于风险存在的客观性与普遍性及风险识别的主观性两者之间的差异，使正确识别风险成为风险管理中最重要，也是最困难的工作。

(2)供应链风险评估。

供应链风险评估是指对风险发生的可能性或损失的范围与程度进行估计与度量。仅仅通过识别风险，了解灾害损失的存在，对实施风险管理来说远远不够，还必须对实际可能出现的损失结果、损失的严重程度予以充分的估计和衡量。只有准确地度量风险,才有助于选择有效的工具处置风险,并实现用最少费用支出获得最佳风险管理效果的目的。在评估供应链风险时不仅要考虑风险对某个供应链企业的影响,还要考虑供应链风险的发生对供应链整体造成的后果;不仅要考虑供应链风险带来的经济损失,还要考虑其带来的非经济损失,如信任危机、企业的声誉下降等无形的非经济损失。这些非经济损失有时是很难用金钱来估价的。

(3)供应链风险处理。

供应链风险处理是供应链风险管理的核心。识别供应链风险、度量供应链风险都是为了有效地处理供应链风险,减少供应链风险发生的概率和造成的损失。处理供应链风险的方法包括供应链风险回避、供应链风险控制、供应链风险转移和供应链风险自担。

(4)供应链风险监控与反馈。

制订出风险处理方案后,要在实践中进行检验,一旦发现其中可能存在的缺陷,应及时进行反馈。供应链风险的监控与反馈就是将在危险识别、风险分析及风险处理中得到的经验或新知识,或者是从损失或接近损失中获取的有价值的经验教训,集中起来加以分析并反馈到供应链相关经营活动中,从而避免犯同样错误的过程。供应链风险管理是一项长期的、艰巨的工作,不是一蹴而就的事情,必须动态地重复风险管理过程的各个步骤,以使这一过程融入供应链管理运作中,才能真正做到长期有效地管理风险。

(二)供应链风险防范

1. 供应链风险防范的流程

供应链风险管理主要是通过降低库存、提高效率、降低运营成本、培养一批优质的供应商等手段最终达到实现企业利润的目的。根据供应链自身的特点在防范风险的过程中我们应该遵循一定的规律及流程,首先企业要去识别风险然后去评估风险大小,通过对风险大小的评估做出正确的处理对策,最后还要有一定的反馈,按照此流程对供应链进行风险管理可以有效地降低企业风险,提高企业利润。

(1)识别供应链风险。

供应链风险识别,是供应链风险管理的第一个基本环节,它是指供应链风险管理者,通过对大量的供应链信息、资料、数据现象等进行系统了解分析,认清供应链中存在的各种风险因素,进而确定供应链所面临的风险及其性质。供应链风险既有表现明显的风险,也有潜在的风险,明显的风险管理者易于识别,潜在的风险则需要付出一定的努力才能识别,隐藏的潜在的风险带来的损失更大,所以识别供应链风险要剖析风险的结构性质,然后对症下药。同时,供应链是相互依存的合作链,每个企业参与合作的程度各不相同。供应链风险对各个企业的影响程度也是存在差异的。因此,分析结构后,还需分析风险的归属,即风险的所有者。所有权的明确可以有利于资源的有效配置。明确了风险的所有者,分析风险是某个企业内部的风险,还是供应链上所有企业都必须面对的风险,有利于风险的及时解决,以及风险的分担和公平的风险补偿。

(2)供应链风险评估。

供应链风险评估是对某一特定供应链风险的测量。供应链风险评估必须考虑两个方面:一是供应链风险发生的概率;二是一旦供应链风险发生,造成损失的程度。评估供应链风险,不仅要考虑风险对某个供应链企业的影响,还要考虑供应链风险的发生对供应链整体造成的后果;不仅要考虑供应链风险带来的经济损失,还要考虑所带来的非经济损失。

(3)供应链风险处理。

供应链风险处理是供应链风险管理的核心,识别供应链风险、评估供应链风险,都是为了有效地处理供应链风险,减少供应链风险发生的概率和造成的损失。它包括两个方面:一是对未发生风险的处理;二是对已经发生的风险的处理。

(4)供应链风险处理结果反馈。

对于供应链风险处理的结果,风险管理者要进行评价,检查处理方法的效果,以及需要进一步改进和提高的地方,评价结果可以作为后续风险处理的借鉴。为了更好地控制处理风险,需要对风险因素的发展变化情况进行跟踪,且对风险处理建立反馈机制,进而有效地对风险进行控制,减少风险发生的概率,减少风险发生的损失。

2. 供应链风险防范的措施

供应链管理涉及范围广,包括了从供应商、生产商、经销商到消费者的整条供产销链条,供应链作为一个连接供应商和最终用户的增值链,其基本特征是复杂性、动态性和交互性。随着供应链层数的增加,供应链的成员企业越来越多,供应链的结构日趋复杂,而供应链的复杂性导致供应链的高风险。

(1)制度及流程的完善。

建立供应链风险管理制度和紧急作业流程,这是企业供应链风险管理的“宪法”,从一般意义上规定了企业管理和控制供应链风险的目标、资源、范围、方法、措施以及基本流程。

①加强节点企业的风险管理。

供应链从采购、生产到销售过程是由多个节点企业共同参与而形成的混合网络结构。其中某一项工作既可能由一个企业完成,也可能由多个企业共同完成。供应链整体的效率、成本、质量指标取决于节点指标。由于供应链整体风险是由各节点风险传递而成。因此,通过对节点企业风险的识别与判断,进行风险调整和优化,将大大加强整个供应链的风险控制。

②建立应急处理机制。

供应链是多环节、多通道的一种复杂的系统,很容易发生一些突发事件。因此,必须建立相应的预警系统与应急系统。供应链管理中,对突发事件的发生要有充分的准备。对于一些偶发但破坏性大的事件,可预先制订应变措施,制定应对突发事件的工作流程,建立应变事件的小组。同时,要建立一整套预警评价指标体系,当其中一项以上的指标偏离正常水平并超过某一“临界值”时,发出预警信号。在预警系统做出警告后,应急系统及时对紧急、突发的事件进行应急处理,以避免给供应链企业之间带来严重后果。

③完善企业内部业务流程。

这是企业预防和控制供应链风险的基础,通过业务流程重组和 ERP 系统的实施,建立起一套面向用户、快速反应、信息共享、有效合作的业务流程,这对于提高企业管理水平和风险控制能力至关重要。

④重视柔性化设计,保持供应链的弹性。

供应链合作中存在需求和供应方面的不确定性,这是客观存在的规律。供应链企业合作过程中,要通过在合同设计中互相提供柔性,可以部分消除外界环境不确定性的影响,传递供给和需求的信息。柔性设计是消除由外界环境不确定性引起的变动因素的一种重要手段。另外,当今供应链管理强调 JIT 方法,减少库存以降低成本,这种运作模式一旦遇到突发事件或需求有较大波动时就会显得缺乏弹性。

（2）供应商管理体系的完善。

建立一整套完备的供应商管理体系，这是企业供应链风险管理的重中之重。

①建立战略合作伙伴关系。

供应链企业要实现预期的战略目标，客观上要求供应链企业进行合作，形成共享利润、共担风险的双赢局面。因此，与供应链中的其他成员企业建立紧密的合作伙伴关系，成为供应链成功运作、风险防范的一个非常重要的先决条件。建立长期的战略合作伙伴关系，首先供应链的成员要加强信任。其次，应该加强成员间信息的交流与共享。最后，建立正式的合作机制，在供应链成员间实现利益分享和风险分担。

②加强供应链文化建设打造共同的价值观。

良好的供应链文化将能在系统内形成一股强大的凝聚力，增强成员企业之间的团结协作，减少不必要的矛盾冲突，从而减少内耗，并且形成一种相互信任、相互尊重、共同创造、共同发展、共享成果的双赢关系；使得供应链的成员与整体有相同的利益要求和共同的价值标准，从而维持供应链的稳定与发展。

③建立信息沟通和电子商务平台。

充分应用信息技术和现代网络技术，构筑电子商务平台，实现信息的实时性和可视性，提高信息传递的速度、准确度和完整性，这将为供应链的风险管理创造非常良好的条件。

④加强信息共享，建立信息技术交换平台。

供应链中的信息不对称会使整个供应链运作效率下降，单个企业不只要考虑自己的问题，还要更多关注企业自身所处的供应链环境，所以加强各个企业之间的信息交流至关重要。现代物流业的发展，特别是第三方物流服务的兴起，提供有效的合理的增值服务成为第三方物流公司竞争的核心所在，此时信息的共享程度及透明化发挥着不可或缺的作用。

⑤提高市场与销售预测的准确性。

通过各种途径，包括优化预测方法和应用预测软件，提供相对准确的市场预测，这是预防缺货和报废风险的最重要因素，也是整条供应链平稳运行的必要条件。

⑥建立和完善供应链企业激励机制。

本着风险共担、利益共享以及双赢的原则，通过各种激励手段的应用，可以调动各节点企业的积极性，提高相互合作的意愿和协同抵抗供应链风险的能力。

⑦加强采购管理，优化物流配送。

企业产品生产是以采购为前提的，采购既是企业内部供应链的开始，又是企业与企业之间供应链的桥梁，对于企业降低成本，提高运作效率，增强竞争力有其重要作用。采购环境的复杂多变与采购管理系统功能的弱化是采购风险形成的缘由，采购风险的防范应从供应渠道或供应商的选择与强化采购制度控制两方面入手。强化采购制度控制应从加强采购队伍建设、严格采购程序、实施有效监管等方面推进。供应链上采用多头供应商的柔性供应机制，可以有效防范单一供应商结构下渠道受阻，即可影响整条供应链常运行的供货风险。

练习与思考

1. 简述供应链风险产生的原因。
2. 供应链风险有哪些特点？

3. 怎样进行供应链风险的管理？

4. 如何理解供应链风险？

实训任务

供应链风险形成的原因多种多样,通过查找资料,试分析怎样能够把大数据应用到规避供应链风险中来。

项目 12　供应链管理发展趋势

教学目标

1. 知识目标

(1) 了解供应链管理的全球化趋势。

(2) 理解绿色供应链管理的发展趋势。

2. 能力目标

(1) 分析全球供应链管理的影响因素。

(2) 阐述绿色供应链管理的基本内容。

案例导入

家具业牵头打造"绿色供应链"

3月15日，"2016绿色共享大会暨全球家居共享产业链高峰论坛"在东莞举行。该论坛是第35届国际名家具(东莞)展览会(以下简称"名家具展")的相关活动。这次论坛上，著名经济学家叶檀，中城联盟主席、世联行董事长陈劲松等多个领域的学者和企业家论道家具业转型。当日，阿拉善SEE联合中城联盟、名家具展等机构联合发起了"绿色供应链"行动。

绿色产品被越来越多消费者认可

随着经济的发展和消费者环保意识的提高，绿色产品正得到越来越多消费者的认可。但是，仅仅是家具产品安全环保还不够。国内知名环保民间组织阿拉善SEE生态协会与东莞名家具展等单位展开合作，试图建立一套绿色规范体系，让家具产业链条的每个环节逐步做到绿色环保。

阿拉善SEE生态协会秘书长王利民告诉记者，家具绿色供应链就是指家具产品从原材料采购期开始就进行追踪和控制，让产品始终遵循环保方面的规定。这样做的好处是可以让消费者了解和相信这件产品真正做到绿色环保，从而提升该产品的市场竞争力。

王利民表示，要打造家具绿色供应链的关键不在产品端，而在于家具的生产过程是否遵循了环境友好和资源节约的理念。

据介绍，参与"绿色供应链"的家具企业，将通过学习和建立内部管理机制、推动其所属企业和供应链上的其他要素加强环境信息公开工作，实现全供应链绿色产品供应。

王利民还说，家具业每年消耗大量的木材，通过家具业的绿色供应链合作，可以将绿色理念带到千家万户。同时，也需要推动更多的家具企业加入绿色供应链，大力推进绿色采伐标准，建立污染企业的黑名单，在家具业呼吁企业不再与黑名单内的供应商进行合作。

知名经济学家、财经专栏作家叶檀也认为，家具行业应该由名家具俱乐部这样的家具行业协会建立起绿色供应链的认证标准，让消费者能够清楚地知道自己购买的产品是否是绿色产品。

家具企业应保持性价比优势

这次论坛上,叶檀建议,广东家具企业应该继续保持自己高性价比的优势,而不应在转型的过程中逐步失去性价比优势。

叶檀认为,中国家具业目前遇到瓶颈,主要是因为企业的信用和品牌还没有真正树立起来,国内家具企业也还不具备行业定价权,如果现在还失去了性价比优势就非常危险。

叶檀还建议,家具企业应该注重全球布局,整合最有竞争力的产业资源。同时,家具企业应该尽量掌握定价权。要掌握定价权,首先需要掌握技术,第二种定价权是资本。下一步,家具行业将有一个重组并购的过程。家具企业只有具有定价权和核心竞争力,才能够筑起"护城河"。

值得庆幸的是,广东家具企业的品牌和技术都不错,让广东家具产业在未来转型过程中有了更多的优势。

"希望在东莞的家具展能够领国际潮流之先。"叶檀建议说,希望第 35 届国际名家具(东莞)展览会不仅仅是为家具行业提供一个贸易对接的平台,还应该更进一步帮助家具行业在名家具展上找到最新的潮流、最新的趋势,得到更进一步的服务和支持。

资本大咖建议借助金融力量

在许多人的印象中,家具行业是典型的传统行业,极少受到资本的关注。那么,家具行业应该如何与资本跨界结合?

对此,优联资本董事长王孝华在此次论坛上表示,目前,资本与家具行业的结合并不太多。资本之所以不选择家具行业,因为家具行业比较传统,小企业很多,家具行业也不是每个环节都适合互联网改造。目前家具领域还缺乏产业链的深度整合,缺乏市场主体之间的协同创新。从资本的角度来看,更加希望看到家具行业能够产生更多的商业模式创新,例如共享经济、社群经济等理念与家具企业结合。资本市场期待家具业跨界创新。

德同资本管理有限公司合伙人陆宏宇认为,家具行业应该大力与互联网结合,通过消费者到厂家的柔性化生产模式,降低原材料消耗,减少家具企业的库存。

陆宏宇说,从目前的情况来看,家具行业并非是资本大力推动的行业,涉及的要素比较多,投资资本更倾向于家具与互联网的结合。值得注意的是,目前互联网家具企业一路向产业上游迈进,打包将装修、家具和软装配饰都一并签下了。这些互联网企业试图与传统厂商合作,但是因为产品定制化太强,与厂家的匹配往往不大好,导致这些互联网企业只好自己建厂生产。

陆宏宇也说,资本更喜欢一些创新的概念,家具行业应该借助金融的力量,拓展更多更灵活的跨界合作商业模式。不过,跨界同样意味着风险。陆宏宇坦言,隔行如隔山,应该依据自己的核心竞争力和现有的资源进行跨界。同时,在跨界发展的过程中,应该认识到金融资本的加速器作用,用好金融力量加速企业发展。

资料来源:卢真伟.家具业牵头打造"绿色供应链"[N].南方日报,2016-03-16(DC03).

案例分析

随着经济发展和环保意识的提高,绿色产品被越来越多地认可,越来越多的企业认识到整个产业链条的每个环节都能够做到绿色环保,也就是供应链各节点的绿色环保,才能更好地提升产品的竞争力,节约资金,实现效益的最大化,实现全供应链绿色产品的供应。

思考·讨论·训练

(1)思考打造绿色供应链的意义。

(2)如何打造绿色供应链?

知识链接

一、全球化供应链管理

(一)全球供应链管理概述

在经济全球化的冲击下,市场竞争从原来区域市场、区域企业的竞争转变为全球市场、全球企业的竞争,同时科技的迅速发展、信息的快速传播,极大地增加了企业之间的竞争。企业要获取竞争优势,就必须将重点放在如何围绕客户的需求,整合全球资源,在向客户提供更优价值的前提下,降低综合成本,获取投资收益。对于资源整合,强调的是在全球范围内,开展供应链上、中、下游企业合作,协调运作过程,把产品的竞争形态从企业与企业之间的竞争,转变为围绕核心企业打造的供应链与供应链之间的竞争。在全球经济一体化的环境下,企业要参与世界经济范围内的经营和竞争,就必须在全球范围内寻找生存和发展的机会。

全球供应链又称全球网络供应链,是指在全球范围内组合供应链,它要求以全球化的视野,将供应链系统延伸至整个世界范围,根据企业的需要在世界各地选取最有竞争力的合作伙伴。全球供应链管理强调在全面、迅速地了解世界各地消费者需求的同时,对其进行计划、协调、操作、控制和优化,在供应链中的核心企业与其供应商以及供应商的供应商、核心企业与其销售商乃至最终消费者之间,依靠现代网络信息技术支撑,实现供应链的一体化和快速反应,达到商流、物流、资金流和信息流的协调通畅,以满足全球消费者需求。全球供应链是实现一系列分散在全球各地的相互关联的商业活动,包括采购原料和零件、处理并得到最终产品、产品增值、对零售商和消费者的配送、在各个商业主体之间交换信息,其主要目的是降低成本扩大收益。

(二)全球化供应链管理的特征

(1)加快供应链的资产流动速度,减少资产占用成本和产品总成本。在全球供应链管理的条件下,通过在线处理订单等先进的方式,快速地共享客户需求的信息,这样可以使客户更快地获得所需的信息,提高客户满意程度,有利于缩短从设计到生产的周期,提高市场份额。

(2)将面临着更多的风险。国际化时代背景下的供应链是多个企业之间共同合作的网链,而多数的企业都分布于不同的地区和国家,因此便会产生由于地域和文化及政策方面的差距对供应链造成了更多的影响,供应链中任何一个环节出问题,都会影响整个供应链的有效运作。常遇的风险有:自然风险;政治、经济、社会风险;独家供应商风险;信息传递风险。

(3)供应链管理技术、管理思想、管理模式的发展速度加快。在全球一体化条件下,各国资源实现共享,优势互补,相互吸取经验和先进技术,从而加快了原有技术、管理思想的改进和提高。所以,加快了技术改进速度,是在全球化时代背景下供应链管理的又一特点。

(4)更加突出了对消费者需求的重视。企业在市场中的竞争力更多地体现在对最终需求的反应速度上,企业根据市场的各种需求通过各种方式改进技术,设计、生产、淘汰产品,最终投放市场,以提高客户的满意程度。纵观全球,企业对市场、对客户需求的重视,已达到了前所未有的程度,这也是在全球化时代背景下的供应链管理过程中产生的新特点。

(三)全球化供应链管理的驱动力

1. 国际市场驱动力

全球市场驱动力包括了由外国竞争者所创造的压力,以及外国顾客所创造的机会。许多公司需求成长的机会是在外国及新兴的市场中,为了成功地捍卫本土市场,进军海外市场也许是公司的必然选择。

2. 技术力量

在世界上的不同地区及地点,有不同的替代零件及科技是可利用的,而且许多成功的公司必须具有能够快速有效利用这些资源的能力。为了达到这个目标,对一个公司而言去设置紧邻这些地区的研究、设计及生产设施是有其必要性的。信息技术的进步,尤其是信息革命,对全球供应链的发展提供了重要条件。

3. 成本

成本力量通常主导了公司海外设厂的厂址决策,低成本的非技术性劳工是决定工厂点的必然因素。

4. 政治和经济

区域性贸易协定将会使企业扩张至区域之中的某一国家,对公司而言,在欧洲、太平洋或北美贸易区内能具有获取原料或制造的优势。不同的贸易保护机制也将会影响国际供应链的决策,关税及进出口配额会影响出口,这将会引导公司在该市场的国家或区域中制造产品。政府采购政策也会影响国际企业在不同市场成功的能力。

(四)全球供应链的基本职能

1. 需求与供给

根据市场和客户的信息,进行预测和需求分析,从而合理地制订计划,以快速地响应和满足需求。与一般的供应链管理相比,需求和供给更多地考虑全球性因素,难度更大,需要及时进行修正。

2. 新产品开发

产品的销售和使用是面对全球的,在研发的时候,使产品具有国际化和适应不同的市场的能力,产品的设计还要具有便于修改的特性,以利于不同的地点进行生产。

3. 采购

网络和电子商务的出现为全球采购创造了空间,缩短了买卖双方的时间和空间,使买方能在全球范围内寻找更多更好的资源为己所用。

4. 生产

对分布在不同地区的生产工厂进行统一集成和协调,使它们作为一个整体来运作比较困难。可以根据市场对供应链上过剩和不足的生产能力进行调整和优化,根据订单对工厂作出集中的生产计划,以为全球化的集中采购提供准确的信息,也可以根据供应链上企业之间通过紧密的衔接,实现高效的生产。

5. 订单履行

订单履行包括对配送、运输和对交货的监控以及交货过程中的例外事件处理,确保每个订单、每个交易都能按时、按质、按量地交到全球范围内容的客户手中。

(五)全球化供应链管理的影响因素和趋势

全球供应链涉及运输和仓储等主要物流环节和基本业务的全球化,以及采购、外包、供应链流程的全球化。全球化的影响,从主要发达国家,到南美、非洲、中东、亚洲等新兴物流市场,还涉及全球供应链安全的挑战、全球供应链的速度、敏捷性与成本效益优化等领域。供应链全球化影响已经深入到企业商业活动的方方面面。

1. 全球供应链管理的影响因素

(1)基础设施。

一个国家的基础设施是运作和管理全球化供应链的基础。这里的基础设施是指高速公路系统、港口、铁路运输与交通设施、先进的物流技术、具有一定规模的生产制造基地和先进的制造技术等,它们的好坏都会促进或制约供应链的运行。在不同的国家,基础设施的差异性会很大,这种差异体现在:道路和桥梁的规模和效能,交通准则和交通拥挤程度,运输工具的优劣,生产规模的技术的先进程度等。在一些经济发达的国家,如美国、西欧和日本,由于其基础设施非常完善,对工程机械制造企业国际化供应链运作具有强有力的促进和支持作用;而在新兴的发展中国家如巴西、印度、东盟诸国,由于基础设施发展还不完善,制造技术和物流配送能力尚未达到一定的先进水平,全球化供应链的运行还不能达到流畅快捷的水平;在那些经济欠发达的和落后的国家里,由于这些基础设施一般都不健全,还难以支持工程机械制造企业全球化供应链的运作。

(2)信息系统的可用性。

信息资源对供应链特别是全球化供应链管理和运作有重要的影响。信息资源包括计算机技术、通信技术、自动化技术等。在信息技术的支持下,供应链上的成员能够共享资源,紧密协作。然而不同的国家和地区,信息资源的可利用性、信息技术水平是大不相同的。

(3)人力资源。

在大部分的第一世界国家中,拥有技术上及管理上良好能力的工作者,然而非技术性的劳工在这些地区相对较昂贵。而对于第三世界国家,虽然去找到合适技术水平的员工是可能的,但要寻获熟悉现代管理技巧且受过训练的专业物流人员与经理人,往往是很困难的。因此在这种环境中,训练变得特别重要。新兴国家的技术性劳工在世界市场上通常较具有竞争力。

(4)政治法律因素

在不同的国家和地区,其政策和法律各有不同。每个国家都有自己的税收、进出口、海关、环保和对本国民族工业的保护等政策。全球化供应链的运作遍及世界,必然要涉及不同的政策和法律制度,因此在不同的国家和地区开展供应链业务活动时,必须了解和利用当地的政策法规,按照它们来制定相应的经营战略和策略,应付和处理在业务中遇到的问题和可能发生的纠纷。

(5)经济因素。

经济政策因素极大地影响了供应链的全球化趋势,同时也影响了全球化供应链的管理和运作。这些因素包括金融(货币、汇率、利率波动、当地的通货膨胀率或通货紧缩率、股市波动等)、地区性贸易协议、税收、进出口配额和劳动力的成本费用、所在国家或地区的经济形势等。其中,波动的汇率会影响产品的价格和利润,关税与配额会影响产品的进口,也会导致公司考虑在出口国或地区投资建厂。

（6）文化因素。

文化习俗环境对企业的海外业务、企业整体目标和整个供应链的业务都有较大的影响，它包括信仰、价值观、习俗、语言、宗教等。所有这些因素在全球供应链的每一环节中都起着重要的作用。

2. 全球化供应链管理的趋势

领先的全球化物流服务供应商，已经从提供全球物流服务，向提供全球供应链服务转化。仅仅具备资产和物流服务能力已经不能满足跨国企业的要求，物流企业要具备供应链管理技术，从提供物流能力，转化到提供知识管理服务的层面，其中涉及供应链战略、供应链网络设计、供应链流程再造和优化，为生产企业提供完整的供应链管理服务。供应链全球化的趋势表明，物流企业的能力，必须从提供以资产为基础的物流服务，向提供以管理能力为核心的完整的供应链服务转型，才能在竞争中处于优势地位。

二、绿色供应链管理

（一）绿色供应链管理概述

供应链管理理论已提出多年，关于供应链的定义在不同时期也有着不同的内涵。早期的观点认为供应链是制造企业中的一个内部过程，概念仅局限于企业的内部操作层上，注重企业的自身资源利用。后来供应链的概念注重了与其他企业的联系，注重了供应链的外部环境。而到了近期，供应链的概念更加注重围绕核心企业的网链关系，如核心企业与供应商、供应商的供应商乃至与一切前向的关系，与用户、用户的用户及一切后向的关系。

供应链是指由原材料供应商、制造商、分销商、零售商、用户组成的链状结构、通道或网络。在供应链的各个环节从原材料获取到产品的制造、运输、使用过程都会产生废弃物，对环境造成严重的污染，威胁人类的健康和生态平衡。绿色供应链是在此基础上综合考虑环境的影响，其目的是使产品从原料获取、加工、包装、存储、运输、使用到报废处理的整个过程中，注重对环境的保护，从而促进经济与环境的协调发展。

绿色供应链管理又称环境意识供应链管理（environmentally conscious supply chain management），它考虑了供应链中各个环节的环境问题，注重对于环境的保护，促进经济与环境的协调发展。关于绿色供应链管理的确切定义，目前理论界对此还没有一个统一的表述，但总的观点是指在供应链管理的基础上，增加环境保护意识，把无废无污和无任何不良成分及无任何副作用贯穿于整个供应链中，这就是绿色供应链管理。

（二）绿色供应链管理的特征

1. 充分考虑环境问题

传统的供应链管理是对供应链中物流、信息流、资金流以及工作流进行计划、组织、协调及控制。它是以顾客需求为中心，将供应链各个环节联系起来的全过程集成化管理。它强调在正确的时间和地点以正确的方式将产品送达顾客，但它仅仅局限于供应链内部资源的充分利用，没有充分考虑在供应过程中所选择的方案会对周围环境和人员产生何种影响、是否合理利用资源、是否节约能源、废弃物和排放物如何处理和回收、环境影响是否作出评价等，而这些正是绿色供应链管理所应具备的新功能。

2. 强调供应商之间的数据共享

数据共享包含绿色材料的选取、产品设计、对供应商的评估和挑选、绿色生产、运输和分销、包装、销售和废物的回收等过程的数据。供应商、制造商和回收商以及执法部门和用户之间的联系都是通过网络来实现的。因此,绿色供应链管理的信息数据流动是双向互动的,并通过网络来支撑。

3. 绿色供应链管理充分应用现代网络技术

网络技术的发展和应用,加速了全球经济一体化的进程,也为绿色供应链的发展提供了机遇。企业利用网络完成产品设计、制造,寻找合适的产品生产合作伙伴,以实现企业间的资源共享和优化组合利用,减少加工任务、节约资源和全社会的产品库存;通过电子商务搜寻产品的市场供求信息,减少销售渠道;通过网络技术进行集中资源配送,减少运输对环境的影响。

4. 绿色供应链管理是闭环运作

绿色供应链中流动的物流不仅是普通的原材料、中间产品和最终产品,更是一种绿色的物流。在生产过程中产生的废品、废料和在运输、仓储、销售过程中产生的损坏件及被用户淘汰的产品均须回收处理。当报废产品或其零部件经回收处理后可以再使用,或可作为原材料重复利用时,绿色供应链没有终止点,如经处理后可重新销售、可回到制造厂和可作为原材料使用。

(三)绿色供应链管理的基本内容

绿色供应链管理的具体内容包括:绿色设计、绿色材料选择、绿色制造工艺、绿色包装、绿色营销和绿色回收。

1. 绿色设计

绿色设计是指在产品设计过程中论证产品在整个生命周期内对环境和资源的影响,在充分考虑产品的功能、质量、开发周期和成本的同时,优化各有关因素,使得产品对环境影响和资源消耗最小。绿色设计从可持续发展的高度审视产品的整个生命周期,提倡无废物、可回收设计技术,将 3R(reduce,reuse,recycling)直接引入产品研发阶段。绿色设计的核心思想在于彻底抛弃传统的"先污染,后治理"的环境治理方式,代之以"预防为主,治理为辅"的环境保护策略。

2. 绿色材料选择

原材料供应是整条绿色供应链的源头,必须严格控制源头的污染。零件装配后成为产品,进入流通领域,被销售给消费者,消费者在使用的过程中,要经过多次维修再使用,直至其生命周期终止而将其报废。产品报废后经过拆卸,一部分零件被回收直接用于产品的装配,一部分零件经过加工形成新的零件,剩下部分废物经过处理,一部分形成原材料,一部分返回到大自然,经过大自然的降解、再生,形成新的资源,通过开采形成原材料。从绿色材料的循环生命周期可以看出,整个循环过程需要大量的能量,同时产生许多环境污染,这就要求生产者在原材料的开采、生产、产品制造、使用、回收再用以及废料处理等环节中,充分利用能源和节约资源,减少环境污染。绿色材料选择是指在选择产品材料过程中,注重选择那些对环境影响小、资源消耗低和成本低的材料或材料制成品。绿色材料选择与传统的材料选择的主要不同点是,它树立了环境成本的观念,即环境有偿使用,倡导全新的选择材料方式。

3. 绿色制造工艺

绿色制造工艺是指在根据制造系统实际的基础上,采用物料和能量消耗少、废弃物少、污染小和更安全的工艺方案和工艺路线,具体要求是:生产环境和产品使用中不应存在安全隐患,不对操作者和产品使用者造成健康威胁,不对环境造成污染;减少不可再生资源的使用量,尽量采用各种替代物质和技术；应使生产过程中出现的废弃物尽量回收利用，最终废弃物应易于处理；尽量简化工艺系统，优化配置，提高系统运行效率；有助降低成本，具有较高的经济和环境效益。

4. 绿色包装

绿色包装要求企业在选择和使用包装材料时考虑环境因素，以较少的材料种类、无污染、可回收、可再利用为原则，继续贯彻"3R 原则"。同时，在包装物的标识图案和文字上也要体现绿色化特征，注明包装物的材料、用法和回收处理方法，让终端消费能参与进包装物的使用和回收程序中来。绿色包装与传统包装的区别在于，传统包装只注重商品包装的美观和广告效应，绿色包装则把环境保护的意识增加其中。绿色包装主要从以下几个方面进行考虑：实施绿色包装设计，优化包装结构，减少包装材料，考虑包装材料的回收、处理和循环使用。

5. 绿色营销

绿色营销与传统的营销观念有着本质的区别。从传统营销方式追求最大限度地刺激消费者消费，向引导和鼓励可持续消费转变。绿色营销是以通过减少物质消费占有量，提高消费满意度为目的。绿色营销的服务对象从消费者扩大到"消费者和社会"，也增加了营销服务的内容，要求企业在满足消费者需求的同时，行为还要符合环境保护的需要和社会合理有序发展的要求。当企业的经济利益和社会责任发生矛盾时，企业应妥善处理好，不能以破坏人类持续发展能力和环境换取一时之利。绿色营销以生态经济学、环境经济学和可持续发展为理论支持，研究生态系统、环境系统与营销系统的关系，探讨它们之间相互协调发展的规律，处理好人类、环境（包括资源）和发展的关系。可通过如下方式进行：企业根据产品和自身特点，尽量缩短分销渠道；选用中间商时，应注意考察其绿色形象；开展网上销售；在促销方式上，企业一方面要选择最有经济效益和环保效益的方式，另一方面，更要大力宣传企业和产品的绿色特征。

6. 绿色回收

绿色回收不同于传统的回收——企业简单地回收自己的包装物，而是一种从消费者利益出发，并承担相应社会责任的行为。产品的回收需经过收集、再加工、再生产品的销售三步完成。通过收集可重用零部件，它又分为可直接重用的零部件和修理、整修、再制造、零件拆用、材料回收等，生产出多种再生产品；可再生零部件，即零部件本身完全报废，但其材料可再生后再利用。可将废旧产品运输到回收加工工厂处理，最后把再生产品运输到销售地点进行销售。包括以下几方面内容：企业要及时回收发现有技术缺陷（可能造成安全隐患和环境破坏）的产品，并负责免费矫正；企业要对消费者不满意的产品和旧产品负责回收处理；企业要回收自己生产的包装物；整个回收过程不能给环境和社会造成危害。同时，绿色回收还倡导终端消费者参与回收过程，一起承担保护环境的责任。

（四）实现绿色供应链管理的基本途径

1. 加强企业内部管理

由于企业的情况千差万别，绿色供应链管理的模式也多种多样，因此企业在决定实施绿色供应链管理时，应仔细分析自身的状况，要从承载能力和实际出发，既能解决企业急需的问题，又能以较快见效的环节作为突破口，明确认识实施目标，确保成功。加强企业内部管理，重新思考、设计和改变在旧的环境下形成的按职能部门进行运作和考核的机制，有效地建立跨越职能部门的业务流程，减少生产过程中的资源浪费、节约能源和减少环境污染。强化企业领导和员工的环境意识，企业高层领导转变观念，积极地把经济目标、环境目标和社会目标恰如其分地同供应链联系在一起考虑,通过学习和培训,提高企业各个层次员工的环境认识,让员工了解企业本身对环保的重视。尽量根据企业的需求,采购原材料和零部件,减少原材料和零部件库存量,对有害材料,尽量寻找替代物,对企业的多余设备和材料要充分利用。

2. 加强供应商的环境管理

绿色供应过程对供应商提出了更高的要求。首先,要根据制造商本身的资源与能力、战略目标对评价指标加以适当调整,设置的指标要能充分反映制造商的战略意图。其次,强调供应商与制造商在企业文化与经营理念上对环境保护的认同,这是实现供应链成员间战略伙伴关系形成的基础;再次,供应链成员具有可持续的竞争力与创新能力;最后,在供应商之间具有可比性,这样有利于在多个潜在的供应商之间择优比较。

3. 加强用户环境消费意识

要充分认识绿色消费对可持续发展的重要性。发展绿色消费可以从消费终端减少消费行为对环境的破坏,遏制生产者粗放式的经营,从而有利于实现社会经济可持续发展的目标。同时,发展绿色消费不仅可以从优质无污染的消费对象来改善人们的消费质量和身体健康,而且在消费过程中通过观念的转化、行为的转变,可提高消费者对环保、绿色消费与可持续发展的认识。

4. 加强管理部门的环境执法

执法部门广泛深入地宣传环保,既向各企业决策者宣传绿色市场营销观念,又向广大消费者宣传生态环境的重要意义,针对不同对象,采取不同方式进行教育培训。

(五)绿色供应链管理发展趋势

绿色供应链管理是人类可持续发展战略在制造业中的体现,具有重大的经济和社会意义。

1. 供应链管理"绿色化"势在必行

自 20 世纪 90 年代以来,国家间签订的国际性和地区环境保护公约多达 20 多个,确定了环境和生态保护的具体要求;指导企业的国际环境质量管理标准 ISO14001 和 ISO14040 已经颁布实施;各国为保护环境而制定的法律法规越来越详细,越来越严格;公众对企业的期望也与企业的环境保护行动紧密挂钩;时代要求企业必须把自身的可持续发展和人类社会的可持续发展结合起来,倡导人与自然的和谐发展,才能真正保证企业近期利益和可持续发展的完美统一;这是企业提高国际竞争力的必然要求;国际社会十分注重绿色工程,许多国家要求进口产品进行绿色性认定,要有"绿色标志",甚至一些严格的"绿色标准"被视为"绿色贸易壁垒"。

2. 供应链管理"绿色化"依赖两大主体的"绿色化"

供应链管理"绿色化"的两大主体是供应链环节中的每个企业和行业内或行业间的企业战略联盟。

(1)供应链环节中各企业"绿色化"是绿色供应链管理的前提和保障。

(2)行业内或行业间绿色供应链企业战略联盟的形成是绿色供应链管理的关键。

具体做法包括:①在联盟中实行符合或超过国际、国家环保要求的标准。②整个供应链的绿色管理以核心制造商为枢纽点,核心制造商从绿色设计、绿色材料选择、绿色制造工艺、绿色包装、绿色营销和绿色回收分别对原材料供应商、半成品供应商、包装物供应商和分销商提出"绿色管理"标准和要求。下游的"绿色管理"延至对零售商和消费者的环保要求和教育。③核心制造企业为达到"绿色管理"的目的,还要把主要供应商融入环境管理中,对他们进行必要的环境保护方面的知识培训和技术支持,共同研究开发新的环保项目。④在这个绿色供应链中,由于实行"绿色"计划，在利益平衡和分配上也不同于传统的供应链。

3. 工业生态园将成为实施绿色供应链管理的一条重要途径

生态工业的概念是20世纪90年代后期提出的，它的核心思想是以清洁生产为导向，根据循环经济的原则设计生产过程，促进原料和能源的循环使用，实现经济增长与环境保护的双重效益，是一种兼顾经济效益和环境效益的最优生产方式。生态工业可以最大限度地减少原材料和能源的消耗，变有毒有害的排泄物或废弃物为无毒无害物质，减少对环境和人类自身的危害；生态工业可以根据排泄物和废弃物的物理化学性质，进行综合利用，使它成为下一个生产环节的原材料，既治理了污染，又提高了经济效益；生态工业还可以利用上一个生产环节产生的多余能源，作为下一个生产环节的能源来源，提高能源的利用效率。总之，生态工业和实施绿色供应链管理有着密切的内在联系和相同的目标。从供应链企业循环的角度，建立生态工业链或生态工业园区是实施绿色供应链管理的有效途径。生态园区模拟生态系统的"食物链"功能，建立系统内部的生产者、消费者和还原者，降低原材料和能源消耗，使企业生产和生态环境协调发展，实现二者的良性循环。

（六）我国实施绿色供应链管理将面临的问题与对策

进入20世纪90年代以来，大多数国家先后相应地调整了自己的发展战略，全球性的产业结构呈现出绿色战略趋势，绿色工艺、绿色产品、绿色产业不断出现。我国也有些著名企业已经开始关注"绿色化"建设，通过了一些国际组织环境质量体系认证，但完整的绿色化的供应链尚在策划中。

1. 存在的问题

根据我国国情，在实施绿色供应链管理方面将面临以下问题：首先是观念和认识问题，由于一段时期以来我国环境立法滞后，执法不严，让一些企业走上了先污染后治理的歧路，有的地方执法部门以罚代管、以罚代治，甚至有些地方地方保护主义作祟，导致企业对环保工作的不重视，没有认识到污染环境、破坏环境不仅危及企业生存，也危及社会和经济可持续发展。其次是实行绿色供应链管理的成本高。实行绿色供应链管理无论从原材料选择、采购，还是产品设计、生产工艺、流程再造，其成本将会有很大提高，这对于市场化时间短、资本积累少的我国企业将是最大考验。再次是面临实行绿色供应链管理的技术壁垒。实行绿色供应链管理的企业将要对已有的生产技术进行全面改造和升级，技术壁垒将是我国技术薄弱企业顺利实施"绿色化"的最大障碍。最后是我国供应链管理尚处于起步阶段，供应链企业之间组织松散、结构不稳定和管理落后都将是实施绿色供应链管理的桎梏。

2. 实施对策

第一，为供应链管理营造良好的舆论氛围和社会环境，同时培养公众的"绿色"消费意识，推动全民"绿色消费"。第二，要在借鉴发达国家环保立法经验的基础上，建立符合国情的具有中国特色的环境保护的法律体系，并严格执行，为全面实施绿色供应链管理提供法律保障。第三，各级政府要鼓励各类行业协会建立统一的"绿色化"的行业标准，促进行业绿色供应链联盟的形成，并使之能起到行业约束和管理的作用。第四，政府在企业实施"绿色化"经营过程中，提供适当的资金、技术支持，在法律调节的空白处，协调各种复杂关系。

练习与思考

1. 什么是全球供应链？有什么特征？
2. 全球供应链管理有什么影响和趋势？
3. 什么是绿色供应链？
4. 简述绿色供应链管理的基本内容。
5. 怎样实现绿色供应链管理？

实训任务

通过这种查找资料，分析我国实施绿色供应链会面临什么样的困难？怎样解决这些困难？

参考文献

[1] 赵林度.供应链与物流管理理论与实务[M].北京:机械工业出版社,2003.

[2] 宋华.物流供应链管理机制与发展[M].北京:经济管理出版社,2002.

[3] 张成海.供应链管理技术与方法[M].北京:清华大学出版社,2001.

[4] 马士华,林勇,陈永祥.供应链管理[M].北京:机械工业出版社,2000.

[5] 陈兵兵.SCM供应链管理:策略、技术与实务[M].北京:电子工业出版社,2004.

[6] 刁柏青,等.物流与供应链系统规划与设计[M].北京:清华大学出版社,2003.

[7] (美)戴夫·纳尔逊,等.供应链管理最佳实践[M].刘祥亚,等,译.北京:机械工业出版社,2003.

[8] (美)森尼尔·乔普瑞,彼德·梅因德尔.供应链管理:战略、规划与运营[M].李丽萍,等,译.北京:社会科学文献出版社,2003.

[9] 沈培,王楠.供应链管理环境下的业务外包——提高企业核心竞争能力的有效途径[J].环渤海经济管理,2002(6).

[10] 王焰.一体化的供应链战略、设计与管理[M].北京:中国物资出版社,2002.

[11] 张小兵,徐叶香.论企业的供应链管理[J].商业研究,2004(4).

[12] 刘永爱,李雄伟.不同供应链结构及其库存系统模式分析[J].商业时代,2012(2):47-48.

[13] 马丽.供应链物流服务能力及评价分析[J].现代商贸工业,2012,24(1):26-27.

[14] 王戈秋.供应链中的物流成本管理[J].经济导刊,2011(10):73-74.

[15] 田源.家电供应链合作伙伴关系建立研究[J].管理观察,2010(17):299-300.

[16] 彭建仿.供应链竞争力提升战略初探[J].江苏商论,2003(8):107-108.

[17] 张蕾,牟焕国,等.标准化管理提升企业竞争力探讨[J].中国科技博览,2012(6):187.

[18] 高志伟.基于价值链提升企业竞争力[J].合作经济与科技,2012(2):40-42.

[19] 熊娟,郎朗,邓慧文.海尔供应链整体生产能力的战略部署之评析[J].时代经贸,2011(14):108.

图书在版编目（CIP）数据

供应链管理/吴会杰主编. —西安：西安交通大学
出版社，2016.8 （2020.7 重印）
ISBN 978-7-5605-8907-7

I. ①供… II. ①吴… III. ①供应链管理 IV.
①F252.1

中国版本图书馆 CIP 数据核字（2016）第 195837 号

书　　名	供应链管理
主　　编	吴会杰
责任编辑	史菲菲

出版发行　　西安交通大学出版社
　　　　　　（西安市兴庆南路 1 号　邮政编码 710048）
网　　址　　http://www.xjtupress.com
电　　话　　（029）82668357　82667874（发行中心）
　　　　　　（029）82668315（总编办）
传　　真　　（029）82668280
印　　刷　　陕西日报社

开　　本　　787mm×1092mm　1/16　印张 10.375　字数 245 千字
版次印次　　2016 年 8 月第 1 版　2020 年 7 月第 4 次印刷
书　　号　　ISBN 978-7-5605-8907-7
定　　价　　24.80 元

读者购书、书店添货，如发现印装质量问题，请与本社发行中心联系、调换。
订购热线：　（029）82665248　（029）82665249
投稿热线：　（029）82668133
读者信箱：　xj_rwjg@126.com